普通高等学校学前教育专业系列教材

学前儿童体育教程

编委会主任	杨俊良
编委会副主任	张元奎
编　　　委	柳阳辉　马　威　杨延秋　段美玲　蒋萌菲　张　婕
	王　鹏　邓松岭　王莉娜　王　凯　马晨阳　武亦飞
本 册 主 编	杨延秋　马　威
本 册 副主编	段美玲　蒋萌菲　张　婕
本 册 编 写	杨延秋　马　威　段美玲　蒋萌菲　张　婕
示 范 教 师	马晨阳　武亦飞
助　　　教	聂辛志　韩继鹏　张秉柱　罗中旭　张莉芳
摄影与图片视频剪辑	张　歌　蒋玲玲　高　阳

复旦大学出版社

内容提要

本书分为理论与实践两大部分。理论部分阐述了学前儿童体育的理论知识，包括基本概念、基本内容、发展历史、意义、分类特点、基本术语、体育游戏、体育教学与训练原则和方法；实践部分依据体育教学的形式和体育游戏的特点，精心设计了具有代表性的活动案例，既有规范的教案，也有精选微课，可以使读者更好地理论联系实践，更加直观地掌握教学方法。本书可供各类院校学前教育专业使用，也可以作为幼儿教师的参考用书。

教学资源

本书配有微课，可以直接扫描书上二维码观看，或者登录复旦学前云平台（www.fudanxueqian.com）搜索本书资源在线观看。

序

"少年强则中国强!"

在 2017 年国际"学生体质健康评价与运动干预"高峰论坛上,由中日两国相关机构合作研究发布的《中日儿童青少年体质健康比较研究结果公报》受到关注。公报显示:"2014 年和 2016 年,中国儿童青少年体格指标(身高、体重和 BMI)大部分年龄段显著高于日本;但体能指标的比较中,日本儿童青少年在心肺耐力、柔韧性和灵敏协调性方面均显著高于中国。"这些数据显示出我国儿童在需要通过体育运动和锻炼提高的心肺耐力、灵敏和力量等方面存在不足。这充分反映了我国学校教育"重智育轻体育"的现象仍然存在,提升儿童青少年体质健康刻不容缓。

自 2016 年 3 月 1 日起,教育部公布新修订的《幼儿园工作规程》开始施行。该规程要求,在正常情况下,幼儿户外活动时间(包括户外体育活动时间)每天不得少于 2 小时,寄宿制幼儿园不得少于 3 小时。但近些年,收效甚微,究其原因,是因为我们培养的幼儿园教师缺乏体育活动内容指引,致使幼儿园在开展体育活动时存在活动目标模糊、活动形式单调等问题,这直接导致幼儿身体活动量普遍较低,达不到锻炼的效果。由此可见,在学前教育专业师范生培养方案中增加幼儿体育与健康教育理论和实践教学内容尤为重要。

指导幼儿体育活动的能力已逐渐成为高校学前教育专业师范生的必备素养。在我校的教学改革实践中,我们发现体育教育归类于公共体育课后,学前教育专业的体育教学双重任务变得单一。其中,体育职业教育的任务并入健康领域划归教育教学部,而健康的内容偏重于卫生与保健,学前体育教育教学缺乏相关的理论和实践教学内容,致使我们培养的学前教育专业师范生不具备指导户外体育活动的能力。这不仅是我们教学中存在的薄弱环节,更对我们教学改革的构建与设想提出了新的要求。因此,我们重提了学前教育专业中体育课的双重任务教学,要求专业的老师做专业的事情。疫情期间,我校体育系的编委老师们克服重重困难,深入幼儿园开展工作调研,努力钻研国内外最新教育理念与方法,携手高校同行、学前体育教育一线工作的体适能教练与幼儿教师共同编撰本教材,旨在提高学前教育专业学生的体育教育教学理论水平与能力,使幼儿教师能够科学规范、有效地组织幼儿体育活动。

本书既可作为各类院校学前教育专业的学生用书,也可作为幼儿教师的参考用书。不仅填补了学前教育专业体育教育教学的空白,更弥补了教学工作中的不足。本书在编写过程中着重强调知识体系完整、章节结构合理、内容条理清晰等特点,增添的活动方案、实际案例和微课视频等内容,使读者在学习理论知识的同时注重联系实际,提升读者的实践应用能力。

唯有持之以恒,坚持健康教育抓早抓小,不断提高学生综合实践能力,才能培养新时代合格的学前体育教育工作者,乘势而上,开启学前体育教育新篇章!

郑州幼儿师范高等专科学校校长、教授

杨俊良

2020 年 9 月

前　言

　　学前教育专业的学生在体育课程的学习中,肩负着双重的学习任务。既要达到学习运动技能、强身健体的目标,同时也要学习和掌握学前体育教育的理论和方法,完成未来职业的要求,科学、系统、有效地开展和组织幼儿园体育活动。鉴于此,为了提高学生的专业教学能力,填补学前体育教育教学的空白,我们编写了这部教材。

　　《学前儿童体育教程》是一本适用于各类院校学前教育专业的学生用书,也可以作为幼儿教师的参考用书。教材中强调了学生应该掌握的体育教育与教学理论知识,使学生能够了解幼儿园如何开展多种形式的体育活动,如何评价体育活动的开展和完成;能够树立安全意识,掌握体育活动设计的科学性、合理性和教学计划制定的系统性、可持续性;能够把握准确的知识点,安排合理的运动负荷和练习密度;能够熟练运用儿童喜爱的游戏这一教学方式完成有效的体育活动,引导和组织幼儿在玩中学、玩中练,切实提高自身的教学组织能力。

　　本书分为理论与实践两大部分。理论部分阐述了学前儿童体育的理论知识,包括基本概念、基本内容、发展历史、意义、分类特点、基本术语、体育游戏、体育教学与训练原则和方法;实践部分包括了体育教学的案例和体育游戏的案例,分别依据体育教学的形式和体育游戏的特点,精心设计了具有代表性的活动案例,既有规范的教案,也有精选微课。通过观看微课,读者可以更加直观地了解活动结构、活动方法、练习方法和组织指导方法,学习如何驾驭体育活动以及有效地开展体育活动,理论联系实践,更好地掌握教学方法。

　　由于"新冠"疫情影响,我们在拍摄微课期间出现各种意外和困难,拍摄数度中断,幸而合作的教育公司积极提供场馆和教练,幼儿园领导和老师积极沟通幼儿家长配合,使得微课制作圆满完成。河南蔚翼体育、河南心动力教育、荥阳市宇华实验幼儿园、郑州市郑东新区嘉贝幼儿园、鹤壁市山城区第一小学附属幼儿园对微课的制作给予了大力支持和通力合作,付出了巨大努力,对此表示感谢。

　　少年强,则中国强。我们基层教育工作者应坚持不懈,努力提高幼儿教师的体育教育教学能力,培养合格的学前体育教育工作者,未来可期。

编者

2020 年 6 月

目 录

理 论 篇

实　践　篇

理论篇

第一章
学前儿童体育概述

体育作为一种文化现象有着悠久的历史。一般认为,体育是一种有意识地通过自身运动来增强体质、促进身体健康的方法,也可以称为一种社会文化教育活动。

学前儿童体育教育是幼儿园教育的重要组成部分。科学、适宜的体育活动能促进幼儿认知能力的发展,丰富多彩的体育活动能培养幼儿活泼、开朗的性格和优良的品德。体育活动的成功既能给幼儿带来欢乐,又能培养幼儿勇敢、顽强的意志品质和自信心,同时还能培养幼儿参与、乐群、合作的群体意识,使之形成良好的个性,有利于促进幼儿社会性的发展。

第一节　学前儿童体育教育的概况

我国的学前儿童体育教育经历三百多年的发展与演变,由幼儿园的体育学科教学转变为健康领域下的身心状况、动作发展、生活习惯与生活能力的培养。

一、学前儿童体育教育的发展概况

自 1903 年中国第一个学前儿童体育机构诞生至今,中国学前儿童体育的发展历经了百年多的历史,期间经历了清末时期的蒙养院,民国时期的蒙养园和幼稚园以及新中国成立后的幼儿园三个时期,并在幼儿园时期取得了重大的发展。第一,基于毛泽东提出的"健康第一"的指导教育方针,幼儿园的教学纲要(草案)开始本着健康第一的教育精神,关注幼儿的身体健康,"学前儿童体育"作为学前教育中的一门独立学科而存在。第二,明确规定学前儿童体育的发展目标,指出幼儿参与体育的目标有:锻炼幼儿的体质、增强幼儿的抵抗力、发展幼儿基本的肢体动作以及协调性,培养其创造性思维,使幼儿形成良好的行为习惯以及参与运动的兴趣,培养他们的意志品质和团结友爱的集体精神。第三,详细规定和说明了学前儿童体育的内容,主要包括:早操(步行、平衡、跑步),体操(跳跃、攀登、爬行、投、掷、接、集体动作),肌肉练习,舞动与律动,日常生活习惯与卫生习惯,游戏,等等,并根据小、中、大不同规模制定不同的教学内容。

20 世纪 70 年代末到 80 年代初,随着我国改革开放政策的实行,教育也在不断地改革,学前儿童体育的发展渐渐凸显出体育的学科特性和"身体活动"的特点,明确地提出了学前儿童体育可以促进幼儿的全面发展。改革开放时期的学前儿童体育内容主要集中在"基本动作"和"基本体操"上,体现出了体育的学科特性,并且在一定程度上考虑了幼儿的心理发展特点。2012 年 10 月,教育部制定并发布了《3—6 岁儿童学习与发展指南》(以下简称《指南》),其基于关注幼儿学习与发展的整体性考虑,将学前儿童体育教育划归为三个部分:身心状况、动作发展、生活习惯与生活能力,并将之定位于健康领域。

二、学前儿童体育教育的意义

★ （一）促进幼儿生长发育

运动生理学的研究表明，人体的生长发育有赖于身体新陈代谢活动的水平。营养提供了生长发育所需的物质基础，而体育活动则是通过人体自身的运动，提高了人体的新陈代谢水平，从而进一步促进了人体的生长发育。

★ （二）发展体能，提高对环境的适应能力

身体素质的发展由多方面因素促成，但不可否认体育锻炼是其中最积极的因素之一。一般身体活动经历较少的儿童与科学、系统、持之以恒锻炼的同龄儿童相比，在气候多变、疾病流行以及突然改变生活方式的情况下更容易感到身体不适甚至患病。身体的自我感觉良好，参与活动的精力会更旺盛，情绪也会更积极稳定。

★ （三）培养良好的心理品质、促进社会化进程

体育活动的过程，无论是学习运动技术、进行游戏或比赛还是纯粹地锻炼身体，都需要有一定的意志力并付出体力。特别是在教育引导下的体育锻炼，教师会采用各种方法鼓励和监督孩子尽力克服各种各样的困难。这些过程对培养幼儿积极稳定的情绪和坚强的意志都有一定积极性。同时，在幼儿园集体体育活动中，幼儿需要服从教师的要求，遵守纪律和规则，学会平等、友好地竞争，发展团队精神和与人分享的心向。这些挑战和经验，都会对幼儿的社会化进程产生影响。

★ （四）支持智力的发展

体育活动能够加快血液循环，为脑和神经系统的有效工作以及良好发育提供充分的能量和营养，而脑和神经系统的有效工作可以为智力发展提供更坚实的基础。体育活动中大量的智力挑战，在激发幼儿智力活动的同时也发展了幼儿从事智力活动的能力。

三、学前儿童体育教育的任务

学前儿童体育教育的任务包括：增强幼儿的身体体质；促进幼儿身心全面、和谐、健康的发展；充分丰富幼儿的生活。

体育不再是一个独立发展的活动或教育领域，而是一种能够使幼儿同时获得多方面整体发展的实践活动及教育途径。

第二节　学前儿童体育活动的内容

《指南》的健康领域中提出，幼儿阶段是儿童身体发育和机能发展极为迅速的时期，也是形成安全感和乐观态度的重要阶段。发育良好的身体、愉快的情绪、强健的体质、协调的动作、良好的生活习惯和基本生活能力是幼儿身心健康的重要标志，也是其他领域学习与发展的基础。学前儿童体育活动对幼儿行为品格的养成起着至关重要的作用。

一、学前儿童体育活动的教育内容

学前儿童体育活动的教育内容包括健身、智育、德育、审美以及个性发展。

（1）健身：身体的练习，通过阳光、空气、水的刺激等活动，以达到幼儿的身心满足。

（2）智育：人体、运动、保健、交往、审美、创新、环境、语言等知识，发展认知、学习、模仿等能力。

（3）德育：包括传统美德、创新竞争精神及挫折耐受力。

（4）审美：包括优美的动作，鲜明的节奏和色彩，活泼的造型和环境。

（5）个性发展：包括活动兴趣动机，运动和交往能力，自我意识和自我调控，自我情感。

二、学前儿童体育活动的特点

学前儿童体育活动的特点主要有基础性、兴趣性、科学性、综合性。

（1）基础性：学前儿童体育所要发展的身心素质和所组织实施的活动内容是低层次的、必需的、易做到的，是幼儿未来发展的基础。

（2）兴趣性：学前儿童体育活动的内容有较强的情感和认知吸引力，能够吸引幼儿的注意力，提高幼儿的参与度。

（3）科学性：学前儿童体育活动内容的选编符合生理、心理、教育、运动、生物学的科学原理，能高效地发展幼儿身心健康和体育文化素质。

（4）综合性：学前儿童体育活动含有健身、育德、启智、培养和发展个性等多方面教育内容，可以与其他课程相整合。

三、学前儿童体育活动的基本内容

学前儿童体育活动主要包括基本动作、基本体操、身体素质、体育游戏等内容，每个部分对幼儿来说都会起到不同的作用，缺一不可。基本动作是一切运动技能的基础，如果幼儿长期坚持对基本动作的练习，不仅可以锻炼身体还可以为日常生活带来很多益处；基本体操有助于促进幼儿身体发育，培养良好的动作习惯；身体素质可以锻炼幼儿的应变能力、身体形态、身体适应能力、生理机能等方面；丰富多彩的体育游戏是幼儿最喜欢的体育活动内容之一，他们在游戏中可以尽情地玩耍，体验其中的乐趣。

★ （一）基本动作

基本动作又可称为一般身体动作。这些动作是人们日常生活中身体活动的基本模式，也是体育运动项目中身体活动的基本模式。在我国幼儿园体育发展领域中，要求幼儿能够掌握的基本动作一般包含走、跑、跳、投掷、平衡、钻、爬、攀登，有时也包含旋转和翻滚。在各项其他内容中基本体操、身体素质、体育游戏等活动，其实都包含了基本动作要素，只是这些内容不仅在动作结构的复杂程度上更高，对身体以及智力情感方面产生的挑战也更强。可以说，基本动作是体育锻炼及体育活动方式的基础。

学前期的幼儿已初步掌握了多种必需的生活和运动技能，但各种身体活动基本技能的发展还不成熟。比如，走步时常常出现低头含胸、脚擦地、脚抬得过高、身体左右摇摆和摆臂及迈腿动作不协调等现象；跑步时常常出现低头、弓腰、挺腰腹、仰头、左右摆臂、张嘴呼吸等问题；跳跃时常常出现双脚不会同时起跳同时落地、不会运用摆臂助跳、全脚掌着地落地重、身体不能维持平衡等错误动作；练习平衡动作时，常常出现胆小、害怕、低头望脚、身体摇晃、动作不协调、不均匀、不连贯等现象；投掷时常常出现不会挥臂、肘低、不会以身助力等问题；钻爬和攀登时，易出现低头、过早抬头或抬体触碰障碍物等错误动作。在体育活动中科学地选择有关身体活动的内容，尤其是通过游戏的方式加强幼儿基本动作的练习，及时纠正幼儿动作中的错误是非常重要的。

（二）基本体操

基本体操是有组织、有结构的成套身体动作练习的总称。在我国幼儿园的体育体系中,基本体操一般包含徒手操、轻器械操、团体操和基本队形队列练习。

徒手体操是指手中不拿任何器械的体操,它是根据人体各部位的活动特点,依照头颈部、上肢、下肢和躯干的顺序,由一系列体操动作组合,结合动作的方向、路线、幅度、节奏、用力特点等变化因素而构成的身体练习,如模仿操、拍手操、韵律操、武术操等。

轻器械操是指手持轻器械,在徒手操动作的基础上,结合器械的特点进行的身体练习,如花环操、筷子操、哑铃操、铃鼓操、圈操、棍棒操等。

团体操是将体育、音乐、美术融为一体,具有较高艺术性的集体体育表演项目。是通过整体划一的动作,各种队形图案的变化,各种生动形象的艺术造型,和谐动听节奏鲜明的音乐伴奏,来表现一定主题的体育形式。

基本队形队列练习是指幼儿按教师的口令,从事协调一致的动作,排成一定的队形。它包括动作、队形、变换队形的方法和口令、识别方位等内容。动作中包括移动法、停法、转法、集合、报数、看齐等排队方法。

（三）身体素质练习

身体素质练习是以发展某一种或几种身体素质为主要锻炼目的,而专门为其设计或组织的身体练习活动,如灵敏性练习、速度练习等。这种练习也可以与其他练习方式相互交叉整合,如利用器械或利用游戏进行的身体素质练习等。

（四）器械练习

器械练习专指运用体育器械来进行身体锻炼的活动。包括各种利用小型(如球)、中型(如车)、大型(如攀登架)专门性体育器械进行的身体练习活动和游戏活动,还包括利用各种自制的或替代性的器械进行的身体练习活动,甚至还应该包括利用游泳池、沙池、假山、树林,和其他一切室内、室外、幼儿园外的人工环境、自然环境中的可利用物质条件进行的体育锻炼和游戏活动。

（五）创造性身体活动

创造性身体活动是指利用身体进行的自我表现活动。这种表现活动的具体内容可以是内心的情绪情感、某种主观想法,对客观事物的模拟或描述、对身体运动可能性的各种探索、对音乐或故事的理解或解释等。律动、舞蹈以及更具有自由性、创造性的韵律体操也可以包括在这一类活动中。

（六）体育游戏

体育游戏与一般游戏一样,是一种具有鲜明特色的娱乐性活动,同时它是以发展幼儿的身体素质和基本活动能力为主要目的的活动。体育游戏可以与其他练习方式相互交叉整合。如利用器械进行的器械游戏,利用故事情节开展的创造性身体表演游戏,利用基本动作要素组合编制的走、跑、跳游戏等。

将体育活动内容进行分类归纳,并不是要求幼儿在锻炼时同时学习掌握这样的概念体系,而是为了帮助教师建立一种比较清晰的思路,以便能够根据各类活动中的下属活动共同特点,对其中的共同规律进行深入研究,不断提高身体锻炼和整体教育的实际效率。

第三节　学前儿童体育教育的目标

根据《幼儿园工作规程》及《指南》健康领域目标的精神,明确了幼儿园健康领域的总目标：健康活泼,喜欢参加体育活动,在集体生活中情绪安定、愉快,动作协调、灵活,好奇探究,文明乐群,勇敢自信;生活、卫生习惯良好,有基本的生活能力;有必要的安全保健常识,具有自我保护意识和能力。幼儿园健康教育的年龄阶段目标是以3～6岁幼儿的身心发展特征为依据而确定的教育目标。小、中、大各年龄班幼儿的身心发展各有其典型特征,幼儿健康教育目标制定需要考虑不同年龄阶段幼儿的年龄特征,对3～6岁的幼儿提出不同层次的要求。

幼儿园健康教育总目标和年龄阶段目标必须转化为具体活动目标,才能实施到幼儿的发展中。学前儿童体育活动的总目标为:培养幼儿参加体育活动的兴趣和习惯;促进幼儿身体的正常发育、机能的协调发展,提高其机体对环境的适应能力;激发幼儿活泼、愉快的情绪和乐观开朗的性格,培养幼儿坚强、勇敢、不怕困难的意志品质和主动、乐观、合作的态度。

一、学前儿童体育活动目标的制定

《指南》中的健康领域指出,幼儿的动作发展目标是要具有一定的平衡能力、动作协调能力、灵敏能力以及力量和耐力。根据这一要求,幼儿园体育活动开展要丰富多样、适合幼儿各个年龄段的身心特点,利用多种活动发展幼儿身体平衡和协调能力,并结合活动内容对幼儿进行安全教育,注重在活动中培养幼儿的自我保护能力。

目标的制定要科学合理,有系统性、连贯性和可持续性,能够承上启下,大力促进学前儿童的动作发展、身心发育,培养强健的幼儿。

★ (一)目标的制定方法

1. 依据不同的年龄制定目标

按照年龄可以分为3～4岁、4～5岁、5～6岁,分别对应幼儿园小、中、大班,因学前儿童的生理发育各不相同,每一个年龄段目标也不一样。

2. 依据不同学期制定教育教学目标

每一个学期的目标制定要承前启后,在上一学期的基础上,有新的突破和更好的发展。同时为下一学期的工作奠定夯实基础。

3. 依据不同的内容制定目标计划

为了确保幼儿体智能身心全面发展,教学计划涵盖的内容必须要全面。灵敏、力量、耐力、柔韧、平衡、控物等身体素质均衡发展,基本运动能力技能稳步提高。

4. 依据不同季节制定目标计划

在不同的季节和天气状态下,要选择合适的教学内容,制定出相应计划,确保幼儿能得以充分锻炼,健康发展。

5. 依据不同任务制定目标计划

围绕幼儿园教育教学工作,有时会有一些特殊的任务需要教师制定相应的计划。比如"六一"儿童节、幼儿园体育节、幼儿园亲子活动节、器械操比赛等等。

6. 灵活调整

目标的制定要以儿童为本,因材施教,根据其身心条件适时修改完善计划,既不能揠苗助长,过度训练,也不能因计划而限制了儿童身心发展。

★ (二)目标的类别

目标的制定落实在具体方案上就是目标工作计划,可以划分为以下三个:

(1)短期目标:课目标和周目标,表现为课时计划和周计划。

(2)中期目前:月计划和学期计划。

(3)长期目标:学年和终极目标。

系统的短计划、中计划目标构成长期的计划目标,决定着要培养幼儿怎样的体能技能和健康领域发展。同时,在《指南》《国民体质测定标准》和《幼儿园教育指导纲要(试行)》(以下简称《纲要》)的宏观目标指导下来确定学前儿童体育教育的中期目标和短期目标。比如:河南省心动力教育体智能课程安排计划表(见表1-1)。

表1-1 河南心动力教育体智能课程安排计划表

月份安排	课时安排	活动内容	教学目标	活动教具	课时(节)	园长签字
六月 (森林舞会)	第一周 (月 日)	会跳舞的熊大	腿部肌肉 爆发力 协调能力	敏捷梯		
	第二周 (月 日)	熊二是导弹专家	投掷能力 团队协作能力	软球类		
	第三周 (月 日)	好玩的篮球	认识篮球 上肢力量 培养兴趣	篮球		
	第四周 (月 日)	好玩的绳子	认识跳绳 学习基础动作	跳绳		
园所建议:						
七月 (激情夏日)	第一周 (月 日)	会跑的光头强	反应能力 竞争意识	标识碟		
	第二周 (月 日)	不倒翁	变向能力 反应能力	乌龟背		
	第三周 (月 日)	会玩的小超人	体前单手运球 手臂力量	篮球		
	第四周 (月 日)	绳子飞起来	掌握双脚跳 下肢力量	跳绳		
园所建议:						
八月 (疯狂马戏团)	第一周 (月 日)	马戏团杂技	下肢力量 平衡能力 身体协调	海绵棒		
	第二周 (月 日)	小马过河	眼脚协调 腿部力量 协调能力	瑜伽砖		
	第三周 (月 日)	我们都可以	双手胸前传球 培养篮球热爱	篮球		
	第四周 (月 日)	我们是最棒的	学习开合跳 腿部力量 平衡能力	跳绳		
园所建议:						
九月 (技能大比拼)	第一周 (月 日)	动物运动会	下肢力 手抓力 协调力	大绳		
	第二周 (月 日)	智勇大冲关	通过环式器材达到综合目标	组合		
	第三周 (月 日)	篮球大比拼	动作练习 比赛运球个数	篮球		
	第四周 (月 日)	跳绳大比	双脚跳 开合跳 竞争意识	跳绳		
园所建议:						

二、幼儿园体育教学目标计划

（一）小班幼儿体育发展目标

（1）在教师的指导下对体育活动产生兴趣。

（2）学习听信号跟着老师做模仿操和简单的轻器械操。

（3）学习听口令做动作。

（4）发展一些简单的基本动作。

走：在空地上四散走、一个跟一个走、按不同路线走、走平衡木；

跑：掌握跑的姿势，学习快跑和慢跑；

跳：原地跳、向前行进跳、从高处往下跳；

抛：向上抛接大小沙包及皮球；

踢：自由踢球、接球；

平衡：能在简单、固定的平行线上窄道中行进，保持身体平衡不摇晃；

钻爬：能正面钻过障碍物，做到低头、弯曲身体，熟练掌握手膝在垫上爬、手脚在垫上爬、毛毛虫式的爬、攀登爬；

翻滚：在垫上翻跟头、身体在垫上滚。

（5）活动时注意安全，可以平稳上下楼梯、玩滑梯，克服恐惧感，知道季节变化增减衣服。

（6）外出活动后能恢复体力，不影响食欲。

具体可参考表1-2和表1-3。

表1-2　小班幼儿上学期体育发展目标

月份	发 展 目 标	月份	发 展 目 标
九月份	1. 学习听信号做动作 2. 双脚交替上下台阶 3. 在活动场地四散活动，不互相碰撞 4. 将球随意滚出，并快速追回 5. 在平行线上、平行线间走，能保持平衡 6. 初步学习排成一路纵队，一个跟着一个走 7. 喜欢户外活动	十月份	1. 学习在直线和曲线上走 2. 听信号向指定方向走 3. 学习双脚轻轻原地跳、行进跳 4. 学习在较矮的平衡凳上走 5. 排成一路纵队，一个跟着一个走 6. 在大垫子上手膝、手脚着垫爬 7. 钻过拱形门
十一月份	1. 学习向下扔球并双手接住反弹球 2. 在教师提醒下，玩大型体育器械能注意安全 3. 在教师帮助下，能按气候和活动量增减衣服 4. 单脚踩高跷在平地上走 5. 练习走跑交替 6. 练习腹部紧贴在平衡台上及仰卧在平衡台上 7. 学习向上抛接大、小沙包	十二月份	1. 在平衡台上坐和爬 2. 在攀登架上爬上爬下，并能注意安全 3. 继续练习单脚踩高跷在平地上走 4. 练习绕障碍走 5. 在成人提醒和帮助下，随着气候的变化增减衣服 6. 将较轻的物品抛出 7. 练习在较矮的平衡凳上走过并轻轻跳下 8. 听信号跑并学习躲避同伴，不发生碰撞 9. 活动结束后学习整理场地

表1-3　小班幼儿下学期体育发展目标

月份	发 展 目 标	月份	发 展 目 标
三月份	1. 学习简单的模仿操和轻器械操 2. 练习一个跟着一个走成圆形 3. 继续练习听指挥向指定方向走和跑	四月份	1. 初步掌握双脚连续向前跳，动作连贯 2. 学习仰爬、毛毛虫式的爬，初步学习翻跟头 3. 学习拍皮球，练习双手抛皮球、沙包等物品

(续表)

月份	发 展 目 标	月份	发 展 目 标
三月份	4. 练习拖物在平地和陡坡上走 5. 较平稳地走平衡凳,练习从平衡凳上轻轻跳下 6. 比较快地在直线、曲线和斜坡上走 7. 继续练习接一个反弹球 8. 提高爬的速度,练习各种爬。重点练习手膝、手脚着垫爬 9. 能自然地向前上方或远处挥臂投掷各种物体 10. 坐在四轮滑板上用脚蹬地前进 11. 学习几种简单的模仿走	四月份	4. 学习走路时不东张西望,培养观察力和模仿力 5. 能在指定的范围内四散跑,并学习躲避 6. 练习单脚站立和原地旋转等动作 7. 投掷时有较准确的方向和一定的距离 8. 初步学习跨跳动作,能双脚跨跳过一定的距离 9. 初步学习切断分队走 10. 能爬过摆成一排的平衡台 11. 学习推独轮车
五月份	1. 能动作较熟练地爬过平衡台 2. 学习在垫子上翻跟头 3. 学习匍匐前进 4. 学习爬过平衡凳 5. 在教师的提醒下,知道累了要休息 6. 在教师的提醒下能根据情况增减衣服 7. 学习正确的跑步姿势,能在教师引导下调节跑速,有提高跑速的愿望 8. 学习互相滚接球 9. 能初步发展方位、力度感知觉,能识别跳的远近 10. 继续学习切断分队走 11. 用独轮车运物	六月份	1. 学习坐于垫上利用双手支撑移动身体 2. 继续练习翻跟头 3. 继续练习各种爬,并提高爬速 4. 有让教师帮助增减衣服和主动擦汗的意识 5. 继续练习抛接皮球、沙包等 6. 练习踢皮球 7. 能够全身协调地参与活动,懂得物体轻重与投掷远近的关系 8. 走窄道和"梅花桩",培养对平衡活动的兴趣及勇敢、自信的良好品质

（二）中班幼儿体育发展目标

（1）能愉快地参加体育活动。

（2）能较熟练地听多种口令和信号,切断分队走,做徒手操、轻器械操,动作要正确。

（3）比较协调地完成一些基本动作,如听信号有节奏地走、变速走、闭眼走;原地纵跳、立定跳远;能大胆在平衡木上活动,掌握原地旋转,闭目站立;原地运球,肩上挥臂投物,各种爬,侧滚翻,协调地钻、攀登等。

（4）在教师的提醒下,能注意保护自己,能随气候变化增减衣服。

（5）外出活动后能较快恢复身体。

具体可参考表1-4和表1-5。

表1-4　中班幼儿上学期体育发展目标

月份	发 展 目 标	月份	发 展 目 标
九月份	1. 学习听信号做徒手操、轻器械操 2. 能根据信号的快慢协调地走 3. 能掌握多种走步方法,独立想出新的模仿走步 4. 能较好地排队走和保持队形,有一定的调节动作节奏的能力 5. 继续练习双脚向前行进跳和从高处跳下 6. 走跑交替,跑步姿势正确 7. 自抛自接球 8. 练习比较协调地钻圈 9. 学习骑扭扭车	十月份	1. 原地纵跳触物 2. 练习在高度不同的平衡木上走 3. 学习双脚踩高跷在平地上走 4. 两人相互抛接球 5. 听信号变速走、侧身走 6. 练习手脚着地侧身爬行 7. 继续学习正确地运球 8. 发展方位知觉、速度知觉和节奏感 9. 发展注意力、想象力和模仿力

（续表）

月份	发 展 目 标	月份	发 展 目 标
十一月份	1. 四散追逐跑，一路纵队跑。懂得快跑后不能立刻停下来，懂得正确的跑步方法 2. 双脚在直线两侧行进跳 3. 练习闭眼向前行走，继续练习双脚踩高跷走 4. 学习负重爬 5. 学习倒着走 6. 学习从较高物体上轻轻跳下 7. 熟练掌握正面钻，学习侧面钻的动作。能主动探索钻过不同障碍物	十二月份	1. 练习双脚套在布袋中行进跳 2. 练习单手连续运球，掌握正确方法 3. 在教师的提醒下，能自己随气候变化增减衣服 4. 继续练习快跑、四散跑 5. 单脚行进跳 6. 练习投准和投远 7. 四肢比较协调地钻、爬、攀登 8. 发展跑步活动的兴趣，较好地培养竞争、合作、交往的意识和能力

表 1-5 中班幼儿下学期体育发展目标

月份	发 展 目 标	月份	发 展 目 标
三月份	1. 能按节拍比较正确地做轻器械操 2. 练习在一定范围内四散追逐跑、快跑 3. 练习助跑跨跳 4. 练习持物在平衡木上走，练习起踵行走 5. 继续养成在成人的提醒下，能随着气候变化增减衣服 6. 学会侧身翻滚 7. 学会左右手轮流运球 8. 比较熟练地在布袋内行进跳 9. 学习滚轮胎、在轮胎上跳	四月份	1. 继续练习助跑跨跳，在落地时能不停顿地向前走几步缓冲 2. 继续练习自抛自接球，并有不同的高度 3. 练习双脚踩高跷绕障碍物走 4. 练习在平衡台上站立和在摆成一排的平衡台上行走，能保持平衡 5. 两人较协调地玩协力车 6. 能较熟练地掌握单脚连续跳，动作连贯，节奏清楚 7. 较熟练地滚轮胎
五月份	1. 继续练习肩上挥臂投物，练习抛接皮球、顶气球 2. 能用正确的投掷方法，击中较大的目标 3. 双脚踩高跷，跨过障碍物 4. 在四轮滑板上练习平衡 5. 初步学习骑滑板车 6. 活动中累了知道主动要求休息 7. 学习一些难度较大的爬行方法，并能灵活地调节速度和方向 8. 学习曲线滚轮胎	六月份	1. 能够用单手连续拍球 2. 继续练习走过平衡台，持物走过平衡木 3. 在运动中学会用毛巾随时擦汗 4. 提高对爬行活动的兴趣和创新意识，培养合作、交往等能力 5. 较熟练地掌握走平衡木、单脚站立、原地旋转、闭目站立、滚翻等动作，能够较好地走过较窄的平衡木 6. 学习在梯子上攀爬

（三）大班幼儿体育发展目标

（1）能够积极主动地参加体育活动，有充实感。

（2）练习各种队列形。

（3）听音乐精神饱满，动作正确合拍地做徒手操、轻器械操；学习听口令向左右转。

（4）协调灵敏地完成一些基本动作，如：一对一对整齐地走、听信号变速跑、助跑屈膝跳、跨跳、跳绳、转呼啦圈、滑冰、单脚跳、变换形式运球，可以走较长的平衡木，投远、投准，钻爬和攀登障碍物，前滚翻等。

（5）活动中有一定的自我保护意识，养成活动中自己增减衣服的习惯。

（6）外出活动后，短时间内消除疲劳，食欲不减。

具体可参考表 1-6 和表 1-7。

表 1-6 大班幼儿上学期体育发展目标

月份	发 展 目 标	月份	发 展 目 标
九月份	1. 学会听信号做轻器械操和徒手操 2. 学习听口令向左、右转 3. 掌握多种走步方法,能独立想出新的走步方法 4. 听信号变换方向走、变速跑。发展跑步的兴趣 5. 练习单脚站立 6. 两人相距较大距离抛接球 7. 学习正确的运球方法如原地运球、高低运球、左右手交替运球 8. 能用各种方式从大垫子上通过 9. 全身协调地从高30厘米左右的绳下爬过 10. 探索梯子的各种玩法	十月份	1. 动作准确、合拍地做操 2. 练习立定跳远 3. 在高低不同的平衡凳上走,并稳稳跳下 4. 练习四肢比较协调、灵敏地钻爬障碍物 5. 继续学习正确的运球方法 6. 练习在滚筒内手脚协调地前进 7. 学习连续跳绳 8. 提高滚轮胎的速度,探索轮胎的多种玩法,培养兴趣 9. 学习转呼啦圈
十一月份	1. 继续学习听信号改变方向走、跑、快跑,有强烈的提高跑速的愿望 2. 一只脚踩在四轮滑板上,另一只脚蹬在前进 3. 趴在四轮滑板上活动,保持平衡 4. 知道天气变化,运动前后及时增减衣服 5. 继续学习运球和跳绳 6. 继续学习转呼啦圈 7. 学习滑冰 8. 初步学习在滚筒内翻跟头 9. 学习玩滑板车 10. 学习骑脚踏车	十二月份	1. 继续练习助跑跨跳 2. 继续练习运球,练习边走边运球并绕过障碍物 3. 继续练习连续跳绳 4. 探索布袋的各种玩法 5. 继续学习在滚筒中翻滚 6. 学习滚铁环 7. 初步养成活动中自己擦汗,累了休息的习惯 8. 练习多个呼啦圈一起转 9. 继续练习骑脚踏车 10. 继续练习溜冰

表 1-7 大班幼儿下学期体育发展目标

月份	发 展 目 标	月份	发 展 目 标
三月份	1. 学做轻器械操,动作正确有力 2. 练习两侧行进跳和单脚行进跳 3. 练习一队一队整齐地走,练习左右分队走,排队走步时能较好地保持队形,节奏一致 4. 能熟练掌握助跑跨跳、向侧跳、双脚交替跳、向不同方向变换跳等多种形式的跳跃 5. 快跑接力 6. 边走边拍球,变换形式拍球 7. 动作协调地抛接物品,两人或多人合作游戏 8. 两人合作玩四轮滑板,有一定的自我保护意识 9. 继续学习滚铁环 10. 学习带人连续跳绳 11. 继续练习多个呼啦圈转 12. 继续练习溜冰	四月份	1. 练习双脚夹球并用球击中目标 2. 继续练习转呼啦圈 3. 练习较远距离投掷 4. 练习花样拍球 5. 练习在平衡木上运球、抛球 6. 学习花样跳绳 7. 继续学习滚铁环 8. 探索合作玩轮胎的方法 9. 继续练习溜冰 10. 继续练习骑脚踏车
五月份	1. 练习较远距离投掷击中目标 2. 练习绕过障碍物快跑 3. 练习多种运球方法 4. 继续学习花样跳绳 5. 掌握滚铁环技巧,提高兴趣 6. 继续练习骑脚踏车 7. 继续练习转多个呼啦圈 8. 继续练习溜冰 9. 继续练习滑板车 10. 培养玩各种车辆合作能力	六月份	1. 继续练习原地纵跳、立定跳远 2. 继续练习花样跳绳 3. 继续练习转呼啦圈 4. 继续练习溜冰 5. 继续练习骑脚踏车 6. 探索椅子的各种玩法 7. 各种传球培养合作能力 8. 练习打棒球 9. 练习双手打跟头 10. 练习爬高:如树木、柱子等

教学目标设定要灵活,依据幼儿的身体条件和兴趣爱好可以及时调整以进行分层次教学,培养幼儿的体育兴趣和特长。

三、学前儿童体育活动具体目标①

（一）身体发展目标

（1）促进身体形态结构和机能的发育,使无生理缺陷和慢性病幼儿的身高、体重、胸围、血红蛋白、血压、心率、视力等指标均正常,姿势良好。

（2）全面发展基本体能,做到力量、速度、灵敏、平衡等运动素质均达到各地区规定的合格标准。走、跑、跳、投等基本运动能力均达到以下要求：

① 走：步幅、步频均达到各地区制定的正常值,落地柔和,无八字脚、擦地、颠脚等缺陷。

② 跑：蹬地较有力,步幅正常,落地较轻,屈臂前后自然摆动,在快跑中能较好地控制跑动方向。6 岁时 20 米直线快跑不慢于 6 秒。

③ 跳：初步掌握双脚向不同方向跳、单脚连续跳、跨跳等基础的跳跃动作;起跳蹬地有力,蹬摆协调;落地轻柔、稳定。6 岁时立定跳远不少于 90 厘米,单脚连续跳在 15 米以上。

④ 投：初步掌握滚、抛、推、掷、击等动作,投出时全身能协调用力,挥臂有力快速,能初步控制投掷方向。6 岁时双手腹前抛球（重 300 克）在 4.5 米以上,单手投沙包（重 150 克）男童在 5 米以上,女童在 4.5 米以上。

（3）培养对自然环境的适应力,对寒冷、炎热等气温的急剧变化有一定的适应能力。

（4）促进心理健康,情绪愉快,对不良的情绪刺激有一定的耐受力,能适应幼儿园生活,与同伴和睦相处。

（二）智力素质发展目标

（1）能掌握已学过的运动动作和游戏的名称、玩法与基本要求,能记住所学的运动安全知识和卫生知识。

（2）促进感知觉发展,能识别上下、前后、高低、远近、大小、先后、快慢、横竖、平直、宽窄,发展对自身运动的速度、力度、节奏、体位和幅度的知觉能力。

（3）发展观察意识和观察能力,能在成人引导下,根据活动目的,正确地选择观察对象、观察部位和观察位置,观察时有一定的顺序性,在观察过程中能有意识地去分析和判断。

（4）发展注意能力,在活动中能较好地集中注意,一般不受无关因素的干扰而分散注意力,能初步按照活动要求及时转移注意力。

（5）发展直觉思维、操作性思维和形象思维,发展思维灵活性、敏捷性和新异性,在活动中爱思考,能主动想办法做好动作和游戏。

（6）发展想象力、联想力、迁移能力和移情心理。

（7）发展模仿能力。

（8）发展创新能力,喜欢尝试新的运动,能主动变化运动动作、活动策略和玩法。

（三）道德素质发展目标

（1）有责任感,能认真完成活动任务与要求。

（2）能够主动遵守活动常规,认真遵守规则。

（3）尊敬教师,服从教师的活动指导与安排。

---

① 该目标内容是对身心发育正常幼儿在园期间体育素质的基本要求。

（4）尊重同伴,能注意听取同伴的意见,尊重同伴的愿望;能关心和热心帮助同伴,有谦让精神,不争运动器械、游戏角色和活动的先后;能与同伴合作和友好相处,有一定的处理纠纷的能力。

（5）能够热心服务。

（6）培养友好竞争精神。做到喜爱比赛,关心胜负,想提高自己的运动能力;自己胜利时不骄傲,别人胜利时能主动去祝贺,别人失败时不讥笑并能主动去鼓励。

（7）培养坚强的意志。做到活动中遇到困难能努力克服,出现失误或失败不泄气,不退缩,不埋怨别人。

（8）爱护玩具和运动器械。能注意维护运动场所和周围环境的卫生,保持卫生整洁。

⭐ （四）审美素质发展目标

（1）能初步识别身体姿势的美与不美,在教师帮助下养成健美的姿态。

（2）培养审美感受力和审美情感,能初步感受动作美,力量、灵敏、速度、平衡等运动素质的美,运动的节奏美,并且有发展上述美的愿望。

⭐ （五）个性心理素质发展目标

（1）了解自己的身高、体重等形态指标,理解跑、跳、投等基本运动能力并有较强发展它们的愿望。

（2）培养体育兴趣和习惯,做到爱做操,爱做游戏,爱和同伴一起参加体育活动。

（3）发展自信心、自尊心和自立性。相信自己的能力,喜欢并勇于说出自己的愿望和意见,不迎合别人,乐于表现自己的才能;受到歧视、侮辱和伤害时,敢于用正当的方法去反抗;在活动中自己能做的事自己去做,不依赖别人。

（4）发展自我认识、自我评价和自我调控意识与能力。知道自己主要的运动能力,能注意对自己基本运动能力和体育行为进行评价,对自己在体育活动中的行为能有一定的评价和自控能力。

（5）发展行动的目的性和计划性。在活动中能先想想做什么、怎么做,然后再去做,少一些行动的冲动性、盲目性和无序性。

✈ 第四节 幼儿教师的体育素养

幼儿教师是幼儿体育课程教学的组织者和引导者,必须有扎实的体育基础、体育意识和体育能力等素养,了解身体素质与常见的运动损伤等知识,能够更好带领幼儿积极安全地参加体育活动,为幼儿形成终身体育、快乐体育意识服务。

从教学实践性角度,幼儿教师良好的体育教学素养,是其胜任现代幼儿教育的前提条件,有助于其在教学实践活动中开展丰富多彩的体育教学活动,通过教学相长实现教学理论和教学经验的双重增长,实现对幼儿的启蒙性教育,帮助幼儿快速习得知识,促进其健康成长。此外,从幼儿教育学角度来说,体育教学活动不仅可以促进幼儿的身体健康,还可以促进其智力的协调性增长,同时对塑造幼儿品格非常有利。

一、体育素养的定义

⭐ （一）体育素养

体育素养是在先天遗传素质的基础上,通过后天环境影响与体育课堂学习所产生的综合体育素质与修养,包括体质水平、体育知识、体育行为、体育技能、体育个性、体育品德等方面要素。是人在社会实践中形成的体育价值观念,是一个人能够长期、主动参与体育活动的最主要的驱动力。

⭐ **（二）幼儿教师的体育素养**

幼儿教师的体育素养是指拥有健全的人格和基本的职业道德的幼儿教师，经过学习教育知识与学前儿童体育知识，养成良好的体育态度与价值观，形成一定的体育技能与体育教学能力。幼儿身心及各方面的健康发展与幼儿教师所具备的较高的素养水平能够有效地相互促进。

幼儿教师体育素养的养成，对实现幼儿素质教育至关重要。幼儿体育教育是幼儿素质教育的核心部分，其承担着重要的教育历史责任以及培养具备综合素养和身心和谐幼儿的重要现实责任，同时也为幼儿终身发展和终身学习夯实基础，是实现现代幼儿教育的重要手段和方法途径。早在2001年教育部颁布实施的《纲要》就明确规定幼儿教育应当全面贯彻国家教育方针，实现幼儿体、智、德、美全面发展。《纲要》要求幼儿积极参加体育活动，要求幼儿教育机构开展多种适合幼儿的体育教育课程，特别是室外课程，培养幼儿开展体育活动的兴趣和能力，提高幼儿对体育环境的适应能力。正是在《纲要》严格的标准下，幼儿体育教育备受关注，极大地推进了我国幼儿素质教育。在此同时幼儿教师具备怎样的体育素养，逐渐成为幼儿素质教育成功与否的关键考核环节。

现代幼儿教育需要幼儿教师具备优良的体育素养，包括教师对幼儿身心发展规律的充分了解，对幼儿体育知识的系统化储备和高标准的师德养成三个方面。因此，一名优秀的幼儿教师一定要有高水准的体育素养，并能够在平等、尊重的前提下开展幼儿体育教学活动，以适应现代化幼儿体育教学的要求。

二、体育基础知识与运动能力

体育基础知识主要是在幼儿体育教学中所运用到的与幼儿相关的基本体育知识，由基本的体育理论知识、文化知识和实践性的知识组成。幼儿教师自身的运动能力，即参与体育活动时自身所具备的运动能力，包括幼儿教师自身的基本运动能力、身体素质以及对常见运动项目技能的掌握。

在教学活动中，幼儿教师需具备一定的体育基础知识。要充分考虑幼儿的生长发育规律和身体活动规律、身体健康素质状况等，因此适量的运动负荷在教学活动中尤为重要，教师要安排好幼儿所要进行的运动强度与密度，并且要理性地面对和正确地处理课堂上和课外体育活动中的各种突发事件，避免不必要的伤害发生。

⭐ **（一）体质的含义**

体质，一般认为是指在遗传性和获得性的基础上表现出来的人体形态结构、生理功能和心理因素的综合的、相对稳定的特征。不同的人体质的差异，主要表现在形态发育、生理机能、心理状态、身体素质、运动能力，以及对环境的适应和对疾病的抵抗力等方面。人们可以通过改善物质生活条件，采用健康的生活方式和有目的、有计划、科学地进行身体锻炼等手段，来保持良好的体质健康状况。体质主要包括体格、体能、人体适应能力和心理状态。

体格：是指人体形态、结构和生理功能的发展情况，主要包括人体生长发育的水平、体型和身体姿势。

体能：是指人体在从事身体运动时所表现出来的能力，包括身体素质和身体基本活动能力的发展过程。身体基本活动能力是指那些与日常生活有密切关系的身体活动的技能，如走、跑、跳跃、投掷、攀爬、钻爬等基本动作。

人体适应能力：是指人体在适应内外环境中所表现出来的功能能力，对环境条件及其变化的适应能力，对疾病的抵抗能力。

心理状态：是指人的情绪、意志、个性等心理特征。心理状态良好的标准即指有良好的情绪和精神状态，坚强的意志品质、积极开朗的个性等。

⭐ **（二）身体素质**

作为人体活动基础的身体素质，每时每刻都表现在人们的日常生活和工作中。身体素质分为身体运动素质和身体健康素质两大类：身体运动素质是人体在运动中表现出来的速度、力量、耐力、灵敏、柔韧、平衡等素质；身体健康素质是与身体健康关系更加密切的一些要素，包括身体成分、心肺循环系统的功能、肌肉的力量、耐力和柔韧性。

身体素质的强弱是衡量一个人体质状况的重要标志之一。身体素质的发展，对增强人的体质和健康，掌握运动技术，提高运动成绩等都有重要意义。在幼儿阶段，主要通过各种体育游戏、体操等活动来促进幼儿的基本动作和力量以及耐力、速度、柔韧性、灵敏性等身体素质的发展。

力量：反映了肌肉活动时收缩能力的大小，主要取决于肌肉组织本身的机能状态。

耐力：反映肌肉活动所能持续时间的长短，主要依赖于心肺系统的持久功能。

速度：反映肌肉收缩于放松交替的快慢程度，主要是与神经系统的灵活性有关。

柔韧性：反映髋关节的肌肉、韧带、肌腱的伸展性，一定程度上受神经系统的调节功能支配。

灵敏性：体现神经系统的灵活性和调节功能。

★ （三）身体活动能力

身体活动能力是指通过肌肉活动所表现的运动能力，主要有走、跑、跳、攀登、爬越、悬垂、支撑、负重和搬运等。这些都是维持人体生命活动最基本的技能，伴随人的生长发育而自然形成与发展，它与人类的生存及生活有着极为密切的关系。通过后天锻炼能使人体活动能力不断增强，有利于改善机能水平，提高身体素质，提高环境适应能力，促进运动能力与技能的形成。

1. 奔跑能力

奔跑是人体的基本活动能力，是人们进行强身健体、游戏娱乐和竞赛活动不可缺少的内容，是学校体育的组成部分。经常参加奔跑的活动，能提高心血管系统的功能，使心肌收缩有力，提高血管弹性，增强呼吸系统功能，对心理健康也有积极的促进作用。

2. 跳跃能力

跳跃是人体的最基本能力之一。经常从事跳跃运动，能促进人体的新陈代谢，改善内脏器官的功能。无论是跳高还是跳远，技术结构都由助跑—起跳—腾空—落地四个部分组成。要想提高跳跃能力，就要从速度、力量、弹跳力和身体灵敏等方面进行练习。

3. 投掷能力

投掷作为一项不可缺少的生活基本技能，包括抛、推、掷、投等多种形式。

4. 支撑能力与悬垂能力

支撑能力是指人体肩轴高于支撑器械轴并对支点产生压力，同时保持身体平衡的能力。悬垂能力是指人体肩轴低于器械并对支点产生拉力的能力。

在日常生活中往往运用支点或悬垂动作克服所遇困难，因此需要重视支撑、悬垂能力的发展。增加自身对自然的适应能力和生存能力。支撑、悬垂能力与力量、灵敏、柔韧和勇敢、顽强等密切相关。

5. 攀爬能力

攀爬能力与人类生存和发展具有密切关系，尤其是对提高人的勇敢、顽强、坚韧等心理素质及力量素质具有重要作用。发展攀爬能力的练习有以下几种：

（1）爬软、硬梯练习。采用固定的木梯徒手攀行。爬软梯时注意软梯的摆动，双手抓握、双脚蹬踩要有力而准确。

（2）爬竿、绳练习法。用两膝和两脚背夹竿，两臂微屈；两腿伸直，同时做屈臂引体向上；两腿夹竿动作不变，两手向上换握成直臂悬垂。

6. 负重能力

负重能力是人的基本能力之一，是人们日常生活工作中不可缺少的能力。发展负重与搬运能力应着重提高上下肢和腰部的力量。如背同伴跑、背同伴蹲起、蹲杠铃等。

三、运动损伤预防和处理

幼儿园教师不仅需要具备优良的体育教育素养,还应该具备过硬的理论与实践操作能力。防止运动损伤是让教学活动正常进行的基础。在幼儿园体育活动日渐受到重视的同时,人们对安全措施也有了进一步的要求,活动常规的建立以及一些运动项目的教学都有了相应的保护、帮助措施和方法。但在教学过程中,一些细节问题往往被忽视,然而就是这些细小的问题却可能有着安全隐患。活动的纪律、场地情况、器材的摆放都有可能是导致事故发生的原因。事故发生势必会影响教学计划的正常进行,而且与健康第一的思想相违背,还会导致幼儿身、心受到负面影响,所以运动损伤预防和处理尤为重要。

★ (一)运动损伤概述

1. 运动损伤的概念

运动损伤一般是指人体在体育运动过程中所发生的各种不同程度的身体损伤,是运动训练者在运动的过程中受到外界不同的刺激,所引起的皮肤、肌肉韧带、骨骼关节及内脏器官的破坏,它是运动医学的重要组成部分。防止运动损伤是让幼儿教学活动正常进行的基础。

2. 运动损伤的分类

在体育保健过程中,分为非创伤性运动病症和运动损伤。非创伤性运动病症常见的有:肌肉痉挛(又称为抽筋)、运动中腹痛、运动性贫血、晕厥(重力性休克)、低血糖症、中暑。运动损伤按损伤的组织分类可分为皮肤损伤、肌肉损伤、肌腱和韧带损伤、关节损伤、滑囊损伤、软骨损伤、骨损伤、神经损伤、血管损伤、内脏损伤;根据受伤部位的皮肤或黏膜完整性的破坏程度分类,可分为闭合性损伤(内伤)与开放性损伤(外伤);按损伤的病程分类,可将运动损伤分为急性损伤与慢性损伤;按损伤程度不同还可分为轻伤、中等损伤、重伤。在幼儿教学活动中,最容易受伤的部位排名第一的是膝关节,第二是肩关节,第三是踝关节,根据幼儿的运动情况,例如喜欢打乒乓球、羽毛球的人,他的肩关节就容易发生损伤,经常打篮球、踢足球,就容易发生膝关节或腕关节损伤,等等。

★ (二)运动损伤的预防原则

1. 加强思想教育

教师要建立以健康安全第一为指导的思想,不可麻痹大意,平时要对幼儿加强安全思想教育,对体质差、技能发展较慢的学生做到心中有数,让幼儿了解活动的内容,提醒幼儿注意安全,将幼儿受伤的概率降到最低指数。

2. 科学设计活动内容

教师要根据幼儿的年龄特点、心理特征及健康状况和运动技术水平,认真研究教材,设计活动。在幼儿园体育活动中,要运用各种形式的身体练习方法,全面增强提高幼儿的身体素质,使幼儿正确掌握走、跑、跳、投等动作要领,发展幼儿的活动能力。另外,要合理安排运动负荷,尤其要注意运动器官的局部负担量,避免单一练习方法。对于活泼爱动的孩子,即使身体出现疲劳,却仍表现出对体育活动强烈的愿望和浓厚的兴趣时,要适当加以调整或抑制,遵守循序渐进、个别对待等教学训练原则,运动负荷逐渐增加。

3. 合理布局活动场地

场地是保证体育活动进行的必要条件,合理布局与利用场地显得尤为重要。例如,在教学和组织比赛时要特别注意场地是否平整,及时清除小石块,防止绊脚引起不必要的伤害事故发生。

另外,器材的放置也有必要的考究。例如跑的游戏项目中最好不用球作标志物,尤其往返跑和蛇形跑等,因为若用球作标志物,一旦幼儿无意触及它,便容易滚动而离开原有位置,这时可能让幼儿绊脚,更严重者会发生因脚踩球而造成严重的伤害事故。

此外,体育活动后宜将用过的器械马上收拾好,以免在无人看管的情况下,幼儿因好玩致使人身伤害。

4. 加强活动前器械检查

活动之前幼儿教师要共同仔细检查器材,清除已经坏了的波波球,检查平衡木的螺丝是否松动,排除器械安装不牢固等隐患。定期检查体育场地、设施、设备,及时维修和增添器材设备。让幼儿了解检查器材在体育活动中的作用,做到万无一失。保护措施对于很多项目的练习,特别是在器械体操练习中十分重要,因为器械体操是一项复杂多变、空中动作较多的项目,很容易发生技术错误或失手跌下。在进行器械体操练习特别是学习新动作时,都应该有人做好保护和帮助措施。

5. 认真做好热身活动

剧烈运动前要认真做好热身活动,使身体得到充分的准备。准备活动内容要根据教学内容和训练内容而定,既有一般性准备活动又要有专项性准备活动,使准备活动最后部分的内容与活动的内容相似。对运动中负担较大和易伤的部位,要特别注意做好准备活动,适当地做一些力量性、伸展性练习。准备活动的量要根据幼儿的特点和身体情况而定,一般认为,兴奋性较低、锻炼基础或训练水平较高、运动持续时间较短或天气寒冷时,准备活动的强度可稍大些;相反,对于年龄小、基础差的幼儿在运动持续时间长或天气炎热时,强度宜小些,时间短些。准备活动以1~5分钟为宜。

6. 注重活动常规建立

实践良好的活动是保证活动顺利进行的重要条件。因此,在平时的教学中,教师要注重活动常规的培养,如未经允许不得擅自离开队伍。尤其是投掷类和接力项目。在投掷项目的教学中,教师要严格按照教学程序、原则进行教学,对幼儿的活动范围要严格限制,让幼儿远离危险区,严禁对掷,要告诉幼儿等全体幼儿都投掷完以后再统一捡回器材,或者安排见习生帮助,队伍中其他的人不可乱跑、抢掷。对某些意外伤害事故的苗头应及时制止。此外,活动中要听从指挥,遵守规则。

同时,教师要注意强调安全问题,让幼儿知道一些必要的防范措施,如着装轻便、大方,不拖拖拉拉,不携带尖锐物品,如小刀、钥匙等,不佩带胸针发卡等饰品,不留长指甲等。另外,准备活动要充分到位,跳前多活动,易伤部位早预防。

7. 排除幼儿心理障碍

体育运动的竞技性和社会性,对幼儿心理方面有一定的要求,有些幼儿存在着不同类型的恐惧,如看到平衡木、跳跳板等器械就害怕,有恐惧心理。同时幼儿的心理状态也与安全事故有着一定的关系,如心情不好、情绪低落、急躁、犹豫、胆怯、急于求成等。教师要善于观察幼儿,鼓励幼儿,与幼儿沟通,帮助消除心理障碍,让他们愉快健康地锻炼身体。

8. 加强自我保护意识

教师要加强体育保健知识的宣传和教育,增强幼儿自我保健意识,现在大部分学生是独生子女,抗挫折能力比较差,自我保护意识薄弱,因此体育活动中加强自我保护意识的教育必不可少,如身体失去平衡应立即向前、向后、向左、向右跨出一大步,以保持平衡。从高处跳下时要用前脚掌先着地,同时屈膝缓冲。另外,要教会幼儿互相保护、帮助的方法,不违反活动的规则等,真正做到预防安全事故。

只要教师能以健康、安全第一为指导思想,能在教学活动上处处想到孩子、关心爱护孩子,认真负责,敢于创新,大胆尝试,管理上严格要求,就一定能避免伤害事故的发生,减少运动损伤,让幼儿健康快乐地成长。

（三）常见的运动损伤症状及处理

机体对运动的不适应会造成生理活动过程的有序性受到暂时性破坏,从而常常出现某种生理应激反应。常见的运动损伤及其处理办法如下:

1. 运动中腹痛症状及处理方法

（1）原因和症状:有些幼儿在体育锻炼时会突然发生腹痛,有时甚至痛得不能再继续运动了,这种急性腹痛症状叫作运动性腹痛,其原因主要由于幼儿准备活动不够充分,或是饭后过早参加运动,吃得过饱,喝得过多,使胃肠充盈、饱满,而剧烈运动能使充盈的肠胃受到剧烈震动及胃膜受到牵扯而发生胃肠壁痉挛,另外,呼吸肌疲劳也会引起运动性腹痛。

（2）处理方法：如果没有器质性病变迹象，仅在运动时、加快速度后才出现腹痛，一般可采用减慢跑速，调整呼吸和运动节奏，用手按压疼痛部位，这样有助于缓解疼痛。若无效，疼痛剧烈时应停止运动，点压足三里、内关等穴位，如仍无效，应及时就医。

2. 擦伤的症状及处理方法

（1）原因和症状：擦伤是指运动时机体表面与粗糙的物体相互摩擦而引起皮肤表层损伤，出现出血或有组织液渗出的现象。擦伤属于一种开放性软组织损伤，如跑步摔倒、体操运动时身体与器械摩擦受伤。当皮肤擦伤后，毛细血管出血，血液或组织液从伤口慢慢渗出，常会自行凝固止血，一般没有危险性。

（2）处理方法：若创口浅、面积小，并且伤口较干净，可用生理盐水或冷开水清洗创口，创口周围皮肤用70%酒精消毒，或在创口上涂抹适当的消炎药，预防感染，不必包扎。若创口有沙土等物，要用生理盐水或凉开水冲洗干净，再用些消炎药，加以包扎，较严重的创伤要到医院注射破伤风抗毒素血清，以防破伤风症。如遇鼻出血时，必须静坐，头后仰，用凉毛巾冷敷鼻梁至头部，可使局部毛细血管收缩，达到止血或减少出血。出现在膝部、髋部、肘部等关节处的擦伤，因该部位常活动，伤后不易愈合，所以一定要注意伤后保护，不要沾水、出汗，以免感染。

3. 踝关节扭伤的症状及处理方法

（1）原因和症状：踝关节的准备活动未充分做好，跑跳时用力过猛，场地不平，跳起落地不稳，或落在别人的脚上。伤后局部疼痛，肿胀，局部有明显压痛，关节运动功能障碍，轻者关节活动受限，不能着力；重者关节有不稳或松动感，关节功能明显障碍。

（2）处理方法：用冷水冲，冰敷。用绷带加压包扎，并抬高患肢休息，以减轻出血和肿胀。24～48小时后，拆除包扎固定，根据伤情可采用中药外敷、理疗和按摩等，但热疗和按摩在开始时只能施于伤部周围，3天后才能用于局部。重者应及时送医院。当关节肿胀和疼痛减轻后，在不引起疼痛和疼痛加重的原则下，尽早进行伤肢功能性活动，防止发生肌肉萎缩，以促进功能恢复。

4. 肌肉拉伤和挫伤的症状及处理方法

（1）原因和症状：肌肉拉伤是指肌肉主动强烈地收缩或被动过度地拉长造成的肌纤维微细损伤、肌肉部分撕裂或完全断裂。肌肉拉伤是一种常见的运动损伤，主要分为主动拉伤和被动拉伤两类。前者是在体育锻炼过程中，由于开始前准备活动不充分，肌肉的生理机能尚未达到适应活动所需的最佳状态，或技术动作不正确，动作过猛，使肌肉猛烈地主动收缩，超过了肌肉本身可以承受的负荷而发生的肌肉拉伤，如推举哑铃或杠铃时使身体相关肌肉猛烈收缩而被拉伤，疾跑中用力后蹬而使大腿后肌群拉伤等。后者主要是肌肉用力牵伸时超过了肌肉本身特有的伸展程度，从而引起拉伤，如过度压腿、韧带拉伸等。

挫伤是钝性外力直接作用于人体某部位而引起的一种皮肤完整，但深层组织或内脏器官破损的一种闭合性损伤。如运动或健身活动中身体相互碰撞，特别是球类项目。

（2）处理方法：① 早期。肌肉拉伤和挫伤早期是指伤后24小时内。处理原则是止痛、制动、镇痛、防肿和减轻炎症。处理方法是伤后立即冷敷、加压包扎并抬高伤肢，局部休息。② 中期。肌肉拉伤和挫伤中期是指伤后24～48小时。处理原则是改善伤部的血液和淋巴循环，提高组织的新陈代谢，加速淤血和渗出液的吸收以及坏死组织的清除，促进再生修复，防止或减少粘连形成。处理方法有理疗、按摩、针灸等，每天1～2次，每次20～30分钟，热敷时的温度要适合，以防发生烫伤。随着伤情逐渐好转，在不引起或加重疼痛的原则下，尽早进行伤肢功能锻炼，以促进愈合和恢复。③ 晚期。肌肉拉伤和挫伤晚期是指受伤48小时以后，损伤组织已基本修复，但可能有粘连形成，功能尚未恢复，锻炼时仍感到微痛、酸胀或无力，个别严重者会出现肌肉紧张形成的索条状硬块，触疼明显，活动受到限制。因此，处理原则是恢复和增强肌肉、关节功能，若有组织粘连或瘢痕，应尽快去医院设法分离或软化。此阶段以按摩、理疗和功能锻炼为主，必要时配合中药熏洗和应用保护带等。

5. 韧带损伤的症状及处理方法

（1）原因和症状：韧带损伤是指用力过大、过度牵伸而导致不同程度的韧带纤维或其附着处的断裂。韧带有较强的抗张能力，附着在邻近骨端上，用以连接两骨，并保护关节在正常范围内活动。如果外力使关节异常活动并超越韧带所能承受的范围时,就会发生韧带损伤,韧带损伤易发生的部位主要在踝关节、腕关节、膝关节、掌(指)间关节和肘关节。韧带损伤时易出现整个关节肿胀或血肿,局部有明显压痛,关节运动出现障碍,轻者关节活动受限,重者不能用力。韧带完全断裂或撕脱时,关节有不稳或松动感,关节功能明显下降。检查运动损伤程度最好由医院医生进行。

(2)处理方法:轻者,可即时冷敷(可以用冰块或凉水浸泡伤处);重者,韧带完全断裂,经急救处理后应立即把伤员送至医院,以争取早期手术缝合或固定。当关节肿胀和疼痛减轻后,在不引起疼痛或疼痛加重的前提下,尽早进行伤肢功能性活动,防止发生肌肉萎缩和组织粘连,促进功能恢复。

四、体育教学知识与教学能力

体育教学知识,主要强调在幼儿体育教学中所运用到的教育学领域相关的基本知识,包括对体育教学内容的选择和体育教学方法的使用、体育教学目标的确定程序以及教案编写时应考虑的问题。

体育教学能力,是指幼儿教师在进行体育教学及组织中最基本的能力,包括具有生动形象、通俗易懂的语言表达能力和正确无误的示范能力,对课堂的组织能力,以及一些保护与帮助的能力、反思教学工作的能力等。

第二章
学前儿童体育的内容

幼儿教师要根据自身掌握的体育相关知识和技能,以及幼儿各阶段身心特点组织幼儿进行科学合理的学前儿童体育活动,使幼儿身心在体育活动中得到发展并掌握基本的运动技能和社会适应能力。学前儿童体育内容包含了幼儿基本运动能力内容、幼儿园体操、球类运动、民间传统体育活动以及幼儿园体育游戏。

第一节　幼儿基本运动能力

根据《指南》,幼儿基本动作练习的任务主要有:促进身体生长发育;提高身体素质;帮助幼儿改进基本动作的质量;提高智力水平;发展优良品质等。基本运动能力的内容主要有走步、跑步、跳跃、投掷能力、平衡能力、钻爬和攀爬。

一、走步

(一)幼儿走步能力发展与活动内容

幼儿走步活动包括自然走步、前脚掌走、脚跟走、轻轻走、高抬腿走、后踢走、蹲着走、弹簧步、后退走、变化手臂动作地走、拍响走、击响走、持物走、协同走等。

(二)幼儿走步活动的练习方法

(1)配乐走步:根据走步动作特点选用乐曲(排队齐步——进行曲;模仿走步——根据形态动作特征选曲)。(2)击响走步:击手或击物、脚踏地或物击地出响。(3)儿歌走步。(4)变换队形走步。(5)散步或游览。

(三)幼儿走步能力发展指导与评价

教师在组织走步活动时要注意幼儿的形态发育,帮助其预防和矫正形态缺陷;重视肌肉系统的发育,加强躯干和下肢力量可以提高走步能力;提醒幼儿走步时注意力集中,避免摔倒和掉队。

要做到步幅均匀,落地轻柔,腰背正直,挺胸,前后自然摆臂,上下肢协调,动作放松,有较稳定的节奏,有精神。排队走步能保持队形,能踏准节拍走,并能随节拍的变化而变化。

二、跑步

(一)幼儿跑步能力发展与活动内容

幼儿跑步活动包括:自然跑、曲线跑、往返跑、弯腰半蹲跑、后踢小腿跑、后退跑、持物跑、接力赛跑、竞赛跑、协同跑、模仿跑、障碍跑、变向跑、变速跑、四散追逐跑、躲闪跑、走跑交替,听信号改变动作、改变速度、改变方向跑等。

（二）幼儿园跑步活动的练习方法

（1）榜样示范法：由教师或动作较好的幼儿做示范；观看运动员的规范动作。
（2）体育游戏法：根据年龄特征,运用竞赛性或非竞赛性的跑步游戏。
（3）语言指导法：讲解使用的语言符合幼儿知识经验及理解能力。

（三）幼儿跑步能力发展指导与评价

教师在组织跑步活动时要注意幼儿的形态发育,重视肌肉系统的发育,加强躯干和下肢力量,提高跑步能力。

要逐步做到步幅稳定,动作协调,能够很好地控制身体和方向,速度意识和竞赛意识很强,对胜负情绪反应强烈,表现出一定的意志力。

三、跳跃

跳跃的锻炼价值较多。原地纵跳能增强腿部肌肉力量,发展弹跳能力;纵跳触物能提高协调性,视觉运动能力,发展弹跳能力;双脚连续向前跳能增强腿部肌肉力量,发展肌肉、心肺耐力,平衡力和协调性;立定跳远可以提高弹跳能力,下肢爆发力和协调性;从高处向下跳可以发展平衡能力;助跑跨跳能够提高灵敏性、弹跳能力、上下肢爆发力和协调性;跳绳能提高协调性、视觉运动能力、发展上肢肌肉力量和耐力;跳蹦床能提高弹跳能力、平衡力和协调性。

图2-1　跳跃1

图2-2　跳跃2

（一）幼儿跳跃能力发展与活动内容

幼儿跳跃活动包括双脚跳(原地双脚向上跳、立定跳远、双脚连续向前跳、双脚向上跳、双脚连续向侧跳等),单脚跳(原地和各方向移动跳),水平或垂直跨跳过障碍,助跑跳远,跳山羊,连续蹲撑跳,连续跪撑跳,跪跳进,跪跳下,支撑侧向蹲腾越,跳绳(大小绳、花式跳绳),夹包跳,协同跳,双脚开合跳,双脚交叉跳,各种跑跳步(前踢腿、后踢腿等)等。

（二）幼儿园跳跃活动的练习方法

（1）模仿法：由教师或动作较好的幼儿做示范；模拟所见到的其他事物的运动。
（2）条件法：按规定条件练习动作,注意用"条件物"激起幼儿兴趣,难度需适宜。
（3）配乐练习法：做连续性跳跃时配乐或用儿歌激发兴趣,发展动作节奏。

(4)创新法：鼓励幼儿在自由跳跃中探索新的跳跃动作。

（三）幼儿跳跃能力发展指导与评价

《指南》中提出幼儿要能单脚连续向前跳 2 米左右（小班）、5 米左右（中班）、8 米左右（大班）。跳跃预备时能自然屈膝，双臂后摆；起跳时双腿同时蹬伸跳起，两臂自然摆动，两脚同时落地，注意屈膝缓冲，身体稳定；能掌握跨跳、单双脚连续跳动作，动作协调。立定跳远起跳时蹬腿与摆臂协调自然，落地时能主动屈腿全蹲缓冲，蹬摆协调，落地轻稳。

四、投掷能力

（一）幼儿投掷能力发展与活动内容

可以利用球类器械来发展幼儿投掷能力（如篮球、排球、垒球、手球、实心球、沙包、自制道具等）。

（二）幼儿投掷能力发展的活动方法

滚动：互相滚接皮球。
运球：学运球；原地变换形式运球；边走边跑边运；左右手运球等。
传接球：两人相距 2～4 米传接球。
挥动：肩上挥臂投物（沙包，垒球等）。
抛接：自抛自接高低球；两人相距 2～4 米抛接球。
投掷：投准（篮球投篮、沙包、垒球等）；掷远（沙包、垒球等）。

（三）幼儿投掷能力发展指导与评价

(1)投掷活动以上肢练习为主，运动强度不够，可多结合跑跳进行。
(2)肩上投掷是大班教学重点，侧重全身动作；小、中班以练习挥臂动作为重点。
(3)注意投掷物和投掷目标能否引起幼儿活动兴趣。
(4)重视投掷活动中的安全教育。

五、平衡能力

图 2-3　平衡能力 1

图 2-4　平衡能力 2

（一）幼儿平衡能力发展与活动内容

可以设置情景故事，利用宽或窄平行线、高低平衡木、纸片、纸板、木板、软硬道具、斜坡、高跷等，让幼儿完成各种走、跑、跳、转体、下蹲、站立、协同、对抗等动作或者组合练习,发展幼儿平衡能力。

（二）幼儿平衡能力发展的活动方法

(1) 模仿法:模拟所见到的动物动作和其他事物的运动。
(2) 条件法:设定条件限制,注意用"条件物"激起幼儿兴趣,难度需适宜。
(3) 配乐练习法:做平衡练习时,可以用配乐或儿歌激发兴趣,发展动作节奏。
(4) 情景故事:设定故事情节,分配角色扮演,激发幼儿探索活动的兴趣等。

（三）幼儿平衡能力发展指导与评价

(1) 平衡活动运动以心理负荷为主,宜安排在情绪稳定,体力充沛之时,避免疲劳时进行。
(2) 平衡活动生理运动量不大,一般要结合跑跳活动。
(3) 注意平衡器材及活动设计的新颖性。
(4) 平衡活动中的安全教育和意志品质训练。

六、钻爬和攀爬

图2-5和2-6分别展示的是幼儿钻爬和攀爬的实例。

图2-5　钻爬

图2-6　攀爬

（一）幼儿钻爬、攀登能力发展与活动内容

利用障碍物、垫子、各类攀爬器械发展幼儿的钻爬攀登能力。包括向各个方向(前后左右)的手脚着地爬、手膝着地爬、匍匐前进、滚动、滚翻,在大中型攀登器上上下爬,迅速连续钻过障碍物中的狭小空间,探索各种俯身爬,探索各种侧身或仰面爬等。

（二）幼儿钻爬和攀登能力发展的活动方法

(1) 模仿:模拟所见到的动物动作和其他事物的运动。
(2) 练习法:通过各种方式的练习激发幼儿兴趣。
(3) 竞赛法:根据年龄特征,运用竞赛性的钻爬、攀登游戏。
(4) 探索法:设置障碍或不同空间,引导幼儿探索各种钻爬动作。

（三）幼儿钻爬、攀登能力发展指导与评价

(1) 此类活动四肢和躯干肌肉负荷较大,重在力量和灵活性的锻炼,宜与跑跳活动结合,避免疲劳。

（2）注意场所和器材的安全性,重在指导幼儿观察周围情况和自我控制。

（3）做好安全教育和品质训练。

（4）做好个别指导工作。

第二节　幼 儿 体 操

幼儿体操练习是有组织有结构的成套身体动作练习,一般有儿歌、音乐或节奏伴随。它是一种全身性的系统的身体锻炼活动。幼儿体操活动包括基本体操、队列队形和幼儿团体操。

一、幼儿基本体操

（一）定义

幼儿基本体操是为幼儿选择发展大肌肉群的一些动作编排而成的体操,主要发展肩胛肌、背肌、腹肌、上下肢肌肉等。

（二）幼儿基本体操的意义

促进幼儿身体均衡发展,培养良好的身体姿势,增强肌肉、骨骼、韧带和内脏器官的功能。学习不同方位、速度和节奏的各种动作,提高方位感、速度感和韵律感。统一信号和统一动作,有助于培养幼儿的组织性和纪律性。

（三）幼儿基本体操的种类

1. 徒手操

听教师口令或广播空手进行的体操练习,不需要任何器械,不受场地设备限制且具有全面锻炼身体的价值。徒手操的操节顺序:上肢运动——扩胸运动——下肢运动——腰部运动——腹背运动——跳跃运动——整理运动。徒手操操节顺序的意义在于:从上肢运动开始,活动量逐步加大,跳跃运动时达到高潮。上肢运动和伸展运动,是人体从静态转到动态的比较理想的习惯动作。每套体操有两次运动高潮:小班——腹背运动、跳跃运动;中大班——下肢运动、跳跃运动。

徒手操基本动作分类见表2-1。

表2-1　徒手操基本动作分类

运动部位	动作类别	动作的形式和方向
头颈动作	屈	前屈(低头)、后屈(抬头)侧屈(左、右屈)
	转	向左、右转
	绕环	向左、右绕环
上肢运动	臂向各个方向举	前举、上举、侧举、侧上举、侧下举、斜上举、斜下举
	臂屈伸	屈:胸前平屈、肩前屈、肩侧屈、头后屈(两手夹头)、叉腰 伸:(由屈臂开始)前伸、侧伸、上伸、侧上伸、侧下伸、下伸
	臂摆振	摆:向前摆、向侧摆、向后摆、向上摆、向下摆 振:上后振、下后振、侧后振
	臂绕环	向前绕环、向后绕环、向左绕环、向右绕环、向内绕环、向外绕环、小绕环(腕为轴)、前臂绕环(肘为轴)、"8"字绕环

(续表)

运动部位	动作类别	动作的形式和方向
躯干运动	屈	前屈、侧屈(左、右)、后屈、仰卧起坐、仰卧举腿、俯卧体后屈等
	转	向左、右转体
	绕环	上体向左、右绕环;髋向左、右绕环
下肢运动	摆、踢	前摆、侧摆、后摆;前踢、侧踢、后踢、斜前踢等
	屈伸	半蹲起、深蹲起、单腿蹲起
	弓箭步	前弓箭步、后弓箭步、侧(左、右)弓箭步
跳跃运动	单脚跳	交换跳、点地跳、摆腿跳、转身跳、移动跳
	双脚跳	前后开合跳、左右开合跳、前后交换跳、左右交换跳(分开、交叉)、转身跳、移动跳、挺身跳、蹲跳等
其他	立	基本站立、提踵立、开立(前后、左右)、点地立、交叉立
	坐	直角坐(并腿坐)、分腿坐、跪坐、半劈腿坐等
	卧	俯卧、仰卧、侧卧
	撑	蹲撑、跪撑、俯撑、侧撑、仰撑等
	平衡	俯平衡、仰身平衡、侧平衡、直角坐平衡、跪撑平衡
组合与变化		各运动部位的组合,各类动作的组合,各种方向的结合 运动的节拍、速度、次数、开始姿势,以及人数、队形的变化等

2. 轻器械操

在徒手操的基础上,手上拿一些轻器械做操。常用器械为:绳子、哑铃、花环、棍棒、椅子等,能提高练习的兴趣和动作积极性。轻器械操的种类有:红旗操、花环操、哑铃操、棍棒操、铃鼓操、球操、纱巾操等。

(四)各年龄段幼儿基本体操内容安排

各年龄段幼儿基本体操内容安排如表 2-2 所示。

表 2-2　各年龄段幼儿体操内容安排表

	特点(难易度)	内　容
小班	以模仿操为主,辅以徒手操,每套操 4～6 节,每节一四拍或二八拍	动物模仿操、游戏模仿操、徒手操、模仿操等
中班	以徒手操为主,辅以模仿操,轻器械操,每套操 6～7 节,每节二八拍	徒手操、拍手操、手铃操、劳动模仿操、"可乐罐"操等
大班	以轻器械操为主,辅以模仿操,徒手操,每套操 7～8 节,每节四八拍	球操、棒操、运动模仿操、韵律操、健美操等

(五)幼儿基本体操活动的指导

1. 内容选择要切合幼儿年龄特征:小班重点在模仿操;中大班以徒手操为主,可选学轻器械操一到两套。
2. 活动准备要侧重清扫操场、检查必需的器械和物品、检查幼儿的衣物和鞋带。
3. 活动中:注意幼儿应站在背光、背风处;示范应正确优美,面向所有幼儿;所选音乐要轻快活泼;注意讲解示范的完整性,保持做操的连贯性。
4. 结束时:教师要简要做出评价,提出要求。

二、队列队形

（一）队列队形的定义与作用

定义：队列队形是三人以上的幼儿集体按照一定的规范，听从统一的信号，进行协调一致动作的练习。包括口令、原地队列变换、行进间队列与队形变换和图形行进与变换。

1. 队列练习及内容

定义：队列练习是幼儿按照一定队形做协调一致的动作。

内容：

（1）按照原地与运动区划分，队列练习可以分为原地队列练习和行进间队列练习（立正、稍息、看齐、立定、跑步走、齐步走、向左右转、集合解散）。

（2）按照横纵划分，队列练习可以分为纵队及横队（排一路、二路纵队；排一列、二列、四列横队）。

（3）按照其他规则进行划分等（站成半圆形或圆形；站成八字形）。

2. 队形练习及内容

定义：在队列练习的基础上做各种队形和图形的变化。

内容：一个跟着一个走成圆形；一列横队走切段分队；一路纵队走成两路，再走成四路纵队；由一个圆圈走成两个或多个圆圈；听口令返还成原队形。

作用：可以保证体育教学的顺利进行，提高课的密度和运动量，而且可以调动学生学习的积极性，创造良好的课堂气氛，提高学生的组织性、纪律性，增强学生的集体荣誉感。

（二）队列队形的指导要点

（1）教师位置适当，示范时精神饱满，姿势规范。

（2）口令运用合理，注意预令和动令的运用节奏。可以适当使用形象化语言。

（3）利用标志物帮助幼儿学习队形变化。

（4）灵活设计教学形式，激发幼儿兴趣。

（三）队列队形的基本术语

（1）翼：队形的两端为翼，其中左端的叫左翼，右端的叫右翼。

（2）正面：队列中学生所面向的一面叫正面。

（3）后面：队列中学生所背对的一面叫反面。

（4）间隔：相邻两人或队伍左右之间的空隙叫间隔。

（5）距离：相邻两人或队伍前后之间的空隙叫距离。

（6）队形：学生共同动作时，所排成队伍的形式叫队形。

（7）队形宽度：两翼之间的横宽叫队形的宽度。

（8）队形纵深：从第一列（站在最前面的学生）到最后一列（站在最后面的学生）的纵长叫队形纵深。

（9）横队：个人或成队左右并列组成的队形叫横队。在横队中，队形的宽度大于队形的纵深或相等，通常横队用"列"来表示（例如：一列横队、两列横队等）。

（10）纵队：个人或成队前后重叠组成的队形叫纵队。在纵队中，队形的纵深大于队形的宽度或相等，通常纵队用"路"（例如：一路纵队、两路纵队等）。

（11）方队：横队与纵队人数相等的队形叫方队。

（12）基准学生：站在排头或教师根据需要指定的某一学生，作为全体学生看齐或者行动的目标，该学生即为基准学生。在通常情况下，右翼排头的第一名为基准学生，如需指定其他学生为基准时，则应明确"以××为基准"，或以"左（右）翼为基准"。

（13）排头：位于纵队之首或横队右翼的学生（一个或几个）叫排头。

（14）排尾：位于纵队之尾或横队左翼的学生（一个或几个）叫排尾。当纵队向后转时，排头变成排尾，排尾变成排头。

（15）伍：二列或二列以上的横队中前后重叠的学生叫一伍。如果最后一列人数不足时，叫缺伍。向后转时，后面的学生应进到前列补足缺位。前列学生离开队伍时，该生的位置应有其同伍的学生补进。

（16）二列队形：一列学生排列在另一列学生的后面，相隔一步或一臂距离，叫二列队形。前列叫第一列，后列叫第二列。队形变换时，各列的名称不变。不足四个人的站队，应排成一列。

（17）步幅：一步的长度（前脚脚跟至后脚脚尖的距离）叫步幅。

（18）步频：每分钟所走的步数叫步频。

（四）基本内容

队列队形的基本内容见表2-3。

表2-3　队列队形基本内容

	队 列 队 形	内 容
1	原地	立正、稍息、看齐、报数、集合、解散、原地间转法
2	行进和停止	齐步和立定、正步和立定、跑步和立定、踏步、前进和立定
3	队列队形变换	一二列（路）互变、一列横队变圆形队伍（单圆队形、双圆队形、四圆队形等）、四列横（纵）队变圆形队伍等
4	行进间图形行进与变化	直线性变换：行进间分队走一二列（路）互变、分队走、并队走、合队走、裂队走 弧形圆形变换："8"字形行进、螺旋形行进

1. 原地

（1）立正。

口令："立正！"（属于短促口令，发音短促有力。）

动作要领：两脚跟靠拢并立，两脚尖向外分开约一脚之长；两腿站直；小腹微收，自然挺胸；上体正直，微向前倾；两肩要平，稍向后张；两臂自然下垂，手指并拢自然微屈，中指接于裤缝；头要正，颈要直，口要闭，下颚微收，两眼向前平视。

（2）稍息。

口令："稍息！"

动作要领：左脚顺脚尖方向伸出大半脚，两腿自然挺直，上体保持立正姿势。稍息过久，可自行换脚，但应恢复立正姿势，再换脚。

幼儿稍息的动作要求：同体操课上学生做练习时的稍息动作。中班幼儿的稍息动作没有出脚方向的限制。小班幼儿的稍息动作只要求两脚侧开立，两臂自然下垂。

（3）看齐。

① 向左（右）看齐。

口令："向左（右）看——齐！"

动作要领：听到口令后，基准学生不动，其余学生向左（右）转头，眼睛看左（右）邻同学的腮部，并通视全线。后列学生先对正，后看齐。间隔一拳（约9厘米），距离一臂（约75厘米），身体姿势保持正直，用碎步迅速移动看齐。

② 向中看齐。

口令："以××为基准，向中看——齐！"

动作要领：基准学生听到"以××为基准时"右手握拳高举。听到"向中看——齐"后，基准学生将手放下，其他学生按照向左（右）看齐的动作要领向中看齐。

③ 向前看。

口令:"向前——看!"

动作要领:听到口令后,基准学生不动,其余学生将头转正,恢复立正姿势。

④ 向前看齐(纵队)。

口令:"向前看——齐!"

动作要领:听到口令后,排头不动,其余学生逐次看前面学生头的后部,对正看齐。

幼儿向前看齐的动作要求:

口令:"向前看——齐!""两臂放——下!"

动作要领:听到口令后,排头不动或两臂侧平举,其余幼儿两臂前平举(掌心相对),同时看前面幼儿头的后部,对正看齐。听到"两臂放——下!"的口令后,将两臂放下。

教学要求:转头迅速一致,前后对正,左右看齐,身体姿势保持正直。

(4)报数。

口令:"报数!"

动作要领:从右至左依次以短促洪亮的声音转头报数(最后一名不转头),后列最后一名报"满伍"或"缺×伍"。纵队报数时,从前向后报数,按上述报数要领进行。

在体育课中,为了教学的需要,往往用指定数字报数,或几列同时报数。方法同上,但教师应事先说明:如"一至三——报数!""各列——报数!"等。

教学要求:声音短促洪亮,传递迅速准确。

(5)集合。

① 横队集合。

口令:"成一(二、三……)列横队——集合!"

动作要领:教师站在预定队形中央前方,面向站队方向成立正姿势,下达口令。学生听到口令后,跑步面向教师集合。基准生首先跑到教师左前方适当位置成立正姿势,其余学生随基准生依次向左侧排列,站成指定队形,自行对正、看齐,成立正姿势。

② 纵队集合。

口令:"成一(二、三……)路纵队——集合"!

动作要领:纵队集合动作同横队集合。学生听到口令后,基准生迅速跑到教师正前方适当位置成立正姿势,其余学生以基准生为准,依次向后重叠站成指定队形。

教学要求:集合动作迅速、整齐、安静、不碰撞。

(6)解散。

口令:"解散!"

动作要领:听到口令后,迅速离开原位(稍息时,先立正,然后迅速离开原位)。

(7)原地间转法。

① 向右(左)转。

口令:"向右(左)——转!"

动作要领:以右(左)脚跟为轴,右(左)脚跟和左(右)脚前脚掌同时用力向右(左)转体90°,重心落在右(左)脚上,左(右)脚靠拢右(左)脚;转体时,两腿挺直,上体保持立正姿势。

② 向后转。

口令:"向后——转!"

动作要领:按向右转的要领从右向后转体180°。

③ 半面向右(左)转。

口令:"半面向右(左)——转!"

动作要领:按向右(左)转的要领转体45°。

教学要求:转动时要做到"三快、一正、一精神"。"三快"即两脚转动快、前脚掌着地快、后脚靠拢快;"一正"即转体方向正;"一精神"即转体时上体正直,两腿挺直,节奏分明,靠脚有力,两眼平视前方。

2. 行进和停止

(1) 齐步和立定。

口令:"齐步——走!""立——定!"

动作要领:听到口令后,左脚迈至约 75 厘米处着地,体重随即移到左脚,右脚以此法行进;上体正直,手指自然并拢微屈;两臂前后自然摆动,前摆时,前臂微向里合,手约与第五衣扣同高并不超过衣扣线。行进速度每分钟约 120 步。

齐步走立定时,动令落于右脚,左脚向前大半步,右脚靠拢左脚,成立正姿势。

幼儿齐步走的动作要求:左脚开始向前走,步伐均匀,上体正直,两臂前后自然摆动,有精神地走。中班幼儿齐步走只强调上下肢协调地走。小班幼儿齐步走只要求做到上体正直,自然向前走。

教学要求:上体正直,精神饱满,摆臂自然,步幅与步频均匀;集体齐步走时,队伍整齐,步调一致。

(2) 正步和立定。

口令:"正步——走!""立——定!"

动作要领:听到口令后,左脚踢出(脚掌离地面约 20 厘米并与地面平行,腿要绷直)约至 75 厘米处适当用力着地,体重随即移至左脚,右脚依此法行进;上体正直,微向前倾;手指轻轻握拢;向前摆臂时,肘部弯曲,前臂略平,手腕摆到第三、四衣扣之间,离身体约 15 厘米,手心向内稍向下;向后摆到不能自然摆动为止。行进速度每分钟约 116 步。

正步走的"立定"口令及动作与齐步走相同。

教学要求:腿要踢直,着地用力;上体正直,眼向前看;臂腿协调、雄壮有力。

(3) 跑步和立定。

口令:"跑步——走!""立——定!"

动作要领:听到预令后,两手迅速半握拳提到腰际,拳心向内,肘部稍向里合;听到动令后,上体微向前倾,两腿微屈,同时左脚利用右脚掌的弹力跃出约 80 厘米,前脚掌先着地,重心前移,右脚照此法行进;两臂前后自然摆动,前摆不露肘,前臂略平,稍向里合,两拳不超过衣扣线,后摆不露手。行进速度每分钟约 180 步。

跑步走立定时,动令落于右脚,继续跑两步,然后左脚向前大半步,右脚靠拢左脚,同时将手放下,成立正姿势。

幼儿跑步走的动作要求:大班幼儿可以用前脚掌着地跑,同时上体稍前倾,两臂前后自然摆动。中班幼儿则要求上下肢协调、轻松地跑。小班幼儿仅要求自然跑即可。幼儿一般不做跑步直接立定动作,可换齐步后立定。

教学要求:第一步要跃出;跑步时要以前脚掌先着地;臂要前后自然摆动,前不露肘,后不露手。立定时,靠脚同时将手放下。

(4) 踏步、前进和立定。

① 踏步(一般用于调整步法和整齐队伍)。

口令:"踏步——走!"(原地踏步或原地跑步)

动作要领:听到口令后,两脚在原地上下起落,抬起时脚尖自然下垂,离地面约 15 厘米,上体保持立正姿势,两臂动作与"齐步""跑步"的要求相同。

② 前进。

口令:"前进!"或"照直前进!"

动作要领:听到"前进!"的口令后,先在原地继续踏两步,再按原步法行进。

③ 立定。

口令:"立——定!"

动作要领:听到口令后,原地立定(原地跑步立定,仍按四拍完成动作;原地踏步按二拍完成)。

幼儿踏步的动作要求:大班幼儿踏步,要求由左脚开始,两脚在原地上下起落,上体正直,两臂前后自然摆动,眼睛向前看。中班幼儿踏步,则要求上体正直,上下肢协调。小班幼儿踏步,只要求上体正直,动作自然。

(5)步法变换。

① 齐步与正步互换。

口令:"正(齐)步——走!"

动作要领:动令一般落于右脚,听到口令后,从左脚开始按口令规定的步法换为正步(或齐步)行进。

② 齐步与跑步互换。

口令:"跑(齐)步——走!"

动作要领:齐步换跑步,听到预令后,两手迅速握拳提至腰际,两臂自然摆动;听到动令后,从左脚开始换跑步行进。跑步换齐步,听到动令后,继续向前跑两步,再从左脚开始换齐步行进。

教学要求:步法变换时,应做到迅速准确,节奏分明。

3. 队列队形变换

(1)原地一列横队变二列横队。

口令:"成二列横队——走!"

动作要领:先报数,然后再下达口令。听到口令后,单数学生不动,双数学生左脚向后退一步,右脚不靠拢左脚向右跨一步,站在单数学生后面,左脚向右脚靠拢,对正、看齐。

(2)二列横队变一列横队。

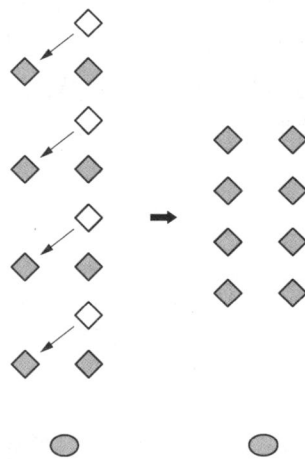

口令:"成一列横队——走!"

动作要领:下达口令前,各列学生要先离开一步间隔,然后再下达口令。听到口令后,单数学生不动,双数学生左脚先向左跨一步,右脚不靠拢左脚向前跨一步,站在单数学生的左方,左脚向右脚靠拢,自动看齐(见图2-7)。

(3)一路纵队变二路纵队。

口令:"成二路纵队——走!"

动作要领:先报数,听到口令后,单数学生不动,双数学生出右脚向右前方跨一步,左脚跟进到单数学生右侧,对正、看齐(见图2-8)。

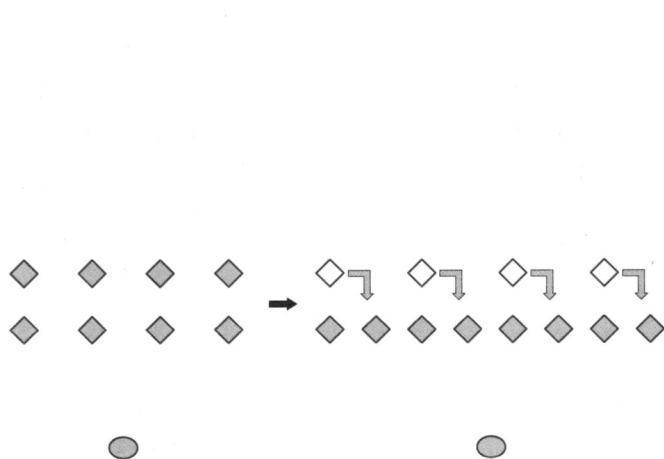

图2-7　二列横队变一列横队①　　　　　　　图2-8　一路纵队变二路纵队

(4)原地二路纵队变一路纵队。

口令:"成一路纵队——走!"

动作要领:听到口令后,双数学生左脚向左后方退到单数学生后面,右脚跟随后撤自动对正。

(5)原地由一列横队变二路纵队。

口令:"成二路纵队向右——转!"

———————————

① 注:图中 ⬭ 为教师,◆ 为幼儿。下同。

动作要领：先报数。听到口令后，全体学生向右转，然后按一路纵队变二路纵队的动作要领进行。

（6）原地由二路纵队变一列横队。

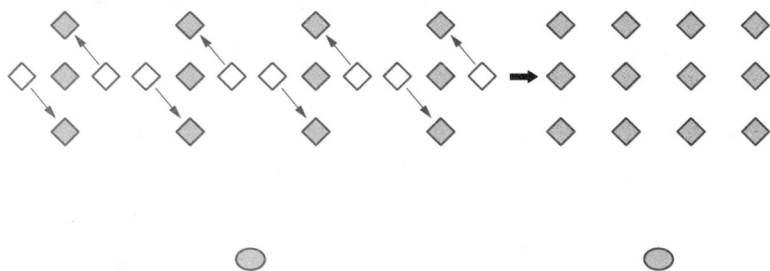

口令："成一列横队向左——转！"

动作要领：先使各路学生前后保持一步距离，听到口令后，全体向左转，第一列学生不动，第二列学生按二列横队变一列横队的动作要领进行，自动看齐（见图2-9）。

（7）原地由一列横队变为三列横队。

口令："成三列横——走！"

动作要领：先一至三报数。听到口令后，二数学生不动，一数学生左脚向左前方跨一步，右脚靠拢左脚，位于二数学生前面，三数学生出右脚取捷径退到二数学生后面，对正、看齐（见图2-10）。

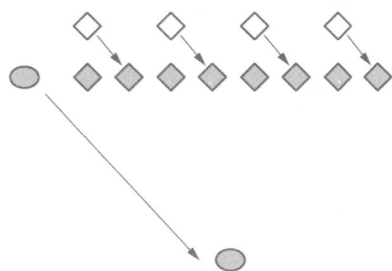

图2-9　原地由二路纵队变一列横队　　　　　图2-10　原地由一列横队变为三列横队

（8）原地由三列横队变成一列横队。

口令："成一列横队——走！"

动作要领：听到口令后，二数学生不动，一、三数的学生取捷径回到原来的位置，自动看齐。

（9）原地由一路纵队变成三路散开队形。

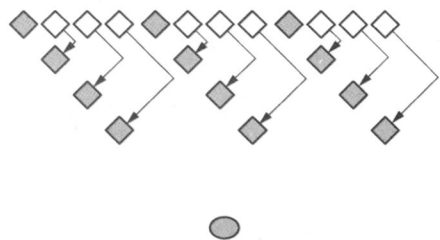

口令："成三路纵队——走！"

动作要领：先一至三报数。听到口令后，一数学生向右侧后方斜退三步；二数学生原地踏步；三数学生向左侧前方上跨三步。在统一口令下"立定"，自动看齐（见图2-11）。

（10）原地一列横队变成四列菱形队形。

口令："成菱形队形——走！"

动作要领：先一至四报数。听到口令后，一数学生原地不动；二数学生向前一步，三数学生向前两步；四数学生向前三步成菱形队形。或听到口令后，全体学生先向后转，然后再走成菱形队形（见图2-12）。

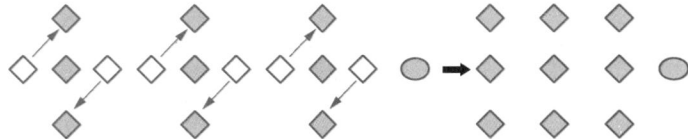

图2-11　原地由一路纵队变成三路散开队形　　　图2-12　原地由一列横队变成四列菱形队形

（11）四列横队变为菱形队形。

口令："向右（左）成菱形队形——走！"

动作要领：听到口令后，第一列学生不动，第二列学生向右（左）转并向前走一至二步（前后距离一步者向前一步，距离两步者向前两步），第三列学生向右（左）转并向前走三至四步，第四列学生向右（左）转并向前走五至六步，然后第二至四列学生向左（右）转，自动看齐。

（12）原地一列横队变为半圆队形。

口令："成半圆队形——走！"

动作要领：听到口令后，中间的学生原地踏步，排头与排尾的学生用多少不等的步数走成半圆形，然后立定,并自动向内半面向左、右转成半圆队形。或排头与排尾不动,其余学生前进或后退走成半圆队形(也可让学生手拉手进行变换)。

(13)原地由四路纵队变为四个半圆队形。

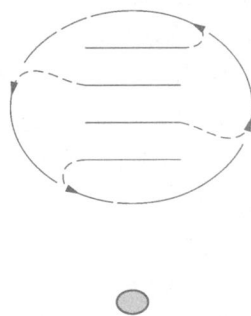

口令:"成四个半圆左(右)转弯齐步——走!"

动作要领:听到口令后,一、三路由排尾带领左(右)转弯走;二、四路向后转,由排尾带领左(右)转弯走,成四个半圆队形后,立定,向左转(见图2-13)。

(14)原地四列横队变为圆形队形。

口令:"成圆形队形左(右)转弯齐步——走!"

动作要领:听到口令后,一、三列向右转,二、四列向左转,各列分别左转弯走成圆形队形(见图2-14)。

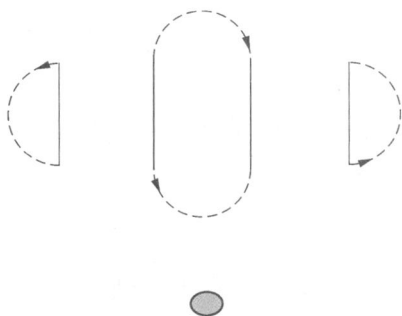

图2-13　原地由四路纵队变为四个半圆队形　　图2-14　原地四列横队变为圆形队形

(15)原地单圆队形变成双圆队形。

口令:"成双圆队形——走!"

动作要领:先报数。听到口令后,单数学生不动,双数学生取捷径退到单数学生后面成双圆队形;或双数学生不动,单数学生取捷径退到双数学生后面成双圆队形。

(16)原地二列横队变成圆形队形。

口令:"成双圆队形,齐步——走!"

动作要领:听到口令后,第一列学生向后转,然后两列学生分别手拉手向后退成半圆形队形。另一种方法是第一列学生向后转,第二列学生向左转,各队左转弯走,当两队走成圆形时,教师下达"立定"和"向左转"的口令。

(17)横队散开队形。

口令:"以右翼(左翼、中间)为基准,左右两臂间隔(或两臂侧平举),前后两步距离(向右或向左,向中看)——散开(齐)!"

动作要领:向左(右)散开时,听到口令后,基准学生不动或左(右)臂侧平举(各列排头分别保持两步距离),其他学生向左(右)用跑步或快步(头向右转注意散开的间隙,即两臂侧平举时,相邻两学生指尖相隔约5厘米)走到预定的位置后立定,自动看齐后两臂放下(或听到"向前——看!"的口令时两臂放下)。

向两侧散开时,基准学生听到以自己为基准的口令后,右臂立即上举,当听到动令后,全体学生两臂侧平举,基准学生不动,其他学生按向左(右)散开的动作要领进行。

(18)正步(齐步)散开队形。

口令:"成散开队形正步(齐步)——走!"

动作要领(以四列横队为例):先报数。听到口令后,第一列学生用正步(齐步)向前走七步,其余各列在前一列迈出第三步时起步,前进的步数第二列五步、第三列三步、第四列一步,全体同时立定,向左转。然后同列学生再以正步(齐步)走完各自的步数并同时立定(每人走的步数=自己报的数×2-1),再向右转,对正、看齐(见图2-15)。

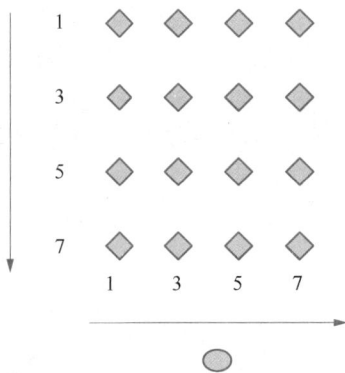

图2-15　正步(齐步)散开队形

(19) 向左(右)、中靠拢的密集队形。

口令:"以右(左)翼排头为基准,向右(左)看——齐!";"以×人(路)为基准,向中看——齐!"或"以××为基准,跑步——靠拢!"

动作要领:听到口令后,用跑步靠拢,然后对正、看齐。队形整齐后,教师下达"向前看"的口令。

4. 行进间图形行进与变化

(1) 直线性变换。

① 行进间一列横队变成二列横队。

口令:"成二列横队——走!"(动令落于左脚)

动作要领:先报数。听到口令后,单数学生继续行进,双数学生原地踏步,第三步则进到单数学生后面,对正、看齐,继续前进。

② 行进间二列横队变成一列横队。

口令:"成一列横队——走!"(动令落于右脚)

动作要领:先使学生间隔一步。听到口令后,单数学生原地踏两步,双数学生向左跨一步,右脚不靠拢左脚向前跨一步,进到单数学生的左边,并随之继续前进。

③ 一路纵队变二路纵队。

口令:"成二路纵队——走!"

动作要领:先报数。听到口令后,单数学生以小步行进,双数学生取捷径到单数学生右侧,取规定距离后,继续前进。

④ 行进间二路纵队变一路纵队。

口令:"成一路纵队——走!"

动作要领:听到口令后,左路学生(单数)继续行进,右路学生(双数)以小步行进。待左路加大到适当的距离后,双数学生依次向左插到单数的后面,并保持规定距离恢复原步伐继续前进。

⑤ 行进间一路纵队变四路纵队。

口令:"成四路纵队左转弯——走!"

动作要领:听到口令后,前四名学生按向左转走动作要领转向新方向,以小步行进,其余学生每四名逐次走到前四名转弯处后向左转走,跟随行进。

⑥ 行进间四路纵队变一路纵队。

口令:"向右(左)成一路纵队——走!"

动作要领:听到口令后,前四名学生向右(左)转走,其余学生每四名逐次进到前四名学生转弯处向右(左)转走,跟随前进。

⑦ 行进间切段分队(幼儿园中班适用)。

口令:"切段分队——走!"(或用铃、鼓、哨等信号代替)

动作要领:先将幼儿分成前后人数相等的若干组。听到口令后,每组第一名幼儿按教师指定的方向走,后面的幼儿跟随行进(见图2-16)。

⑧ 分队走(幼儿园大班适用)。

口令:"分队——走!"

动作要领:听到口令后,单数学生左转弯、双数学生右转弯绕场行进,排头自动标齐(见图2-17)。

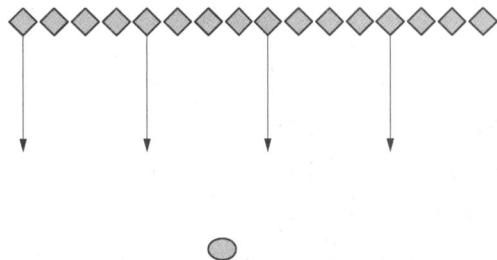

图2-16 行进间切段分队   图2-17 分队走

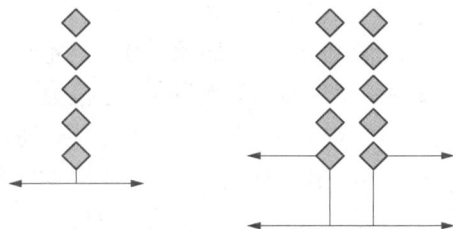

⑨ 并队走(幼儿园大班适用)。

口令:"并队——走!"

动作要领:相对两路相遇时发口令。听到口令后,左路左转弯走,右路右转弯走,成二或四路纵队行进(见图2-18)。

图 2-18 并队走

⑩ 裂队走。

口令:"裂队——走!"

动作要领:两路纵队行进时,听到口令后,左路左转弯行进,右路右转弯行进,排头注意标齐(见图2-19)。

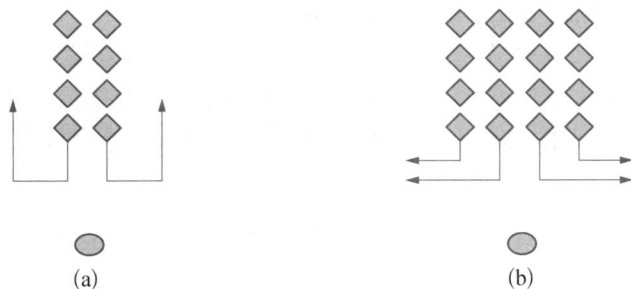

图 2-19 裂队走

⑪ 合队走。

口令:"合队——走!"

动作要领:相对两路(多路)纵队相遇时发口令。听到口令后,左路学生左转弯走,右路学生右转弯走,并依次插在左路学生后面,成一路(多路)纵队前进(见图2-20)。

图 2-20 合队走

在教学中教师首先要选好适当位置,应以能照顾到全体幼儿为准则,并根据队列队形的变换而迅速、适当地变换指挥位置。

教学方法:首先,可事先画好场地路线图或摆好标志物,再进行练习。其次,选好排头,并向排头讲明转弯位置及本队标志物。要求全体幼儿紧跟本队排头走。先一队一队练,然后再全体一起做,教师随时用语言或手势提示幼儿转弯方向及位置。

(2) 弧形圆形变换。

① "8"字形行进。

口令:"成'8'字形齐步(跑步)——走!"

动作要领:听到口令后,排头带队向左自然连续转弯绕圆通过中点,再向右绕圆连续转弯与排尾相接成封闭的"8"字形队形(见图2-21)。

另一种方法是从中间开始,第一个圆用连续左转弯完成,第二个圆用连续右转弯完成,从而走成"8"字形。无论用哪种方法变换该队形,教师应首先指出以哪一点为"8"字形的中点(见图2-22)。

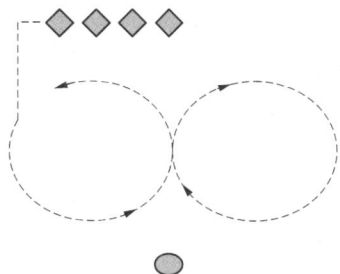

图 2-21 "8"字形行进 1

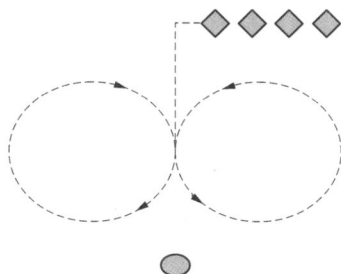

图 2-22 "8"字形行进 2

② 螺旋形行进。

口令:"成闭口(或开口)螺旋形齐步(跑步)——走!"

动作要领:听到口令后,排头带队循圆周向内做螺旋形行进,到达圆心后,教师下达"向后转走"的口令(或教师下达"立定""向后转""齐步走"的口令),全体学生按口令沿原路线走出(见图2-23)。

走开口螺旋形还原时,仍由排头带队,右后转弯从相反方向走出来(见图2-24)。

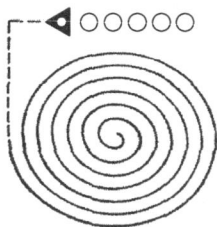

图 2-23 螺旋形行进 1

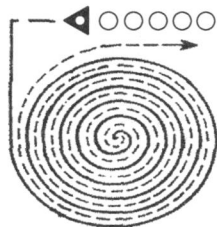

图 2-24 螺旋形行进 2

（五）幼儿排队和变换队形的特点

小班幼儿不习惯集体生活,不懂得听口令做动作,不会排队分不清左右,都愿意站在前边当排头或站在老师身边,更不理解队形变换。经过训练,到小班后期,能够听口令做一些简单的动作,能由一路纵队走成圆形队。

中班幼儿已习惯于集体生活,控制行动的能力有所提高,能够听口令做一些简单、基本的动作,开始会分辨左右,但还不准确。

大班幼儿在集体活动中已开始形成集体观念,基本活动能力大大提高。由于空间知觉加强,他们已能初步分清左右,并能掌握一些较复杂的队形变换的基本动作。

（六）队列口令的运用

1. 口令的概述与种类

(1) 口令的概述。

指挥动作时,指挥员下达的口头命令叫口令。包括指示词、预令和动令三部分。有的动作只有预令和令,如"向右——转";有的动作只有动令而无预令,如"立正";有的动作三部分都有,如"面向单杠(指示词),向左向右(预令)——转(动令)"。

（2）口令的种类。

① 短促口令：只有动令，发音短促有力，不论几个字，中间不拖音、不停顿，通常按音节（字数）平均分配时间。有时最后1字稍长，如"立正""稍息""报数"等。

② 断续口令：预令和动令之间有停顿，如"成体操队形，散开！""第n名，出列！""各排，报数！"等。

③ 连续口令：预令的拖音与动令相连。预令拖音稍长，动令短促有力，如"向后——转""齐步——走"。有时预令与动令之间有微歇，如"立——定！"等。

④ 复合口令：兼有断续和连续口令的特点，如"以××同学为基准，向中看——齐""右后转弯，齐步——走"等。

2. 发口令的方式

在教学实践中，发口令应注意根据口令种类的不同喊好口令。

（1）由预令和动令组成的口令。

例如"齐步——走"，"向左转——走"等，喊口令时，要求学生听到预令准备做动作。

发口令时，注意吐字清楚，发声洪亮，稍悠长，而且预令与动令之间要有一个适当的间歇。预令的长短，要根据队伍的长短和学生的动作来决定。队伍人数多，动作不熟练的，预令长一些，队伍人数少，动作较好做的，预令短一些，例如："向左——转"的"左"字，"向右——转"的"右"字，要喊的清楚稍长，使学生听了有一个理解的过程。

发口令时，声音干脆，洪亮，肯定，学生听了有一种"令行禁止"的感觉，声音的大小与洪亮的程度，要以队伍人数多少来决定，队伍人数多，声音大些，稍长些，队伍人数少，声音小些，短一些。

（2）只有动令的口令。

有些口令只有动令，例如："立正""稍息""坐下""起立""报数"等，这类口令的喊法要求声音连贯，而且有字的轻重之分。如"报数"的"数"字要比"报"字重一些，"坐下"的"下"字要比"坐"字重一些。发口令时，教师要随时集中学生的注意力，遇到有两个以上的队（组）的学生执行口令时，因为没有预令，一定要指明执行口令的对象。如"第一队（组）的学生，蹲下！"等。

（3）行进中的口令。

行进中的口令，也是由预令与动令组成的口令。喊这种口令时，虽也按照预令与动令组成的口令进行，但要掌握时机，字斟句酌，喊快了不易跟上，喊慢了不易整齐。行进中的口令，一般动令落于右脚，但也有例外，"向左——转"动令就应落于左脚。

（4）分解动作的口令。

学习较难的动作时，一般要进行分解动作的教学。发口令时，要根据分解动作的要求进行，例如"向后转——走"时，就要把口令分为两步，所发的口令应是"向后转走，1——2"，使学生按口令分解做动作，待动作熟练后，再把动作连起来，以完整的口令喊，用"向后转——走"来指挥，这样，学生就易于掌握完整的动作了。

3. 下达口令的基本要领

（1）发音部位要正确：用胸音和腹音，短促口令，比如：立正、稍息。

（2）掌握好音节：要有明显的节奏，比如：向右看——齐！向前——看！

（3）注意音色、音量不要平均分配：一般起音要有低向高拔高。比如：向左看——齐！

（4）突出主音：把重点的字要加大音量。比如：向右——转！向前几步——走！

队列口令是上体育课时教师所要必备的基本功，在组织教学中占有重要的地位，它会直接影响体育课的教学效果，口令是用语言与信号按照一定的口令词句，遵守规定的程序来表达的指示。教师在喊口令时，要选好适当的位置，横队时，站在队列中央前；纵队则站在队列左侧前面，变换位置时要用跑步，以身作则，给幼儿做好模范。

此外，教学中不能用一般语言来代替口令，如把"向左（右）——转"的口令，用"转过来"代替，把"左（右）转弯——走"的口令，说成"拐弯"，这些都是不恰当的。

对于幼儿来说，教师下达口令时，可以适当配合一些提示或手势，如"全体注意""注意听口令"等。

当教师喊:"向左(右)——转"时,也可用手指示所转的方向。口令简洁、形象,必须认真对待,不断总结经验,提高教学水平。

三、幼儿团体操

(一)幼儿团体操的定义

幼儿团体操是一项体育与艺术高度结合的综合性的集体表演项目,深受广大群众的欢迎,它是幼儿体操的一个分支,有其突出的健身、健美、健心和娱乐价值。幼儿团体操是以基本体操为主体,融体育、舞蹈、音乐、美术为一体的具有综合艺术功能的幼儿体育表演项目,其活动规模可大可小,形式变化多样。无论在广场、体育场、体育馆、幼儿园或小操场,幼儿团体操的表演均可以通过动作、队形的变化、服装、道具等艺术装饰来进行,音乐则以明快的节奏,优美的旋律来展示其独特的艺术魅力和热烈气氛。

(二)幼儿团体操的意义

幼儿团体操充分反映了幼儿天真、活泼、生机勃勃的心理特点。通过幼儿团体操的练习和表演,可以培养幼儿正确的身体姿势,促进幼儿身体正常发育和机能的协调发展,增强幼儿对外界环境的适应力和对疾病的抵抗力,培养幼儿参与的兴趣和积极参加体育锻炼的习惯。同时掌握简单的基本体操动作,可发展幼儿空间方位感和知觉,增强节奏感以及肌肉控制能力,对提升幼儿的想象力、形象记忆力、模仿能力、美感都大有益处。更为重要的是,对形成幼儿主动、乐观、合作的态度,以及活泼开朗、勇敢进取、不怕困难、抗挫折的意志品质效果明显。

(三)幼儿团体操的设计

1. 明确幼儿团体操的主题思想

团体操的主题思想贯穿团体操表演的始终,一场好的团体操表演首先要明确其主题,而如何选择一个合适的主题,是团体操编排需要考虑的首要问题:

(1)主题要符合表演的宗旨;

(2)主题的确立受我国政治因素的影响;

(3)主题的确立受城市文化和幼儿园文化的影响。

2. 明确风格和规模

整个过程要围绕团体操的主题进行创编。此外,场地的大小和参加表演的幼儿的数量,都是影响团体操队形编排的重要因素。

3. 队形设计的要求

(1)布局平衡;

(2)整个过渡合理;

(3)队形变化要快速、有规律;

(4)移动路线尽可能短,力求变化效果明显。

第三节　幼儿球类运动

幼儿篮球、足球教学活动属于有氧活动,幼儿经过适当的运动刺激,心血管、呼吸、血液和肌肉的机能会逐渐得到改善,促进身体的正常发育,达到增强体质的目的。实践证明,有效的球类训练能够增强儿童心理素质,有利于心理健康。

一、幼儿篮球运动

⭐ **（一）幼儿篮球活动的特点**

篮球活动与游戏相结合，符合3～6岁幼儿生理、心理特点，它具有简单方便、集体性和对抗性等特点，表现出的趣味性和多功能性，深受幼儿喜爱，能有效促进《指南》中健康领域动作发展的目标，让手的动作灵活协调。幼儿通过篮球活动，能熟练地掌握运球、传球、投球等基本动作，在篮球运动中发展奔跑、跳跃、灵敏反应、身体协调等能力，为今后的球类技术打下基础，为终身体育运动做好保障。篮球活动还可以培养幼儿不怕困难、勇于挑战等良好品质，有利于建立和谐的人际关系，增强自我、群体和社会责任感。

⭐ **（二）篮球活动介绍**

1. 滚球活动

（1）滚球方法。

按身体状态可分为原地（坐、站、蹲等）、行进间滚球，按接触方式可分为双手、右手、左手、交替滚球等，还可根据行进方式、坐蹲位置、人数多少都可以产生不同的滚球游戏。

（2）双人双手对滚球——看谁滚得准。

两人一组，相对蹲下，其中一人双手扶球后半部，两手臂同时用力向前推球，将球滚动到对方面前，对面的幼儿以同样的方法滚动球，反复进行。

（3）滚球击准游戏——炸碉堡。

游戏方法：画一个同心圆，内圈里放若干个塑料瓶。请5～6名幼儿站在内圈外当防守人，负责拦截滚进的球，防止瓶子被击倒。其他幼儿站在圈外，用滚球的方法把圈内的瓶子击倒，当所有瓶子被击倒后即为胜利，反复交换角色2～3遍。

规则：

① 滚球人不准进入圈内。

② 瓶子被击倒后不准被扶起。

③ 防守人不能把球留在圈内。

2. 传、接球活动

传球时，两脚前后或左右开立，双手五指张开持球左右两半部，蹬地、展体、伸臂、扣腕，手腕急促地由下而上，由内向外翻，同时拇指下压，中、食指用力拨球。接球时，两臂向来球方向自然迎出，肘关节微屈，手指自然分开，两拇指在胸前成"八"字形，双手接球后要注意后引缓冲，置球于胸腹间（如图2-25所示）。

3. 抛、接球活动（如图2-26所示）

（1）自抛自接球。双脚平行，脚尖向前，膝关节微曲，身体微曲，重心在前脚掌。五指张开掌心向上，托球底部，手臂自然微曲，脚部蹬地发力，带动上肢将球垂直向上抛出。

（2）双人抛接球。两人拉开距离，抛者的球要注意力度与高度，接者的双手提前准备好，随时等待接球，来回抛与接。

4. 夹球活动

（1）夹球方法。

两人一组，面对面或背靠背站立，将球放在两人胸前或背后夹紧，手不能扶球。然后步伐一致向某一方向侧滑步行进，尽量不要让球掉下来。

（2）夹球游戏。

游戏方法：两人一组夹球，侧立于起跑线后。教师发出口令后出发，到达目的地后，将球放入指定

(a)   (b)

图 2-25 传、接球活动

(a)   (b)

图 2-26 抛、接球活动

的筐中,即为胜利。

规则如下:

① 手不能扶球。

② 如果球掉下来应及时拾起,再返回起跑线开始游戏。

5. 运球活动

(1)原地运球。

两脚开立,两腿弯曲,上体前倾,以肘关节为轴,肩上下屈伸,五指自然分开用指腹触球(手心空出)。当手触球时,小臂和手腕有随球向上缓冲的"粘球"动作,大臂上提后小臂下伸,手腕用按压的力量,将球推向地面。

(2)行进间运球。

向前运球时,按拍球的后上方,同时后脚蹬地运球行进,球的落点在同侧脚的前侧方。走和跑动的步伐要与球弹起的节奏协调一致。手和臂的动作与原地运球相同。

6. 投篮活动

投篮活动如图 2-27 所示。

(a) 　　　　　　　　　　　　　　　　　(b)

图 2-27　投篮活动

二、幼儿足球运动

（一）幼儿足球运动的特点

幼儿的学习过程具有明显的具体性、形象性、随意性和情绪性等特点，单调、乏一、机械的练习活动容易让幼儿产生疲劳、厌恶的情绪，他们喜欢参加游戏，乐于在游戏中接受学习内容。因此，在幼儿足球活动中，我们可以从激发兴趣着手，寓足球活动于幼儿游戏之中。

（二）足球游戏介绍

（1）踢网足球。幼儿一手提着装有足球的网袋，一脚支持地面，以另一脚踢网足球，反复进行。

提示：踢球的接触点可以在脚内侧、脚外侧、脚背，反复换支持脚。

（2）踢带绳的球（小、中班）。将小皮球或小足球放在网兜里，全体幼儿站成圆形队，每人提一球，做好踢球准备。当教师发令后，幼儿开始用单脚内侧（或双脚交替）做踢球练习。在规定时间内踢球次数多者胜。练习可分队比赛，即每队第一人做原地踢球，失误者立即停止由第二人接着比赛。最后以全队累计踢球次数多的队为胜。

（3）夹球接力跑（中、大班）。游戏幼儿分成两队，用膝关节处夹着球跳着跑，如果用手抱球或球落地都为犯规，要返回出发地重跑。为了夹球方便，不建议使用较大的球。

（4）踢挂球。将网足球挂于一定的高度。幼儿支持脚踏在球的侧方约 10～15 厘米处，踢球腿向后摆起，膝弯曲，小腿前摆，以脚背正面或脚内外侧击球。

（5）踢球比远。先在地上画一条踢球线，向前 8 米处再画一条横线，然后每间隔 2 米画 5 个格，由近而远编上号码 1、2、3、4、5。幼儿手持球抛起后，用力向前踢空中球，球踢出后落到几号区，即得几分。

提示：踢球方法可以任意选择；画线距离视幼儿实际情况而定。

（6）踢标靶。在墙上画一个最小直径为 30 厘米的多层同心圆，在离墙 3 米、4 米、5 米的地上分别画踢球线。幼儿将定位球踢向标靶。

提示：在掌握踢定位球的基础上，可以助跑几步行进踢球。

（7）拖球。幼儿一脚支持地面，另一脚靠在球的一侧，轻拖球使球慢慢向左、向右移动 30～40 厘米，两脚轮流反复进行。

提示：在掌握左右拖球的基础上，也可作前后转身换脚推球。方法是右脚后拖，右转身；左脚后拖，左转身。

（8）推球。幼儿一脚支持地面，另一脚踏在球上，触球脚边向前（或向后）推动球，两脚交替进行，向前（或向后）行进（或后退）。

（9）颠球。幼儿一脚支持地面，另一脚脚背绷直，然后用脚背连续颠球，不使球落地，看看谁的次数多。

提示：初学时，幼儿可颠落地后的反弹球。

（10）运球绕小树。在场地上每隔2米放置若干棵玩具小树。幼儿上体稍前倾，两臂自然摆动，运球前时绕过一棵棵玩具小树。

（11）踢过拱形门。在场地上用积木搭成拱形门。幼儿甲从拱形门的一端踢定位球，使足球在拱形门内通过，幼儿乙在拱形门的另一端接住球，然后带球，两人交换位置，如此反复进行。

（12）定点射门。距球门4米处，幼儿定点踢球射门，每踢进一球得一分，看谁得分多。

提示：在定点传球的基础上，可进行行进间传接球。

（13）正面传球。甲乙两幼儿面对面站立，幼儿甲将球踢给幼儿乙，然后幼儿乙踢还给幼儿甲，反复进行。

提示：在定点传球的基础上，可进行行进间传接球。

（14）头顶球。幼儿正对来球，两脚前后开立，上体后仰，注视来球。教师（或同伴幼儿）在对面抛球，当球运行到幼儿头前时，幼儿用力蹬地收腹，用前额触球，并快速甩头将球顶出。

第四节　幼儿民间传统体育活动

民间传统体育活动是指我国各民族世代相传，以发展身体、增进健康、提高身体机能为目的的人类社会活动。民间传统体育文化则是我国各民族世代相传、具有一定体育内涵与外延的传统文化。我国各族人民在长期的生产和生活实践中积累起来的传统体育文化是中国传统文化的重要组成部分，其形式丰富多彩，内容博大精深，涉及养生、健身、竞技、搏击、休闲、娱乐等方面，是祖国重要的、宝贵的文化遗产。

在"民族自信""文化自信"的大背景下，在西方文化强势入侵的现实环境下，传统文化进入少儿教育阵地具有非常强的紧迫性与必要性。加强少儿传统文化教育，对于落实"从娃娃抓起"的国家战略，引导子孙后代全面准确地认识中华民族的历史和文化积淀，将中华民族之魂植入其幼小的心灵，实现中华民族伟大复兴的中国梦，具有深远的历史意义和重大的现实意义。

一、民间传统体育的概念

民间传统体育，是指在我国历史上一个或多个民族内流传或继承的体育活动的总称。主要是指我国各民族传统的祛病、健身、习武和娱乐活动项目。

二、民间传统体育的含义

民间传统体育包含三层意思：一是体育的，二是民族的，三是传统的。

所谓体育的，是指这类活动项目具有体育的特性，是人类有目的、有计划地按照一定的规则锻炼自己的身体，使自己身体的各个部分得到平衡协调的发展。

所谓民族的，是指民间传统体育活动是由各民族的传统体育活动构成的。这种民族性主要表现在它的民族文化底蕴上，反映在：它的活动或运动项目来自特定的民族，反映了该民族的文化传统和民俗习惯,为该民族广大民众所喜爱,在该民族地域有着深厚的民族群众基础。

所谓传统的,就是这类体育项目具有历史继承性,是代代相传的。这类体育项目中任何一个都是在特定的民族文化背景下,在一定历史阶段产生的,并在历史发展过程中去其糟粕,保留其精华,逐步发展成熟起来的,具有该民族的民族气派和民族风格,它是民族传统文化的重要组成部分。

三、幼儿民间传统体育活动

★（一）幼儿武术

1. 幼儿武术的概念

武术进入幼儿园时间不长,目前的幼儿武术还处于一个起步阶段,还没有一套规范的、符合幼儿身心发展特点的武术教材,所以在设置教学目标时存在着许多的随意性。因此幼儿园武术活动要突出游戏性、科学性和可接受性。

2. 幼儿武术活动的特点

（1）活动形式多样化。幼儿武术教育活动有武术操、武术课、武术兴趣班等多种形式。

（2）活动过程游戏化。游戏是实施幼儿园课程最主要的方式,采用游戏的语言,通过游戏的方式来学习武术的专业动作和技能,是非常必要的。有时需要将武术的动作要求变为游戏来学习。

（3）安排教学科学化。幼儿模仿武术动作时往往过分用力,但动作的控制能力较差,内力的运用较困难,要安排适量的运动,注意动静交替,提醒幼儿学用内力,避免猛劲、过快用力等动作。

3. 幼儿园武术教育活动内容

（1）幼儿武术操。

（2）基本步型步法、手型手法的组合练习。

（3）游戏性模仿练习。

★（二）幼儿民间传统体育游戏

1. 幼儿民间传统体育游戏的意义与分类

幼儿民间传统体育游戏是游戏中的一个重要组成部分,其来源于民间,是广大劳动人民智慧的结晶,具有独特的民族特色。传统体育游戏以其丰富的种类、灵活多样的玩法、贴近生活的取材方式等特点深受幼儿们的喜爱。而在游戏的过程中,幼儿不仅增强了体质,愉悦了心情,增强了同伴交往能力,还能接受到传统文化的熏陶并感受其魅力。幼儿民间传统体育游戏可分为走跑类、跳跃类、投掷类、对抗类、负重类、娱乐表演类、杂艺助兴类、集中注意力类、放松类、室内类等十类游戏,如"老鹰抓小鸡"即是走跑类游戏,而"跳皮筋""跳房子"则是典型的跳跃类游戏。

2. 幼儿民间传统体育游戏的目标

在幼儿民间传统体育游戏的实施过程中,严格遵守传统体育游戏的总目标,具体目标有:

（1）情感目标。

① 调动幼儿参加民间传统体育游戏的积极性、主动性,使幼儿在游戏之中体验快乐、成功和自信,并感受到传统文化的熏陶。

② 培养幼儿勇敢、顽强、不怕困难的精神。

③ 促使幼儿学会鼓励他人,培养合作精神,建立良好的同伴关系。

（2）认知目标。

① 提高幼儿对民间体育游戏的参与性,养成锻炼身体的习惯。

② 幼儿能够严格遵守规则,从日常小事做起。

（3）能力目标。

① 提高幼儿基本动作水平,增强幼儿体质,促进身体各方面的正常发育。

② 具有一定的平衡能力,动作协调、灵敏。

③ 具有一定的力量和耐力。

④ 手的动作灵活协调。

第五节　幼儿体育游戏

一、幼儿体育游戏的基本概念

（一）什么是幼儿体育游戏

幼儿体育游戏主要由各种基本动作组成,有一定规则和玩法,并要取得一定结果,是一种融和运动、游戏和教育指导的身体练习活动。

（二）幼儿体育游戏的意义

幼儿体育游戏有助于激发和保持幼儿参与身体练习的兴趣;满足幼儿的情感需要,进而促进身心健康发展。幼儿体育游戏在幼儿体育运动中起主导作用。

（三）幼儿体育游戏的特点

（1）基础性：具有基本动作、基本素质的特点。

（2）娱乐性：易模仿、有竞争性、充满生活性。

（3）开放性：具有取材广泛、形式灵活的特点。

（4）教育性：能够促进幼儿全面发展。

（四）幼儿体育游戏的任务

（1）促进幼儿身体的正常发育和基本能力的发展,增强体质。

（2）发展基本动作,提高身体素质。

（3）培养关心集体、团结友爱、遵守纪律、勇敢顽强等优良品德和活泼开朗性格。

（4）丰富并巩固体育常识,发展各项智力品质。

（5）培养对美的感受力和表现力。

二、幼儿体育游戏的基本结构

幼儿体育游戏的基本结构包括以下几个部分。

（1）游戏名称;

（2）游戏目标任务;

（3）游戏内容;

（4）组织活动形式：队形、角色、信号、结合方式;

（5）练习方法：模拟法、竞赛法、变化条件法、循环练习法;

（6）活动条件：场地、器械、玩具;

（7）游戏情节：生活或经验的再现;

（8）游戏规则：灵活变化;

（9）游戏结果：任务完成情况。

三、幼儿体育游戏分类

按基本动作分类：有走的游戏、跑的游戏、投掷游戏；按使用器械分类：有小型器械、中型器械、大型器械；按锻炼重点分类：有力量游戏、速度游戏、耐力游戏、平衡游戏、灵敏游戏、循环式体能游戏等。

四、各年龄班的体育游戏

（一）小班体育游戏

1. 小班体育游戏能力

基本动作不够熟练、身体素质水平低；难于理解和遵守规则；对游戏过程感兴趣；竞赛意识不够；游戏行为持久性差、易分心；活动调节灵活性差。

2. 小班体育游戏选择

动作：1～2种，多以跑跳为主。

角色：1～2种，教师参与角色。

规则：视情节的组成，简单易懂、无惩罚性。

活动方式：集体做相同动作；以情节性和故事性游戏为主。

（二）中班体育游戏

1. 中班体育游戏能力

基本活动能力和身体素质提高，协调性提高；游戏目的性增强，开始关注结果，有竞赛意识；游戏中能表现出一定解决问题能力和创造性；学习新游戏的能力提高；初具集体观念，规则意识和协调意识增强。

2. 中班体育游戏选择

动作内容日益丰富；角色种类可增加到三个以上，角色关系复杂；规则的限制性加强，有了惩罚性规则；以追捉性的竞赛游戏居多。

（三）大班体育游戏

1. 大班体育游戏能力

能在变化的条件中自如地运用已有动作；知识经验和生活经验丰富，活动的目的强，喜欢有胜负的游戏；游戏中能自觉克服困难完成任务，意志力增强；能理解较复杂的游戏情节和角色；有集体观念、规则意识强。

2. 大班体育游戏选择

动作内容和种类都很丰富，出现球类游戏、沙袋游戏、绳类游戏；游戏情节和角色关系更为复杂；规则更复杂，幼儿具备制订游戏规则的能力；游戏玩法多样化，有集体游戏、小组游戏和个人游戏；喜欢体力与智力型游戏。

第三章
学前儿童体育活动的组织形式

学前儿童体育活动的组织形式,是实现幼儿体育目标的基本途径,它包括早间操、户外体育活动、室内体育活动、远足活动等。各种体育活动组织形式,都具有自身的价值和特点,同时又具有一定的局限性,在实际运用中要统筹安排,分担任务,形成各自的特点,产生合力,共同完成幼儿体育活动的目标。

第一节 幼儿园体育教学活动

幼儿园体育教学是一种以身体动作的练习为主要内容,有目的、有计划地提高幼儿的身体素质和基本活动能力,增强幼儿体质,重视幼儿身体、智力及社会性协调发展的教育活动。

一、幼儿园体育教学活动的意义

第一,幼儿时期是生长发育的关键时期,也是建立物质基础的有效时期。科学合理的体育教学活动,不仅能促进幼儿身体各器官、系统机能的正常生长发育,而且能提高神经系统对肌肉运动的综合调节能力,使身体运动更协调、更准确、更灵活,从而促进神经系统功能的发展。

第二,科学适宜的体育教学活动,能促进幼儿认知能力的发展。体育教学活动能促进幼儿神经系统的灵敏反应,为接受智育提供良好条件。通过体育教学活动,幼儿可以获得丰富的知识和运动经验,还能使幼儿感知更加敏锐,观察更加细致、准确,使幼儿的理解能力、记忆力、想象力、思维能力、判断能力得到发展。

第三,在体育教学活动中,能培养幼儿活泼、开朗的性格和优良的品德。在学习知识掌握技能的基础上,培养幼儿勇敢、顽强的意志品质和自信心,同时还能培养幼儿的群体意识,使之形成良好的个性,促进幼儿社会性发展。

二、幼儿园体育教学活动的内容与特点

幼儿园体育教学活动包括走、跑、跳、投、钻、爬、攀和其他田径、体操、篮球、武术等技能的学习,主要发展幼儿的力量、耐力、灵敏、柔韧、速度、平衡等身体素质。这是幼儿园教学计划的一项基本内容,要求幼儿必须参加,有一定的强制性,使体力活动和智力活动能够更好地紧密结合。

三、幼儿园体育教学活动的要求

幼儿园体育教学活动的要求主要由以下几点。
(1) 符合幼儿生理心理特点及发展水平,避免小学化、成人化;
(2) 体现游戏性特点(体育游戏作为主要的活动形式);

（3）区别于中小学体育课，目的是使幼儿体质在原有水平上得到一定增强。

四、幼儿园体育教学活动的注意事项

第一，课程内容要适合幼儿年龄特点，绝不能采用成人化和运动员动作训练的方式发展幼儿体能。同时，还要避免进行单一的动作练习，或为发展某一素质而不断重复身体练习。如连续推举哑铃发展上肢肌肉力量，用较长时间的保持燕式平衡姿势来发展平衡素质等。

第二，不宜通过距离过长的快速跑或耐力跑来发展速度和耐力素质。因为幼儿不具备无氧状态下（耐力）运动的生理基础。

第三，根据幼儿骨骼、肌肉和关节的发育特点，不适宜重点发展柔韧素质，特别是不宜进行专业化、高难度的发展柔韧素质的动作练习，可通过投掷、跳绳或做幼儿体操等其他形式来增强幼儿各关节的灵活性及韧带的力量。

第二节 早间操活动

早间操是早晨和课间进行身体锻炼活动的总称，是以基本体操为主要内容的一种组织形式。早间操活动一般包括做操，排队和变换队形，律动活动，走、跑、跳交替等活动内容。

一、早间操的意义

1. 使幼儿精神饱满、情绪愉快地开始一天的生活

早间操一般是幼儿起床、洗漱后，早餐开始前的第一项活动。在早间操活动中，幼儿伴随着明快而熟悉的音乐，活泼、愉快，轻松地做各种身体动作，能使神经系统彻底摆脱睡眠产生的抑制状态，激发和恢复机体主要器官系统的机能和工作能力，提高整个机体的活动能力，使其逐步进入良好的工作状态，从而使幼儿能精神饱满、精力充沛、情绪愉快地开始一天的生活。

2. 培养幼儿良好的体育锻炼习惯和态度

早间操是幼儿进入幼儿园后，每天都定时开展的一项体育活动。长期开展早间操活动，能使幼儿从小养成锻炼身体的良好习惯，并能使幼儿通过早间操活动逐渐体验和认识到体育锻炼是一日生活中不可缺少的内容，为他们的终身体育打下良好的基础。早间操活动还能培养幼儿参加体育锻炼的良好态度，他们要在参加早间操活动的过程中，每天坚持不懈、认真积极地锻炼身体，并要克服各种困难，如夏天不怕炎热，冬天不怕寒冷等。这些锻炼身体的良好态度及习惯的形成，将使他们终身受益。

3. 提高机体对室内外气温变化的适应能力，提高抵抗疾病的能力

早间操一般是早上 7:30～8:30 在户外进行的一项体育活动，此时气温相对于白天其他时间较低，空气相对凉爽和清新，在这段时间坚持进行早间操活动，不仅能有效地提高幼儿适应低温空气刺激的能力，在较寒冷的天气中锻炼还能增强幼儿的抗寒能力，减少呼吸道疾病的发生，预防感冒，提高抵抗疾病的能力。

4. 促进良好身体形态的形成，发展动作的协调性和灵敏性

通过早间操中幼儿体操，走、跑交替等内容的锻炼，能促进幼儿良好身体形态的形成和身体的正常生长发育，增强幼儿各器官、系统的功能，使其动作发展得更协调，更灵敏。

二、早间操的内容

在幼儿园的早间操活动中，锻炼的主要内容有：

走步、跑步等排队和变换的练习;一定时间和距离的跑、走交替健身活动(根据季节变化,调节跑、走的时间);模仿操、徒手体操或轻器械体操等练习;简单的舞蹈律动等动作;负荷量不大的游戏或自选活动内容等。

三、早间操的组织

1. 早间操的时间长短

幼儿园早间操时间一般为15分钟左右。

2. 类型

由于幼儿园各自的户外活动场地、运动器材等的不同,开展早间操的类型也不同,一般有以下几种:

(1) 全园全体幼儿一起进行早间操活动,统一音乐,不同内容。

(2) 根据不同年龄分批进行早间操活动,不同音乐,不同内容。

(3) 有的年龄组独立,有的年龄组在一起进行早操活动,根据分合,选用不同音乐,不同内容。

各种组织类型,各有利弊,全体幼儿一起进行的类型,气氛好,热闹,时间能统一分配,但针对性不够强,活动时相互干扰。分年龄进行的类型,能充分利用场地,并有利于不同年龄孩子的不同需求和发展,但在一日生活整体安排上,容易相互干扰,特别是室外的广播音乐声,对室内的其他活动也会有干扰。

3. 方法

早间操一般是全班幼儿在教师的带领下,随着音乐伴奏声,从教室进入操场,在固定的场地位置上,开展相对统一的早间操活动。一般是先进行走步、跑步等各种排队和变换练习,然后做1~2套体操(有的幼儿园加上舞蹈律动或游戏),做完早间操,各班依次走进教室,再开展其他教育活动。

4. 要求

(1) 在早间操中,教师要用自己优美、规范的镜面示范动作和语言提示等方法组织幼儿开展活动,对幼儿不正确的姿势和动作,要及时提示并帮助纠正。

(2) 幼儿做操时动作要认真,姿势要求良好,动作尽量正确、整齐、有力、合节拍。

(3) 早间操的内容可根据幼儿年龄增长和动作的发展进行创编和改编,上、下学期的内容一定要更换,有条件的幼儿园每学期应再更换一次。根据早间操的目的和时间,其内容不宜过多,运动负荷量应小或中等,切忌过大,保证幼儿以饱满的精力和体力参加全天的各种教育与生活活动。

(4) 早间操的组织要紧凑,从整理衣裤、走出教室、进入操场、参加运动至回到教室,要培养幼儿良好的集体锻炼常规(包括取放轻器械)。

四、早间操的注意事项

(1) 根据季节特点,要选择、安排和调整好早间操的时间和内容。如冬季时间可适当推后(主要指北方),在气温5°以下,可先在教室做暖体运动,然后再到室外做慢跑——跳跃——走步——做操等活动。

(2) 早间操中的排队和变换内容要简单易行,不要搞成小学化、军事化,不要把时间过多地用在排队和变换上,排队和变化要为幼儿形成集体和做操服务。

(3) 幼儿操内容的选择要面向全体幼儿,使全体幼儿能在较短的时间内都学会和掌握,要尽量选择幼儿喜爱、欢快、活泼、轻松的音乐,不要将操节内容安排得太复杂、太难或表演化。

(4) 在有风、雨雪以及恶劣气候的时候,可以安排室内早操活动。要创造条件,充分利用室内体育活动室和教室,形成一套室内早间操活动的方式、内容和要求,不要降低早间操的质量,更不要轻易占用早间操的时间。

案例:幼儿园早操安排

1. 夏令时间

7:30～7:45,大班:走跑交替、徒手操、彩旗操。

7:45～8:00,中班:走跑交替、游戏模仿操、徒手操。

8:00～8:15,小班:走跑交替、生活模仿操、动物模仿操。

2. 冬令时间(8:30～8:45)

大班:跑跳走交替、武术操、沙袋操。

中班:跑跳走交替、运动模仿操、饮料罐操。

小班:跑跳走交替、生活模仿操、手铃操。

第三节 户外体育活动

户外体育活动是在户外开展的,以教师直接指导或间接指导的集体活动和分散活动为形式,以基本动作、体育锻炼、游戏活动及各种体育游戏为活动内容的一种幼儿园体育活动。由于户外体育活动内容形式丰富多变,每天开展活动的时间一般是在 45 分钟以上,因此,它是幼儿园最主要的体育活动组织形式之一,是贯彻实施幼儿园体育目标的重要途径,是幼儿最喜欢的活动形式。

一、户外体育活动的意义

1. 全面锻炼幼儿身体、增强体质

户外体育活动能使幼儿充分利用户外的阳光、空气、水等自然因素锻炼身体,提高幼儿对自然环境变化的适应能力,增强其抵抗疾病的能力。户外体育活动还能通过各种基本动作、器械活动等体育游戏内容的锻炼使幼儿的基本动作、运动能力、身体素质得到良好且全面的发展和提高。

2. 培养幼儿参加体育活动的主动性、积极性和创造性

在户外体育活动中,虽然是教师有计划、有目的地组织幼儿活动,然而由于其开展的方式是以幼儿自由结伴、自由选择器械、自由活动为主,教师只是幼儿活动的支持者、指导者、帮助者,所以,幼儿是在宽松而没有压力的氛围中自由活动,能按自己的意愿选择结伴或独立活动的方式。这对培养幼儿参加体育活动的兴趣,体验运动带来的快乐,促进个体社会化,形成活动时的独立性、主动性、积极性和创造性等都具有良好的促进作用。

二、户外体育活动的内容

1. 各种大、中、小型运动器械的活动

大、中型固定的运动器械,如综合运动器械、攀登架、跳跳床、滑滑梯、踏水车等。移动的小型器材,如三轮车、自行车、积木、羊角球等。可拿在手上的小型器材,如球、圈、纸棒、沙袋、飞镖、彩带、绳等。

2. 基本动作练习

基本动作练习,如各种追逐跑、各种跳跃、投远、投准、钻爬、攀登、滚翻等。

3. 各种利用环境的体育活动

如爬山、过小桥、越小河以及赤脚在草地上、鹅卵石上、田埂上走、跑等。

4. 幼儿体操(课间操)

幼儿体操练习包括排队和变换、模仿操、徒手体操和轻器械操等。

三、户外体育活动的组织

1. 时间

根据幼儿生理、心理发展特点,大部分幼儿园安排上、下午两次户外体育活动时间。上午 7:30～10:30,下午 2:30～4:30,每次时间为 15～30 分钟。根据我国南北地区日照时间差异,不同季节的变化,以及幼儿园场地大小,有的地区户外体育活动时间可安排在上午 10:00～10:50 之间,下午 3:00～4:50 之间。

2. 类型

由于每所幼儿园的场地类型(草地、塑胶地、水泥地等)和器材大小不同,班级数不同等各种客观因素,因此,组织幼儿户外体育活动的方式也不完全相同。目前幼儿园户外体育活动一般有以下几种组织方式。

(1)班级、场地固定,运动器材轮换见表 3-1。

表 3-1 班级、场地固定,运动器材轮换(供参考)

班级 \ 场地 \ 星期	一	二	三	四	五
小 1	1	2	3	4	5
中 1	2	3	4	5	1
中 2	3	4	5	1	2
大 1	4	5	1	2	3
大 2	5	1	2	3	4

(2)器材、场地固定,班级轮换见表 3-2。

表 3-2 器材、场地固定,班级轮换(供参考)

场地器材 \ 班级 \ 星期	一	二	三	四	五
1	小 1	中 1	中 2	大 1	大 2
2	中 1	中 2	大 1	大 2	小 1
3	中 2	大 1	大 2	小 1	中 1
4	大 1	大 2	小 1	中 1	中 2
5	大 2	小 1	中 1	中 2	大 1

(3)器材、场地固定,幼儿自由选择场地、器材活动见表 3-3。

表 3-3 器材、场地固定,班级轮换(供参考)

中、小型体育器械	玩 沙 区	玩 水 区
跳跃区 (圈、纸棒、羊角球等)	平衡区 (高跷、平衡板、大积木等)	走跑区 (拖拉积木、球、背篓等)
投掷区 (沙袋、飞镖、球等)	钻爬区 (钻架、垫子、"地龙"等)	玩车区 (自行车、独轮车、摇摇车等)

其中器材配备:① 拖拉玩具、圈、沙袋;② 球、高跷、纸棒;③ 绳、羊角球、飞镖;④ 自行车、独轮车;⑤ 大、中型运动器械;⑥ 玩沙或玩水。

3. 方法

户外体育活动一般是由教师带领全班幼儿进入指定的活动场所,布置活动的内容和要求(包括器材名称、玩法、器材交换、活动范围、活动时间、集合信号等),然后,采用教师直接指导下的集体体育活动,或间接指导下的分散体育活动。幼儿活动时,教师给予全面观察和一定的指导,指导包括对幼儿进行鼓励、启发、引导、参与、帮助、保护、纠正等。

组织户外体育活动的具体方法一般有以下几种:

(1) 教师介绍活动内容、方法和要求-幼儿分散活动-教师组织集体活动-集合、小结、结束。

(2) 教师介绍活动内容、方法和要求-教师组织集体活动-幼儿分散活动-集合、小结、结束。

(3) 教师介绍活动内容、方法和要求-幼儿分散活动-集合、小结、结束。

(4) 教师讲解活动内容、方法和要求-教师组织集体活动-小结、结束。

目前幼儿园户外体育活动有以下几种安排:

(1) 上午:幼儿分散活动;下午:幼儿集体活动。

(2) 上午:幼儿集体活动;下午:幼儿分散活动。

(3) 上午:幼儿分散活动、集体活动;下午:幼儿集体活动、分散活动。

以上几种活动形式,教师可根据教育内容、形式、要求,以及场地器材等具体情况,灵活运用。

4. 要求

(1) 幼儿园园长和教师,应为幼儿不断地创设和改善户外体育活动的场地和器材,使幼儿能在绿化环境好、场地宽敞、运动器材丰富多样的环境和条件中,尽情地投入户外体育活动之中。

(2) 要根据上级部门提出的体育活动要求,结合本园场地、器材、班级数和幼儿身心发展特点、季节特点等具体情况,制定出科学的、切实可行的、富有实效的户外体育活动计划,包括全园户外体育活动时间、场地、班级、器材轮转表,以及班级户外体育活动计划等。要不断完善计划,使之更具有科学性,要充分利用场地和器材,尽量减少场地器材的空置时间。

(3) 在每次户外体育活动开展之前,教师应将原定的计划进行可行性和实效性的考虑。如遇器材缺少,场地维修等特殊情况,应及时变更、重新安排活动计划。

(4) 分散活动前,教师要为每个孩子提供1~3种数量充足的活动器材,以便幼儿能充分地活动,减少因器材少造成的等待时间。

(5) 在户外体育活动的组织中,教师要全面、及时地进行适当的观察与指导,在活动开始时,要启发引导幼儿积极地参与活动,在活动过程中要密切注意观察全体幼儿的活动情况。如遇到幼儿出现需要帮助、动作错误、发生危险等情况,要及时地采取指导和帮助措施。不能让自己的视线离开幼儿,或只注视部分幼儿。要特别加强对自控能力差、容易出危险的幼儿,以及活动能力弱需要帮助的幼儿的观察和指导。

(6) 教师要控制和调节幼儿活动时的运动负荷量。如:当幼儿不会玩某一运动器材,运动负荷量较小时,教师要给予指导,包括带领他们一起活动;幼儿相互追逐或连续跳跃,运动负荷量过大时,教师可以召集幼儿做一些运动负荷量小的、轻松的活动,或者请某个幼儿演示动作,大家观察稍加休息等。

四、户外体育活动的注意事项

(1) 教师要善于发挥创意,废旧利用,制作各种各样有健身价值并受幼儿喜爱的小型运动器材。如:用边角料废布制成降落伞、彩带、布球、布飞盘等。

(2) 要经常清扫和检查户外体育活动的场地,使场地保持干净,没有沙、石、玻璃等物。定期检查运动器械,使运动器械适用方便、牢固、安全。

(3) 可为每班幼儿准备擦汗用的毛巾和脱、放衣服的盛具,教师要提醒和帮助幼儿及时脱去多余衣物和擦汗。

(4) 在户外体育活动时,卫生教师可参加卫生监督工作。

(5) 在户外体育活动时可播放一些活泼、轻快的幼儿音乐,增添活动的气氛,使幼儿感到轻松和欢快。

（6）要及时制订和准备在下雨、下雪等不利于户外体育活动的气候条件下的室内体育活动方案，包括场地、器材、内容、要求等，不要轻易占用户外体育活动的时间。

第四节　室内体育活动

室内体育活动是在室内开展的各种体育活动的总称。它不受气候因素干扰，能保证幼儿体育活动的开展，并在活动内容、活动目标、教师指导等方面与户外体育活动相互补充。因此，室内体育活动是锻炼幼儿身体的一种有效的组织形式。

一、室内体育活动的意义

在气候不利的条件下，室内体育活动能保证幼儿继续开展体育活动，实现《幼儿园工作规程》中每日体育活动不得少于一小时的目标。同时，它能丰富幼儿的体育活动形式和内容。使幼儿体验室内的各种体育活动，能促进和发展各种基本动作和体能，并感受体育活动的快乐。

二、室内体育活动的组织及内容

（一）体育活动室活动

体育活动室活动，是指将多余的教室、多功能厅或专用的体育活动室，布置成海洋球室、中大型运动器械室（内设综合运动器械、蹦蹦床、攀登架、台阶、滑梯等）、体操室（内铺垫子、平衡木、肋木等）、拳击室等室内活动室。全园采用分班轮换方式，即各班幼儿在教师的组织指导下，在各个活动室内开展体育活动。

室内体操活动的内容，除安排一般的幼儿体操外，还可安排表现性、创造性的身体活动。表现性、创造性的身体活动，是指幼儿在音乐伴奏下，按照某一活动主题做各种身体活动，是为了提高幼儿身体动作的表现能力的一种室内体育活动内容。表现性、创造性的身体活动有：体会各种形式的爬、滚等动作；做各种身体的律动动作；探索身体各种功能及不同姿态动作；进行表现性的身体动作等。例如："钻山洞"游戏，让幼儿在音乐的伴奏下独立或合作用手、脚、躯干做成各种"山洞"（上体仰卧两手与两脚撑地，上体俯卧两手与两脚撑地或头与两脚着地，两人面对面坐在两脚底相对离地）形状，并相互钻各种"山洞"。

（二）室内普通的体育活动

利用教室的地板、桌椅、录音设备以及走道灯开展各种体育游戏活动、幼儿体操等。

三、室内体育活动的注意事项

（1）要制订室内体育活动的计划。充分利用多余的教室和各种走道、空间，开辟室内体育活动场地和教室，并划分和安排好各年级、各班级开展活动的场地和教室，以及需要用到的运动器材，使每个教师做到心中有数。

（2）要建立室内体育活动的常规。由于室内体育活动的场地和空间较小，特别是在有桌椅的教室内，为此，要建立布置室内场地（搬动桌椅等）和活动器材的规章，包括取放活动器材、适用活动器材、堆放衣物鞋子、活动范围和路线、避让方法等常规，以保证室内体育活动有序、有效地开展。室内场地如果是地板或毛毯，尽可能让幼儿脱去鞋子，穿袜子或赤足参加各种体育活动，这样有助于促进幼儿足底对地板的触觉和运动感觉的发展。

（3）要重视运动卫生工作。开展室内体育活动时,应将窗户打开,保持空气流通,教师要注意全面观察,并进行必要的指导和保护,要防止幼儿碰撞和受伤。

第五节　远足活动

远足,即步行出游,或称远距离的行走。有民间谚语说"健康体魄,始于足下""脚为精气之根""走步是强心健体的法宝""百练不如一走""晨走三百步,不用进药铺"等等,由此可见,健步行走实为"百炼之祖"。所以,古今中外,不论男女老幼,都在积极参加远足运动。人们在远足中,不仅可以欣赏大自然的美景,领略大自然的美妙,更好地了解自己的祖国、家乡,而且又锻炼了身体,增强了意志,增长了知识和才能。由此看来,远足是一项较好的活动。

一、远足活动的意义

第一,远足活动可以锻炼幼儿的身体,促进其身体形态、技能的正常生长、发育;培养幼儿在生活中正确运用走、跑、跳跃等基本动作技能,提高幼儿的身体素质和基本活动能力;增强幼儿身体的适应能力及抵抗疾病的能力。

第二,通过远足活动,扩大了幼儿的视野,增长了幼儿的知识,提高了幼儿的观察力、注意力、思维能力、认知能力和语言表达能力。幼儿园开展远足活动不仅仅是让幼儿走,在远足活动过程中,教师要积极引导幼儿观察自然与社会环境的各种特征及其变化,包括事物的形状、颜色、大小、数量、位置、功能、职能等。

第三,通过远足活动可以培养幼儿热爱祖国、热爱家乡、热爱他人的良好情感,自觉遵守社会道德规范、文明礼貌的良好行为,培养幼儿适应环境、认识自我、克服困难、吃苦耐劳、自理自立的能力。

第四,远足活动可以让幼儿开心、开朗、活泼、愉快。

二、远足活动的内容与特点

幼儿远足活动的内容十分丰富,但必须根据教育目标的要求,以及各地的具体情况和条件,因地制宜地选择应用。这里仅仅列举以下几个方面内容,提供参考。

（1）发展幼儿基本动作的内容。在远足途中到达目的地后,可以充分利用其环境条件,发展幼儿各种走、跑、跳跃、投掷、钻、爬、攀登等基本动作。也可随身携带小型体育器械(如跳绳、小球等),到宽阔地带进行各种活动。

（2）发展幼儿认知能力的内容。在远足活动中,可以积极引导幼儿观察花草树木等自然环境及人们服饰的变化,认识并感受一年四季的变化;观察、比较各种物体、房屋的外形特征(特征、颜色、高矮、大小、多少等);认识各种事物的属性等等。

（3）在远足中,对幼儿进行认识道路、路标、各种标志的教育,以及遵守交通规则、爱护公共设备等教育。培养幼儿方位感知能力、认知能力;培养幼儿自觉遵守交通规则和公共道德行为习惯。

（4）对幼儿进行革命传统教育以及当地历史、文化、名胜古迹、风土人情、民俗民习教育。通过远足活动,带领幼儿到各地的革命博物馆、历史博物馆、各种纪念馆、名胜古迹及少数民族居住地等处,接受有关教育。

（5）对幼儿进行热爱祖国、热爱家乡、热爱大自然的教育。远足活动中,让幼儿观看升旗,初步了解祖国各地的飞速发展和变化状况,欣赏家乡及大自然的美景,陶冶情操。

（6）对幼儿进行关心他人、了解和尊重他人劳动的情感教育。有计划地带领幼儿远足到工厂、商店、农村、养老院、孤儿院等地,让幼儿了解各行各业人们的劳动特点与成果,以及老人、孤儿、残疾人的特殊困难情景与现状。培养幼儿尊重他人劳动和关心他人的情感。

(7)在远足活动中,注意随机教育。远足路上,不仅做到随机培养幼儿跨越沟坑、翻越绕林、遇河过桥的能力,而且还要对幼儿进行克服困难、勇敢顽强的意志品质教育,以及其他有关方面的教育。例如:在远足路上遇到清洁工扫马路时,要及时对幼儿进行尊重清洁工人的劳动、保持环境卫生的教育,养成良好的卫生习惯等。

远足活动的主要特点是:有目的、有计划,因时、因地制宜地选择符合幼儿年龄特点,以促进幼儿身心全面、和谐发展为主,具有综合教育内容的阶段性活动。

三、组织幼儿远足活动的建议

(1)根据幼儿的年龄特点和身心发展规律,可以依照循序渐进的原则,设计远足路程、选择远足路线、规定行进速度、确定生理负荷量。年龄小的幼儿,则选择路程近、路线短、行进速度慢、生理负荷量小的远足活动。随着幼儿年龄的增长,逐渐加以变化和提高。

(2)组织幼儿远足活动的形式、方法要灵活多样,内容要丰富多彩,使幼儿在远足活动中,始终保持浓厚的情趣。班级、年级、全园各种形式均可;乘车与徒步走路相结合;身体锻炼与其他多种教育相结合。提高幼儿远足活动的兴趣。

(3)远足活动中,必须把安全放在首位。一方面,教师在选择远足路线时,尽量避开不安全因素;另一方面,要教会幼儿自我保护的方法。当幼儿基本熟悉远足过程与要求后,在条件允许的情况下,可以设置路标,让幼儿独立完成远足活动中的某些要求。例如:根据教师设置的路标、标记,自己寻找"宝物"送到目的地,看谁完成任务最快、最好。这对于纠正独生子女的依赖性,让其克服娇气和胆怯的心理,增强其自信心,提高幼儿的自制力和自理能力十分有利。

(4)可以充分利用自然与社会的有利条件,培养幼儿的多种能力(观察力、想象力、思维力、鉴赏力、表达能力等);让幼儿亲自参加一些力所能及的实践活动,积累社会、生活知识经验,增长幼儿的智慧和才能;聘请有关人员,对幼儿进行相应教育。如请园林工人介绍各种花草树木的名称、特点、用途,请交通警察讲解遵守交通规则的重要意义等等,使幼儿开阔眼界、增长知识、提高认识、提高觉悟。

(5)及时召开家长会,与幼儿家长保持密切的联系。取得家长的支持与合作,可以使幼儿远足活动取得更大的效应。例如:通过家长会,与家长座谈,使其了解远足活动的目的、意义和要求,取得家长的理解和支持;定期播放远足活动的实况录像,使家长了解远足活动的实况,以及自己孩子在远足活动中的各种表现;通过家园联系册,互通情况、交流信息、家园互动,共同对幼儿进行教育,充分发挥远足活动的最大教育意义。

(6)不断再现远足活动概况,巩固远足成果。每次远足活动后,请幼儿复述远足过程,其中包括远足路线、观察景物、到达的目的地、身体感觉、心理感受和愿望、受到的教育等等;播放远足实况录像,反馈远足活动全貌,分析幼儿表现,不断地给予鼓励、表扬、激发幼儿远足情趣和愿望;让幼儿运用在远足活动中捡回的落叶,进行粘贴、绘画、再现大自然的美景;运用幼儿园的各种环境设备条件,创编各种体育游戏,构建结构游戏(盖楼房、商店、设计立交桥……)等等,使幼儿远足综合教育活动得到延伸、发展,从而获得最佳教育效果。

第六节　幼儿体育节

幼儿体育节又称幼儿运动会,它既是幼儿体育活动的组织形式之一,又是幼儿体育活动的节日。幼儿体育节是全体幼儿都参加,以体育游戏、基本体操为主要内容,以丰富幼儿生活、培养集体意识、感受运动乐趣为目的的一种全园性的体育集会。

一、幼儿体育节的意义

体育节可以使幼儿感受节日的气氛和快乐；增进不同年龄、不同年级幼儿之间的了解和交往；丰富幼儿的生活；有利于家长观察和了解自己孩子的运动健康状况，增加家园之间的沟通。

二、幼儿体育节的内容与特点

幼儿体育节主要包括表演比赛型和区域活动型两大类。

★（一）表演比赛型

表演比赛型体育节，是将幼儿体操、幼儿体育游戏、师生同乐游戏、亲子体育游戏等内容作为体育节的表演和比赛内容。在体育节的最后进行发奖仪式，将奖品给予表演和比赛的各班幼儿，在热闹、欢庆的气氛中结束体育节。

表演比赛型体育节的特点是：气氛热烈、欢快；不同年龄和同一年龄班级之间相互观摩、交流体育节目；幼儿可以感受体育节带来的节日气氛；能使家长和有关部门领导了解幼儿体育活动现状。但表演比赛型体育节也存在时间过长、孩子参与活动的实际时间短、注意力容易分散等问题。

★（二）区域活动型

区域活动型体育节，是将全园室内外场地布置成多种多样的体育活动区域。体育节开始，各班集合，举行简短的仪式后，每个幼儿可自由地在各个区域参加体育活动。教师分别在各个区域内指导幼儿活动，并对参加活动和活动取胜的幼儿发奖券（或盖章），幼儿可凭奖券（或盖章）的数量领取奖品，并根据自己的意愿结束活动。

区域活动型体育节的内容有：大型器械区、钻爬区、骑车区、投掷区、勇敢走道路区（平衡为主）、体育技能擂台赛区、休息区等。

区域活动型体育节的特点是：准备工作比较简便，幼儿参与活动时间比较长。自主性强，既能满足幼儿参与活动的愿望，又能锻炼身体，同时还能使幼儿与各年龄班幼儿的相互观摩、学习、交往。小年龄或独立性较差的幼儿，可以由家长陪同参加各个区域的活动。

区域活动型体育节，必须建立在幼儿园室内外活动场所多、器材多，平时经常开展小型的区域体育活动，幼儿积累有关区域活动经验的基础上举行。

三、幼儿体育节的注意事项

（1）环境布置应有体育节的气氛。

（2）总时间尽可能控制在 1～1.5 小时，内容不宜过多，组织环节压紧凑，时间不宜过长，每个表演节目时间也应控制在 3 分钟左右。

（3）幼儿体育表演和比赛的内容，难度不易过高和过于花哨，不要搞突击排练，应将表演和比赛的内容贯穿于日常体育活动之中，减少因表演和比赛而付出额外的时间和精力。

（4）幼儿体育节前，做好气象预知工作，使体育节在日期安排上应有一定的余地。

（5）幼儿体育节入场前教师应帮助幼儿做好各种准备工作，包括谈话，上厕所，整理运动服、鞋、运动器材等。

（6）幼儿体育节应得到全园教职工及家长的支持与参与，各项工作既有分工，又有合作，以保证体育节的顺利开展。

（7）幼儿体育节前，应做好家长工作，使家长能积极参与体育节的活动，并了解和关心孩子在体育节中的表现情况。

（8）教师应了解和关心每个幼儿是否愉快地参与体育节，应尽可能让每个幼儿都积极参与其中。

（9）幼儿体育节中，卫生教师应加强医务监督工作，积极做好预防幼儿运动损伤的工作，以及损伤后的处理工作。

第四章
学前儿童体育评估

"生命在于运动"是伏尔泰的体育哲学运动观和生命观。体育与幼儿是一种伴随性的成长关系,幼儿身体发展是全面发展的基础。教育者组织体育教学活动大多停留在动作练习阶段,忽视了过程中幼儿运动能力、合作能力以及社会发展等。对学前儿童体育的评估,是为了掌握幼儿体育活动的现状,了解幼儿、教师的发展状况,同时为促进幼儿体育活动的有效开展提供科学的依据。

学前儿童体育的评估是一个复杂的系统工程,评估的对象内容繁多,评估的途径、方法、手段和类型也多样。如对体育教学活动的评估、幼儿体质的评估,每一种形式中就包含很多内容和环节。因此在评估中要贯穿体育活动的每一个环节;着眼于幼儿身心发展的每一个方面;为形成幼儿终身参与体育运动的理念奠定良好基础;为体现幼儿自主精神提供最大可能,要注重幼儿发展状况、幼儿活动兴趣、动作学习过程和表现以及个体成长规律。

第一节　幼儿园体育管理工作评估

对幼儿园体育的管理工作进行评估,能推动幼儿园体育工作的更好开展,这对于幼儿园克服重智轻体现象,进一步端正办园指导思想具有积极意义。具体评估工作有以下几个方面:

一、组织管理

第一,幼儿园管理者应高度重视,将"体育活动"纳入整个幼儿园工作的议事日程,在每学期保教工作计划中有体现,落实措施明确、具体。第二,幼儿园管理者应定时检查体育活动实施状况并有记录,发现问题能及时整改。第三,能科学、全面地评估幼儿的运动能力和身体素质,按时开展幼儿体质测试,记录资料真实、完整,及时进行测试结果分析,指导幼儿进行体育锻炼和游戏活动。此外,应有目的、有计划地开展健康领域的教育研究。

二、环境设施

第一,应有安全、充足的运动场地。户外场地夏天时有遮阴的地方,冬天时有日照。场地类型丰富,适宜幼儿进行不同类型的活动。能因地制宜拓展幼儿运动空间,创设丰富、自然的活动场地,能充分利用现有场地灵活开展体育活动,注重环境安全。第二,要有计划地及时添置、更新和维护体育设施和器材,确保运动设施和器材的安全。第三,不同功能的大型体育设施,中、小型体育玩具充足,能够满足不同年龄幼儿身体协调发展的需要。第四,有适合幼儿年龄特点的各种运动游戏资源,民族传统资源得到充分开发和利用,自制玩具和材料丰富。

三、实践活动

实践活动包括以下几个内容：

（1）在园幼儿、教职工全员参与，积极参加体育锻炼；

（2）幼儿坚持每天2小时户外活动，确保1小时科学体育活动；

（3）坚持每天开展体育游戏活动及民族特色体育活动；

（4）能根据季节选编幼儿体操，体育活动形式多样，符合幼儿年龄特点，内容丰富有趣；

（5）每周有计划开展体育教学活动，每学期至少组织一次亲子运动会，每月向社区开放体育设施1～2次；

（6）活动目标明确，内容丰富有趣，符合幼儿实际发展水平及均衡发展的需要，并能渗透相关的教育理念；

（7）能科学地安排幼儿运动负荷，运动强度和密度适宜，在开展体育活动中有对幼儿积极的保护措施；

（8）在户外场地有足够的教师监督、管理幼儿。教师站位合理，能够采取有效措施，预防危险发生。教师在活动中注意观察幼儿，适时给予支持和帮助。能注意个体差异，及时进行安全教育。

四、评估标准

幼儿运动能力达本年龄段发展水平，体质测试合格率达85％以上；幼儿在体育活动中积极主动，情绪愉悦，养成良好的锻炼习惯；幼儿平均出勤率不低于80％，园内无传染病的爆发流行；注意总结积累开展体育活动的经验，在社区有一定影响。此外，体育活动有创新，形成园所文化和体育特色。

第二节　幼儿园体育活动质量评估

幼儿园体育活动质量的评估通常有以下几个方面：

一、活动条件

1. 活动时间

（1）每天2小时户外活动和每周1～2次体育教学活动；

（2）一般不少于1小时体育活动；

（3）各班每次活动时间适合本班幼儿的年龄。

2. 活动场地

（1）有充足的空间，场地分布合理；

（2）因地制宜，创设环境；

（3）综合利用各种场所让幼儿锻炼身体。

3. 活动材料

（1）材料丰富多样；

（2）材料适应幼儿能力的特殊需要；

（3）材料能灵活多变，可根据幼儿的需要进行组合。

二、幼儿活动

1. 活动状态
（1）对体育活动有浓厚的兴趣；
（2）情绪饱满和稳定；
（3）积极、主动参与体育活动。

2. 行为习惯
（1）遵守体育活动的有关秩序，活动常规好；
（2）纪律性强，互相合作，共同游戏；
（3）有一定的坚持性，不怕困难。

3. 动作发展
（1）能够较好地完成适合本年龄特点的各项基本动作；
（2）动作较准确，协调性较好；
（3）在活动中表现出动作的灵活性与敏捷性。

4. 运动能力
（1）走、跑、跳达到年龄标准；
（2）平衡、攀爬、投掷、钻达到年龄标准；
（3）能够进行适合本年龄的运动项目。

三、教师指导

1. 创造条件
（1）熟悉并合理选择、安排、调整各活动场地与器械；
（2）把握好活动时间；
（3）制作和提供有效的活动材料。

2. 活动设计
（1）目标定位准确，有针对性和层次性；
（2）各运动项目、活动内容的选择与安排适中合理；
（3）教学方法灵活多样，具体措施清楚明了。

3. 组织能力
（1）激发幼儿兴趣，引导其主动地参与各项体育活动；
（2）以语言、动作等做适当的指导，鼓励幼儿运用材料探索多样性的玩法；
（3）掌握运动量，运动的强度与密度、相对的动与静应合理安排。

4. 保健安全
（1）建立体育活动常规，并能够坚持执行；
（2）根据季节、气候、运动器械及具体情况，注意安全与卫生保健工作的配合；
（3）指导过程中把握好个体与整体的关系。

第三节　幼儿园体育活动内容评估

幼儿园体育活动内容的评估通常有以下几个方面：

一、早操活动评估

1. 适宜性
（1）教师仪表端正，衣着大方得体，适合运动；
（2）镜面示范，动作准确、规范；
（3）关注个体差异，师幼互动完美和谐；
（4）提供适宜、足够的活动器材。

2. 丰富性
（1）早操内容应贴近幼儿的生活，符合幼儿兴趣和发展的需要；
（2）根据幼儿的年龄特点及发展水平制定目标，设计和安排难度不同、类型不同的活动；
（3）留有弹性的空间，以实现各年龄段体育活动的阶段目标。

3. 均衡性
（1）应遵循全面发展的原则，综合、均衡安排全身各部位的练习，完善早操结构，避免早操过于舞蹈化；
（2）根据幼儿动作发展的规律，做到动静交替，大肌肉与小肌肉活动交替，自主与集体活动交替；
（3）注重幼儿间的互助合作性行为的有机协调。

4. 合理性
（1）把握早操的活动量，逐渐增加活动量和活动强度；
（2）根据幼儿完成早操后的面部表情和出汗程度做简单判断。

5. 审美性
（1）音乐感强，符合幼儿年龄特点，音乐性质与动作协调一致；
（2）能帮助与激发幼儿参与的意愿，在愉快运动中提升；
（3）音乐清晰明亮，无杂音。

6. 早操评估标准
早操评估标准可以参照表4-1。

表4-1 早操评估标准表

	时　间	地　点	准　备	质　量
85分以上（优）	冬天可在课间进行，共15分钟；有开始、基本、结束；一套操时间15~20分钟	户外，下雨、大风天可在空气流通的室内	场地平整、清洁；备有运动衣；器械数量充足；音乐感强，符合幼儿年龄特点，音乐性质与动作协调一致	教师口令正确、洪亮，示范正确，能进行品德教育，结合操节内容进行智力、美的教育。幼儿姿势正确，头、躯干、上下肢到位，到位率达85%；精神面貌好，积极认真
70~84分（良）	同上	同上	场地平整，服装轻便，器材安全，数量充足	教师口令正确、洪亮，能结合操节进行品德教育。幼儿头、躯干、上下肢到位率达70%
60~69分（一般）	同上	同上	同上	教师口令正确，能结合操节进行品德教育。幼儿头、躯干、上下肢到位率达60%
59分以下（差）	无规定时间，无开始及结束部分，有时拖得很长	同上	场地狭小；器械数量不足，破损未修	教师口令错误，精神不振，幼儿头、躯干、上下肢不到位、伸展不开；积极性不高

二、体育教学活动评估

1. 制订目的、任务的合理性、完整性情况
（1）体育教学活动要有全面性以及针对性；

（2）体育教学活动的制定要根据幼儿情况具有可操作性。

2. 课中内容安排顺序合理情况

（1）符合幼儿特点；

（2）有规律，有利于幼儿掌握；

（3）时间安排合理。

3. 采用的教学方法、手段的合适程度

（1）合理创设环境和资源有效利用；

（2）多样化，能够形成宽松和融洽的活动气氛。

4. 组织形式与各环节是否严密流畅

（1）能有效调控，灵活解决问题；

（2）提供有效的活动指导范围。

5. 运动强度、运动密度是否科学

（1）根据内容合理调整活动量；

（2）按照年龄特点选择活动量；

（3）根据活动效果调整活动量。

6. 教师的仪表仪态、讲解、示范，现场组织指挥能力

（1）教师精神状态良好；

（2）正确形象的动作示范；

（3）生动恰当的言语；

（4）全面细致的观察。

7. 教学完成情况

（1）目标达成度高；

（2）幼儿参与活动的态度积极，完成度高；

（3）师幼互动频率高。

8. 体育教学活动评估标准

体育教学活动评估标准可以参照表4-2。

表4-2　体育教学活动评估表

	备　课	教　学	组　织	品德教育与个性培养
85分以上（优）	了解幼儿健康，钻研教材，编写完整的教案；临场准备较充分	正确执行教案；课的任务明确；独立工作能力强；教材安排合理；讲解清楚，示范明确；教学步骤和方法合理；能合理安排课的密度和运动量	课堂常规好，口令正确，调队组织教学合理，时间分配得当，紧凑，气氛活跃，无安全事故	能根据教材、课内出现的情况进行机智、勇敢、遵守纪律、友爱、互助等方面的教育，培养幼儿活泼开朗的性格
70～84分（良）	教案符合要求，临场准备较周到	执行教案基本正确；课的任务明确；独立工作能力较强；教材安排较合理；讲解较清楚，示范较正确；运用教学原则无明显错误；教学方法、步骤较合理。课的密度、运动量安排较合理	课堂常规好，口令、调队较合理；组织教学尚合理，时间安排较紧凑，课堂气氛好；基本无安全事故	能重视思想品德教育，妥善处理突发事件
60～69分（一般）	教案基本完整，质量一般；临场准备有尚可弥补的缺漏	执行教案一般；课的任务不明确；教材安排有一般性差错；讲解、示范有明显不足；运用教学原则有较多缺陷；课的密度和运动量安排不够合理；教学效果不够好	课堂常规一般，组织教学、口令、调队较合理；时间分配尚可；课堂秩序较差，幼儿等待时间长；有一般性安全事故	尚能进行思想品德教育，有处理偶发事件的能力

	备　　课	教　　学	组　　织	品德教育与个性培养
59分以下（差）	备课马虎，教案不符合要求，临场准备有明显缺陷	与教案脱离，课的任务不明确；独立工作能力差；材料安排不妥当；讲解不清楚，示范不正确，教学步骤、方法不清楚；课的密度和运动量安排不合理，教学效果差	课堂常规差，口令、调队不合理，组织教学差，时间分配不当，课堂秩序混乱，有安全事故	不会做思想品德教育工作，不会处理偶发事件

三、运动会评估

1. 主题清楚
如运动、健康、快乐。

2. 目标达成
（1）培养幼儿对体育活动的兴趣爱好，让幼儿体验运动的快乐、竞争的乐趣，增强协调性和灵活性，提高幼儿的身体素质；

（2）培养幼儿的团队和竞争意识，体现团结协作的竞赛风格，激发幼儿的运动潜能；

（3）树立幼儿的自信心，敢于克服困难，不怕挫折的良好品质，能体验胜利的愉悦。

3. 内容丰富、形式多样
如有教师表演、幼儿表演、幼儿竞赛、亲子运动项目、家长比赛项目等。

4. 有特色
如开幕式的特色；园本特色的活动；颁奖方式的特色；创新活动等。

5. 设计的科学性
按照幼儿园特点，贴近生活进行。

6. 安排合理、组织有序
（1）整体流程：策划-宣传-准备-进行-总结；

（2）过程：注意避免场面混乱、时间拖拉、细节顾及等问题。

7. 参与度
教师及员工、幼儿、家长充分参与。

8. 影响力
（1）展示幼儿园中师幼的精神风貌，增强孩子的集体荣誉感和团结协作的精神；

（2）让家长了解怎样和孩子有目的地游戏，怎样对孩子进行情感教育；

（3）让孩子在游戏中体验快乐，身心发展。

四、户外活动评估

1. 活动目标的制定
（1）活动目标体现多元化、层次化，注重促进幼儿兴趣、情感、技能等的全面发展；

（2）内容具有科学性、时代性，贴近幼儿生活；

（3）目标准确、明确、具体可操作，适合幼儿的年龄特点。

2. 活动过程
（1）活动组织有序，层次清晰，重点突出，时间安排合理；

（2）活动设计为易于感知、操作、探索的形式，并具有反馈、交流、思考的机会。教学方式游戏化，幼儿兴趣浓厚；

（3）发挥教师主导作用，尊重幼儿主体地位，引导幼儿主动、积极、创造性地学习。重视学习兴趣、方法、能力、习惯的培养；

（4）既面向全体，又注重个别差异，教学设计体现层次要求，坚持正面教育。

3. 教师素质

（1）两位教师共同参与，能在活动中协调合作，配合默契；

（2）教态亲切、自然，既尊重幼儿，又严格要求，善于鼓励、调动幼儿的积极性；

（3）语言简练、规范、生动，富有感染力，易于幼儿理解；

（4）教师基本功扎实，调控活动能力强，有灵活的教学机制和应变能力。

4. 活动效果

（1）幼儿在活动中情绪愉快，态度积极，参与意识强，各种能力在原有水平上得到提升。

（2）活动目标能在过程中基本得以落实。

5. 户外体育活动评估标准

户外体育活动评估标准可以见表4-3。

表4-3 户外体育活动评估标准表

	时间、内容及要求	器 材	活 动 习 惯	场 地
85分以上（优）	每天活动一小时及以上，每天有一次体育游戏或有组织的集体体育活动，活动量适当。活动时幼儿动作正确，遵守规则，愉快、活泼开朗	有练习走、跳、跑、平衡、投掷、钻展和攀登的器材。《纲要》要求的器材都配齐	无等待时间，幼儿能友好地轮流玩运动器材，并遵守玩的规则，注意安全	一个班在游戏时有60～70平方米场地，场地平坦、整洁、有青草地
70～84分（良）	每天活动一小时以上，每天有一次体育游戏或有组织的集体活动，注意运动量适当，幼儿愉快	有练习动作用的器材五件以上	无等待时间，能轮流玩器材，遵守玩的规则	一个班在游戏时有场地50平方米左右，有青草地
60～69分（一般）	每天活动只有半小时	有练习性作用的器材三件以上	能轮流玩器材，遵守玩的规则	场地共有40平方米
59分以下（差）	每天活动不到半小时	无器材	排队玩玩具	场地很小

第四节 幼儿园体育活动中生理、心理负荷的评估及幼儿体质评估

一、幼儿生理、心理负荷的评估

幼儿生理、心理负荷的常用评估方法有两种：观察法和生理指标测定法，幼儿园常用的生理指标测定包括脉搏测定或心率测定。

（一）观察法

观察是一种受思维影响的、比较有系统的、主动的、有意的知觉活动。它是有目的、有顺序地感知客观事物的过程，也是获取感性经验的基本途径。教师的观察能力主要指对幼儿直觉的、原样的、不加任何操作的自然观察能力。这里主要是从幼儿完成动作的质量，幼儿的面色、呼吸、汗量，幼儿的注意力，幼儿的情绪等方面来判断运动量是否合适。

（二）生理指标测定法

与观察法比较，这是一种比较客观的方法，它包括对脉搏、呼吸频率、肺活量、体温变化、尿蛋白等方

面的测定,这些方法比较复杂,在幼儿园里主要采用的是脉搏测试法(有条件的可以测心率)。

脉搏测定法是指在活动过程中,通过多次测定幼儿的脉搏,掌握活动中脉搏变化的情况,分析运动负荷安排得是否合理。

（三）影响幼儿体育活动中生理和心理的因素

在幼儿体育活动中,影响幼儿体育活动中生理、心理负荷的因素主要有五点:

(1)强度:单位时间的生理负荷量,常用心率来表示。

(2)数量:包括时间、距离、次数等方面数量指标,数量指标一般与运动负荷成正比。

(3)运动密度:指运动时间与活动总时间的比值。如一节课各项练习总时间是12分钟,上课时间总计30分钟,则运动密度为:12÷30=40%。

(4)质量:练习的正确规格与要求。

(5)活动项目的特点:不同的活动项目对身体的影响不同。如幼儿做直体滚动时前庭器官所受的刺激大,而整个身体负荷却不大。相反,跑步时全身负荷较大,但前庭器官所受刺激却较小。参加有趣的体育活动时,情绪负荷大,学习新体操时,比复习旧体操时要大。

影响心理负荷的因素还有练习难度与重复次数、教师的教态与教法、环境、气候、教具等。生理负荷和心理负荷具体评估细节详见表4-4、表4-5、表4-6。

二、幼儿体质评估

体质是指人体的质量,它是在遗传性和获得性基础上表现出来的人体形态结构、生理功能和心理因素的综合的、相对稳定的特征。体质的范围和测定指标包括身体形态和结构的发育水平(如身高、体重、胸围等)、生理生化功能水平(如心率、血压等)、身体素质和运动能力水平(如跑、跳等)、心理发展水平(如智力、心理健康水平等)以及适应能力(如发病率、预防接种率等)。

对幼儿进行体质评估,是评估体育锻炼效果的重要方面。幼儿运动能力测定的内容有:身高测量、10米折返跑(秒)、立定跳远(厘米)、网球掷远(米)、单脚立(秒)、走平衡木(秒)。具体评估细节可参见表4-4～表4-6。

表4-4 幼儿园小班体能测评表

幼儿姓名		性 别	
班 级		测评老师	
测评目的: 1. 了解幼儿目前的体能状况 2. 提供个人化运动处方的依据 3. 可针对较弱的体能进行强化 4. 评估运动前后的效果与进步情况			

序 号	测评项目	参考标准	学期初	学期末
1	10米折返跑	幼儿在9秒完成10米折返跑	⬆⬇ 秒	⬆⬇ 秒
2	平衡木	能在较窄的低矮物体上平稳地走一段距离(长3米)	⬆⬇ 秒	⬆⬇ 秒
3	投掷	小班:能单手将网球向前投掷2米左右	⬆⬇ 米	⬆⬇ 米
4	上下楼梯	能双脚灵活交替上下楼梯	⬆⬇ 是	⬆⬇ 是
5	拍球	1. 自抛自接球(3个) 2. 双手拍球每只手拍4个	⬆⬇ 是	⬆⬇ 是
备 注	⬆ 表示:达到参考值以上　⬇ 表示:在参考值以下需提升			
家长签字				

表 4-5　幼儿园中班体能测评

幼儿姓名		性　　别	
班　　级		测评老师	

测评目的：1. 了解幼儿目前的体能状况
　　　　　 2. 提供个人化运动处方的依据
　　　　　 3. 可针对较弱的体能进行强化
　　　　　 4. 评估运动前后的效果与进步情况

序　号	测评项目	参　考　标　准	学　期　初	学　期　末
1	10米折返跑	幼儿在 7.6 秒完成 10 米折返跑	⬆️⬇️ 秒	⬆️⬇️ 秒
2	平衡木	能在较窄的低矮物体上平稳地走一段距离（长 3 米）	⬆️⬇️ 秒	⬆️⬇️ 秒
3	投掷	能单手将网球向前投掷 4 米左右	⬆️⬇️ 米	⬆️⬇️ 米
4	拍球	1. 双人地面反弹传球 2. 单手连续拍球	⬆️⬇️ 是	⬆️⬇️ 是
备　注	⬆️ 表示：达到参考值以上　⬇️ 表示：在参考值以下需提升			
家长签字				

表 4-6　幼儿园大班体能测评表

幼儿姓名		性　　别	
班　　级		测评老师	

测评目的：1. 了解幼儿目前的体能状况
　　　　　 2. 提供个人化运动处方的依据
　　　　　 3. 可针对较弱的体能进行强化
　　　　　 4. 评估运动前后的效果与进步情况

序　号	测评项目	参　考　标　准	学　期　初	学　期　末
1	10米折返跑	幼儿在 6.9 秒完成 10 米折返跑	⬆️⬇️ 秒	⬆️⬇️ 秒
2	平衡木	能在较窄的低矮物体上平稳地走一段距离	⬆️⬇️ 秒	⬆️⬇️ 秒
3	投掷	能单手将网球向前投掷 8 米左右	⬆️⬇️ 米	⬆️⬇️ 米
4	跳绳	能连续跳绳 10 个	⬆️⬇️ 个	⬆️⬇️ 个
备　注	⬆️ 表示：达到参考值以上　⬇️ 表示：在参考值以下需提升			
家长签字				

第五章
学前儿童体育的组织教学

教学是指在专门的教育机构或专门的场所之中,在教师和学生之间进行的有组织、有计划的教学活动。学前儿童体育教学是在幼儿园教师与幼儿之间进行的有组织、有计划的体育教学活动。可以说,幼儿园体育教学是师生之间的双向互动,对于发展幼儿基本活动能力,增强幼儿体质,同时促进幼儿身体、智力及社会性等的协调发展有着重要意义。

第一节 学前儿童体育的教学目标与原则

一、学前儿童体育的教学目标

(一)学前儿童体育活动目标的主要依据

首先,《指南》为幼儿教育中体育活动的开展提供了政策依据;其次是健身为主,全面育人为辅的幼儿园体育价值观;再次,要考虑幼儿身心发展规律、年龄特点和现有水平;最后,是我国当前幼儿师资状况、幼儿园物质环境与体育活动时间等客观条件。

(二)学前儿童体育的教学目标

1. 身体发展目标

(1)促进身体形态结构和机能的发育,使无生理缺陷和慢性病幼儿的身高、体重、胸围、血红蛋白、血压、心率、视力等指标均正常,姿势良好。

(2)全面发展基本体能。做到力量、速度、灵敏、平衡等运动素质均达到各地区规定的合格标准。走、跑、跳、投等基本运动能力均达到以下要求:

① 走:步幅、步频均达到各地区制定的正常值,落地柔和,无八字脚、擦地、颠脚等缺陷。

② 跑:蹬地较有力,步幅正常,落地较轻,屈臂前后自然摆动,在快跑中能较好地控制跑动方向。6岁时20米直线快跑不慢于6秒。

③ 跳:初步掌握双脚向不同方向跳、单脚连续跳、跨跳等基础的跳跃动作;起跳蹬地有力,蹬摆协调;落地轻柔、稳定。6岁时立定跳远不少于90厘米,单脚连续跳在15米以上。

④ 投:初步掌握滚、抛、推、掷、击等动作,投出时全身能协调用力,挥臂有力快速,能初步控制投掷方向。6岁时双手腹前抛球(重300克)在4.5米以上,单手投沙包(重150克)男童在5米以上,女童在4.5米以上。

(3)培养对自然环境的适应力,对寒冷、炎热、日晒和气温的急剧变化有一定的适应能力。

(4)促进心理健康,情绪愉快,对不良的情绪刺激有一定的耐受力,能适应幼儿园生活,与同伴和睦相处。

2. 智力素质发展目标

(1)能掌握已学过的运动动作和游戏的名称、方法与基本要求,说出身体主要部位的名称和功能,能记住所学的运动安全知识和卫生知识。

（2）促进感知觉发展，能识别上下、前后、高低、远近、大小、先后、快慢、横竖、平直、宽窄，发展自身运动的速度、力度、节奏、体位和幅度的知觉能力。

（3）发展观察意识和观察能力，能在成人引导下，根据活动目的，正确地选择观察对象、观察部位和观察位置，观察时有一定的顺序性，在观察过程中能有意识地去分析和判断。

（4）发展注意能力，在活动中能较好地集中注意，一般不受无关因素的干扰而分散注意力，能初步按照活动要求及时转移注意力。

（5）发展直觉思维、操作性思维和形象思维，发展思维灵活性、敏捷性和创造性，在活动中爱思考，能主动想办法做好动作和游戏。

（6）发展想象力、联想力、迁移能力和移情心理。

（7）发展模仿能力。

（8）发展创新能力，做到喜欢尝试新的运动，能主动变化运动动作、活动策略和玩法。

3. 道德素质发展目标

（1）培养责任感，能认真完成活动任务与要求。

（2）能主动遵守活动常规，认真遵守规则。

（3）尊敬教师，服从教师的指导。

（4）尊重同伴，能注意听取同伴的意见，尊重同伴的愿望；能关心和帮助同伴，有谦让精神，不争运动器械、游戏角色和活动的先后；能与同伴合作，友好相处，有一定的处理纠纷的能力。

（5）热心服务。

（6）培养友好竞争精神。做到：喜爱比赛，关心胜负，有意愿提高自己的运动能力；自己胜利时不骄傲，别人胜利时能主动去祝贺，别人失败时不讥笑并能主动去鼓励。

（7）培养坚强的意志。做到活动中遇到困难能努力克服，出现失误或失败不泄气，不退缩，不埋怨别人。

（8）爱护玩具和运动器械，能注意维护运动场所和周围环境的卫生，保持卫生整洁。

4. 审美素质发展目标

（1）能初步识别身体姿势的美与不美，在教师帮助下养成健美的姿态。

（2）培养审美感受力和审美情感，能初步感受动作美，力量、灵敏、速度、平衡等运动素质美，运动的节奏美，并且有发展上述美的愿望。

5. 个性心理素质发展目标

（1）具体地了解自己的身高、体重等形态指标和跑、跳、投等基本运动能力的发展指标并有较强的发展它们的愿望。

（2）培养体育兴趣和习惯，做到爱做操，爱做游戏，爱和同伴一起参加体育活动。

（3）发展自信心、自尊心和自立性。相信自己的能力，喜欢并勇于说出自己的愿望和意见，不迎合别人，乐于表现自己的才能；受到歧视、侮辱和伤害时，敢用正当的方法去反抗；在活动中自己能做的事自己去做，不依赖别人。

（4）发展自我认识、自我评价和自我调控意识与能力。做到知道自己主要运动能力，能注意对自己基本运动能力和体育行为进行评价，对自己在体育活动中的行为能有一定的评价和自控能力。

（5）发展行动的目的性和计划性。在活动中能先想想做什么，怎么做，然后再去做，少一些行动的冲动性、盲目性和无序性。

★（三）学前儿童体育活动目标的表述方法

可以用幼儿发展指标的形式表述。直接明确地展现体育目标的实质，展现幼儿体育素质的发展方向。如"记住……学会……初步掌握……"，同时要求包括行为内容和掌握程度。如"培养运动创新能力，做到喜欢尝试新的运动，能主动变化运动及活动策略和玩法"。

此外,文字上力求准确生动、通俗易懂,便于教师全面具体地掌握全部目标内容,增加全面目标意识。

二、学前儿童体育的教学原则

在进行幼儿园体育活动的组织工作时,应秉承幼儿发展为根本的教学理念,对幼儿各项身体机能进行充分培养,通过一定程度的身体练习来确保幼儿能够掌握基本体育技能,实现体育教学目的。

⭐ (一)全面性原则

在开展幼儿园体育活动时,应当遵守全面性原则,坚持体育活动面向全体幼儿,对幼儿的整体年龄特征进行充分考虑,活动内容应当设置为符合幼儿身心发展需求的活动内容,达到适度的练习密度和活动量,避免出现练习密度和活动量过大或者过小的情况。

当练习密度不足、活动量过小时,会导致幼儿身体各区域无法得到有效活动,无法实现锻炼目的;当练习密度过高、活动量过大时,会对幼儿的身体造成负担,影响到身体健康。所以在进行幼儿园体育活动安排时,应面向全体幼儿,对全体幼儿的身心状况进行充分考虑,从而更好地对幼儿身心进行锻炼培养,实现全方位水平的提升。

⭐ (二)直观性原则

直观性原则是指尽量利用幼儿的各种感官(视、听、触等)和已有的经验,通过各种形式丰富幼儿的感性认识以获得生动的表象,使幼儿掌握动作技能,明确动作要领,同时表象的形成过程也有助于发展幼儿的观察能力和思维能力。

贯彻这一原则应注意以下四个方面的问题:
(1)综合运用各种感觉器官;
(2)教师示范要完整准确;
(3)教师讲解的语言要生动形象;
(4)生动直观,与抽象思维和实践练习相结合。

⭐ (三)兴趣性原则

兴趣性原则是指在向幼儿讲授知识、动作、游戏时,无论是内容,还是形式和方法都要适合幼儿,要让他们能接受,又要是他们喜欢的,只有这样才能够更好地调动他们的积极性和主动性,学得快、记得牢。

⭐ (四)循序渐进原则

循序渐进原则是指教学的内容、方法和运动负荷的安排顺序,都要由易到难,由简到繁,由已知到未知,逐步深化,不断提高。

贯彻这一原则应该注意以下三个方面的问题:
(1)安排教学内容和选择教学方法时,应由易到难、由简到繁;
(2)教学内容要有系统性;
(3)贯彻少而精的原则,每次教学要抓住重点。

⭐ (五)多样性原则

幼儿体育活动的组织形式应是多种多样、丰富多彩的。遵循多样性原则的作用主要有两个:一是弥补各种组织形式的不足;二是提高和激发幼儿参加体育活动的积极性,丰富幼儿的生活。幼儿体育活动最常见的形式是早操、体育课、户外体育活动三种。另外像室内体育活动、体育游艺活动、幼儿运动会、短途旅游或适当的远足活动等也是常用的形式。

各种幼儿体育活动的组织形式都带有一定的局限性,同时又都具有一定的价值,无所谓好坏、优劣之分,关键在于能相互补充和配合,以求全面地实现幼儿体育活动的任务,促进幼儿身心和谐的发展。

（六）身体全面协调发展的原则

身体全面协调发展的原则是指在体育教学中使幼儿身体的各个部位,各器官系统的生理机能,各种身体素质和基本活动能力都得到锻炼和发展。贯彻这一原则时应注意,制订体育教学或各项体育活动计划时(学期计划、月计划、周计划、体育课计划等),必须使各项教材或者幼儿的其他各项体育活动内容互相搭配,尽量保证全面锻炼幼儿的身体。

第二节 学前儿童体育的教学类型与结构

体育活动是学前儿童体育教学的重要组织形式。按《纲要》要求,幼儿园从小班下学期开始直到中、大班,每周安排一节体育活动。小班每次活动是 10～15 分钟;中班每次活动是 20～25 分钟,大班每次活动是 25～30 分钟。

幼儿园要侧重于传授知识、技能,同时也要达到锻炼的要求。教学过程要遵循人的认识规律和动作、技能形成的规律。在锻炼身体时,要特别注意遵循人体生理机能活动变化的规律。

幼儿园的体育活动,小、中班应尽量采用有情节的游戏形式,提高幼儿锻炼的兴趣。随着幼儿心理发展水平和运动技能的提高,大班体育活动中的纯游戏因素应逐渐减少,以便与小学体育课衔接,为幼儿入小学学习做好准备。总之,幼儿园的体育活动必须符合幼儿身心发展的特点,既要突出教学,防止无计划无要求地自由分散活动的错误做法,又要防止小学化、成人化。

一、体育活动的类型

幼儿园的体育活动基本上是"综合型",既要学习新知识,又要复习旧知识;既要教会幼儿一定的知识、技能,又要全面地锻炼幼儿的身体。如果一定要划分体育活动的类型,那么,幼儿园的体育活动可分为:"新授活动"和"复习活动"两种。

新授活动以学习新知识为主,同时兼顾幼儿的活动,要有一定的活动量。新授活动时,教师要正确示范、讲解,帮助幼儿掌握动作要领,并采取有效的教学方法和步骤,解决幼儿动作发展中普遍存在的问题,圆满地完成教学任务。

复习活动以复习知识为主。通过游戏的形式,让幼儿反复练习,教师进行个别辅导,及时纠正幼儿的错误动作,提高幼儿的动作质量。

二、体育活动的结构

体育活动的结构是指一次活动教学环节的安排以及时间分配等。根据人体生理机能变化的客观规律,体育活动通常包括三个部分,即准备部分、基本部分和结束部分。

（一）准备部分

时间:约占活动总时间的 15%～20%。

主要目的:用较短时间将幼儿组织起来。提高注意力,简单交代活动的内容和要求,从心理上、生理上动员幼儿,逐步提高大脑皮层兴奋性,使之情绪饱满地开始进行活动。

准备部分的主要内容:

（1）常规练习：站队、集中听讲、服装整理、情绪调整；

（2）一般性准备活动：身体各部分充分活动，提高生理机能；

（3）专门性准备活动：针对课的基本内容编排。

★（二）基本部分

时间：约占活动总时间的 60%～70%。

主要目的：完成活动的教学内容、学习新知识、重点复习旧知识、掌握动作技能、提高身体素质、培养幼儿良好的品德。

教学内容安排要点：

（1）新知识要安排在活动的前半部分。这时候，幼儿情绪饱满、精力充沛、注意集中；一些程度剧烈、兴奋度高的体育游戏可放在课的后半部分。这样既便于幼儿很快地掌握动作，又可达到一定的锻炼要求。

（2）运动量逐渐加大，有节奏，练习与休息交替，控制活动的密度和运动量。每次练习后应根据幼儿的实际情况决定休息时间的长短。一般情况是：天气较冷或活动量不大时，休息时间可短一些；天气较热或活动量较大时，休息时间可长一些。

（3）各种练习交替，避免长时间一种练习、一种身体姿势使幼儿疲劳。

★（三）结束部分

时间：约占活动总时间的 10%。

主要目的：主要是放松肌肉，尽快消除疲劳，使身体由运动状态逐渐恢复到相对安静状态，有组织地结束一节活动。这一部分的内容可以安排走步，可以做整理动作、较安静的游戏或简单的律动动作。

主要内容：走步、放松练习、简单的小舞蹈动作、安静的体育游戏等。

体育活动的结构不是一成不变的。各个部分的内容、顺序、时间等，应根据教学的任务、内容、幼儿的具体情况，以及气候、场地、器械等实际条件，灵活安排。

体育活动的这三个部分既有区别，又相互联系。上一部分是下一部分的准备，下一部分是上一部分的自然延续。各个部分虽有自己的任务，但又互相配合，共同完成一节课的任务。这种结构的体育活动，一般多用于中班后期和大班。

三、体育活动的组织

1. 活动前准备

做好活动前准备工作，是上好一节体育活动的先决条件。活动前准备工作一般可以分为以下几个方面：

（1）了解幼儿的情况。幼儿的情况是多方面的，这里主要是指幼儿的体质、健康情况，动作发展和智能情况等。了解的方法可以是个别谈话、家访，也可以实地看幼儿做动作等。

（2）认真学习和钻研教学参考。通过钻研教学参考，教师要明确教材的意义、任务、特点、重点、难点和关键等。

（3）选择教学方法。教师在做到前面两点的基础上，还应结合本园的活动场地、器械设备等情况，选择合适的教学方法。

（4）编写课时计划（教案）。

（5）做好物质准备。上课前，教师要认真布置场地，准备好器材、教具和玩具，画好各种标记，做好安全卫生检查，培养示范的小助手，保证教学的顺利进行。同时，教师还要注意自己的仪表和衣着，为幼儿起示范、表率作用，并检查幼儿的衣着、鞋带、裤带等，为上课做好准备。

2. 活动的组织

根据课时计划，教师首先要把幼儿带到活动地点，向幼儿简要说明活动的内容与要求，集中幼儿的注意，调动幼儿参加活动的积极性，按计划排好队；然后学习或复习活动（玩游戏）；活动结束之前，可根

据需要,进行一些整理活动,教师再进行总结、讲评。为了提高教学质量,上体育活动时,教师应注意以下几个问题:

(1)教师在教学中要起主导作用。主导作用主要体现在教师体育教学时执行计划的高度责任心、充分调动幼儿活动的积极性和灵活机动的教学艺术上。

(2)以幼儿活动为主。教师应想办法,使体育教学过程紧凑,安排合理,精讲多练,集中更多的时间,让幼儿活动。

(3)及时调整活动的练习密度和活动量。由于事先对情况了解得不全面或因气候、场地条件的变化,教师在教学中,应根据幼儿的表情、情绪、动作表现等具体情况,及时调整练习密度和活动量。

(4)教师对幼儿要坚持严格要求,保证幼儿身体姿势正确,动作质量高,课程能顺利进行,但要注意严而不死,使幼儿感到教师亲切,乐于接受。

(5)重视幼儿的思想品德教育和性格培养。体育活动如果在室外进行,很多外界因素容易分散幼儿注意。为保证教学顺利进行,教师要简明、清楚、具体地向幼儿讲清要求,教育幼儿遵守纪律,按老师要求去做。活动中,要合理分配游戏角色使每个幼儿都受到教育,得到锻炼;不要让幼儿死板地站队、长时间地等待,以免幼儿因得不到活动机会而纪律涣散;及时鼓励、表扬表现好的幼儿,启发幼儿发扬团结友爱、互相帮助的精神。

3. 活动的反思

活动的反思就是对教学进行检查和评定,从中总结经验、发现问题,不断提高教学质量。对活动的反思方法通常有全面分析法和专题分析法两种。

(1)全面分析法。全面分析法是围绕活动的任务、要求,对活动的质量进行全面的分析和评定。具体来说,可以根据教与学的特点,从教师和幼儿两个方面进行分析。

从幼儿的角度来看,要分析活动的练习密度和活动量是否适当;幼儿掌握动作是否在原有基础上有所提高;思想品德教育的效果如何;是否有利于活动的顺利进行;是否有利于幼儿活泼开朗性格的培养;幼儿情绪是否高涨等等。

从教师的角度来看,要分析活动前准备是否充分;教师的主导作用发挥得如何;教学能力(示范、讲解等)、组织水平以及教法运用情况如何等。

最后,要把教师与幼儿两个方面联系起来分析,从幼儿身上看成效,从教师身上找原因,充分肯定成绩,总结成功的经验,分析失败的原因,指出今后努力的方向,对一节活动做出正确的评价。

(2)专题分析法。专题分析法是对一节活动某一方面的质量进行分析和评定。例如,专门分析活动的练习密度、活动量,或精讲多练问题、思想品德教育问题等,有时可以将两种分析方法结合起来运用。

四、学前儿童体育教学的基本规律

(一)动作形成规律

1. 粗略掌握阶段

此阶段的主要特点是:对动作有了初步的印象,大脑皮层的兴奋过程广泛扩散,内抑制不够,因而在动作上表现出肌肉过分紧张而不协调、不准确,有多余动作,做动作时又费心。这主要靠视觉表象来控制、调节动作。

2. 改善提高阶段

此阶段的主要特点是:经过反复练习和观察分析示范动作以及听教师讲解初步形成动作概念。大脑皮层兴奋和抑制过程逐渐集中,内抑制加强,特别是分化抑制有了发展。已初步建立动力定型,但还不巩固。肌肉感觉有了发展,控制能力有所加强。视觉控制已不起主要作用,在动作上表现为比较轻松、协调和准确,多余动作消失,但动作还不够熟练、巩固。在复杂条件下动作容易变形,不常复习还会忘记。

3. 巩固和运用自如阶段

此阶段动作概念已明确,大脑皮层兴奋和抑制过程更加集中,动作的动力定型已牢固地建立,主要依靠肌肉感觉来调节控制。动作协调、准确、熟练、省力、运用自如。

为了最终能够使所学动作技能达到运用自如阶段,不断通过挑战幼儿和让幼儿感到进步等方式,激发幼儿的反复、主动练习的积极性是非常重要的。

(二)人体机能适应性规律

人体在参加运动时,体内物质能量消耗,促进了异化作用,引起疲劳和身体机能暂时下降,同时也刺激恢复过程,使同化过程加强,出现超量恢复,提高人体的机能能力。这是人体通过运动,促进新陈代谢和提高机能能力的过程,也是产生适应性效果的过程。这个过程是有阶段性的。

(1)工作阶段。参加运动时,身体物质能量被消耗,但同时恢复过程也在进行,只是消耗过程占优势。表现为身体机能能力逐渐下降。

(2)相对恢复阶段。运动后身体机能指标恢复到运动前水平阶段。

(3)超量恢复阶段。通过合理休息,物质和能量储备超过运动前水平,从而提高身体的工作能力。

(4)复原阶段。如果间隔时间太长,身体的工作能力又恢复到运动前水平。

研究表明,工作阶段消耗过小或过大,超量恢复的效果都不好;练习间隔时间过长和过短,也影响恢复的效果和工作能力的提高。因此,要根据不同体质、不同年龄、不同练习内容等情况,合理确定工作阶段的运动负荷量和练习间隔时间,才能受到更好的锻炼效果。

(三)人体生理机能能力变化规律

人体在运动过程中,生理机能能力是不断变化的,而且有一定的规律。一般在开始时,能力逐步上升,然后再达到在一定时间内保持最高水平,最后逐渐下降。这个过程可分为上升、平稳和下降三个阶段。这个变化过程是一个客观规律。

1. 上升阶段

上升阶段包括两个过程。第一是在没有体育活动之前,知道或想到即将开始体育活动,身体各器官就发生变化,如心跳和呼吸加深加快,精神振奋,有的人血液中葡萄糖含量增加。有的变化是积极的,能加速身体器官克服惰性,使活动能力较快地上升,以适应即将开始的体育运动;有的变化是消极的,如情绪厌烦、全身无力、动作迟钝等。教师要根据这个规律,使幼儿在运动开始前能产生积极反应。如平时要把每次集体体育活动和户外体育游戏活动安排、组织好,让幼儿听到要进行体育活动就高兴;活动前要想法激发幼儿的活动兴趣等。

第二是通过身体活动,克服各器官的惰性,提高其活动能力,使之较快地达到较高的水平。例如做准备活动,一方面是适应活动开始时身体活动能力尚低的状态;另一方面是加速第二阶段适应过程,使身体活动能力较快上升。由于个人体质、年龄、训练水平不同,因而这个过程也有长有短。幼儿身体器官惰性小,易动员,活动能力上升较快,所以准备活动时间要短,运动负荷增加要快。

2. 平稳阶段

此时各器官活动能力已达较高水平,并能保持一定时间,这时身体活动效率高、学习动作的效果好,能适应激烈的体育活动。这个阶段持续时间的长短,与运动负荷、个人体质、训练水平、年龄、心理状态有关。幼儿持续时间比成人短,情绪愉快、疲劳出现晚些。为适应这个规律和幼儿特点,可将难度大、运动强度大的练习安排在此阶段,练习时间要少于小学儿童,练习内容和方法要多样化而有兴趣,以激发幼儿积极的情绪。

3. 下降阶段

体育活动进行一段时间和做一定数量练习后,由于体内能量物质消耗多和恢复不足等原因,出现身体疲劳,活动能力下降。这时,要及时结束活动,但在激烈活动后又不能立即停止,而要做些放松的活动,使激烈运转的身体"机器"逐渐地停顿下来。这个缓冲阶段很重要,因为"急刹车"不仅不利于疲劳的消除和能量物质的恢复,而且会给身体带来危害。

上升-平稳-下降是人体在体育活动中各器官活动能力变化的客观规律,体育教学要遵守这个规律,妥善安排,因势利导,以便充分地发挥体能,提高体育教学效果。

第三节　学前儿童体育的教学方法

学前儿童体育的教学方法要根据体育活动的任务、内容,应以幼儿原有基础和身体因素等实际情况,以及幼儿园的设备、条件(如场地、器械、用具等)、基础设施而定,基本的有以下几种。

一、讲解法与示范法

（一）讲解法

讲解法是教师运用语言向幼儿说明动作的名称、要领、做法及要求等。讲解法对组织好幼儿的活动,启发他们积极思维,帮助他们获得有关知识,掌握动作要领,培养良好的思想品德等均具有重要的意义。讲解时,教师应注意以下几点:

(1) 语言要重点突出,少而精。幼儿自我控制的能力差,注意力容易分散,如果讲解时间过长,内容过多、过细,幼儿难于接受。因此,讲解要适时,语言要精练,要以练习为主。

(2) 语言要通俗易懂,生动形象,有趣味。讲解时,教师要用幼儿能够理解的语言,避免运用专用名词、术语;语言要清晰、生动、形象、逼真,意思要明确,使幼儿听起来有趣味,便于理解动作的要领和要求。例如,为了让幼儿掌握由高处跳下轻轻落地的动作,可以教幼儿做"小老鼠偷油吃"(猫捉老鼠)的游戏。游戏时,教师可以这样讲解:"老猫睡着了以后,小老鼠要轻轻地跳下来去偷油吃,别让老猫听见了。要是把老猫吵醒了,就会被老猫捉住、吃掉。"这些话简短、形象,既讲出了游戏的主要方法,又强调了轻轻落地的要求。

(3) 讲解要富有启发性。讲解时教师要启发幼儿思维,可以适当提问,使幼儿加深对所学内容的理解。

（二）示范法

示范法是教师(或指定幼儿)将正确的动作做给幼儿看。由于幼儿以具体形象思维为主,善于模仿,依赖生动、鲜明的形象去认识和理解事物,所以幼儿在学习各种动作时,教师的示范很重要。示范时,教师应注意以下几点:

(1) 姿势要正确,动作要轻松、优美,给幼儿以正确完美的印象。

(2) 注意示范的位置和方向,使全体幼儿都能看得清楚,便于模仿。示范的位置应根据幼儿的队形、动作的性质而定;示范的方向可根据动作的结构、要求等决定,可采取正面、侧面、背面示范或镜面示范。一般走、跑、跳、投等基本动作练习,均可进行前三种示范。"镜面示范"是指示范者面向幼儿,做方向相反的动作,一般运用于徒手体操和轻器械体操。

(3) 示范要有明确的目的。例如,教新动作时,为了使幼儿建立起完整的动作概念,一般可以先用正常的速度完整地示范一次,然后结合讲解,用比较慢的速度再示范一次。

(4) 与讲解相结合,或伴随语言提示。一般说来,教新内容时,教师可以先示范,后讲解,或者边示范边讲解;复习时,可以先讲要求,再根据需要进行示范(如纠正多数幼儿的错误动作时,进行示范)。示范与讲解相结合,可以互相取长补短。例如,做体前屈时,要求两膝不能弯曲。教师在示范的同时,可以用手拍拍自己伸直的膝盖,告诉幼儿这个地方不能弯曲,这样幼儿更容易理解。必要时,还可以运用示范、讲解、模仿三结合的方法进行教学。运用这种方法,不仅可以活跃幼儿的情绪,集中幼儿的注意,而且有利于幼儿尽快地掌握动作要领,提高他们活动时的练习密度和活动量,提升锻炼效果。特别是小班,运用这种方法可以收到更好的效果。

讲解法与示范法是体育教学中不可缺少的两种方法,可以结合运用。要想正确地讲解和示范,教师必须努力提高专业理论水平和业务水平,深入钻研教材,钻研语言艺术,充分了解幼儿的生理、心理特点,等等。

二、练习法

练习法是指在一定的条件下,重复地做某一动作。开展体育活动时,通过示范和讲解,在初步建立动作表象的基础上,必须让幼儿实践,反复练习,才能使他们逐步掌握所学的动作,达到锻炼身体、增强体质的目的。练习一般可用以下几种形式:

1. 完整练习和分解练习

完整练习是指教师将动作从开始到结束,不分部分和段落,完整地教给幼儿。它的优点是便于幼儿完整地掌握动作,缺点是幼儿不容易掌握动作难点。

分解练习是把较复杂的动作,合理地分成几个部分,依次教给幼儿,最后联结起来,使幼儿掌握完整的动作。例如,有些需要上下肢配合、协调性较强的动作,幼儿学起来难度较大,不容易掌握。教师可以将这些动作分解开,先教上肢动作,再教下肢动作,在分解练习的基础上,再把上、下肢动作连起来练习。这样,幼儿比较容易掌握。这种方法的优点是可以简化教学过程,有利于幼儿更好地掌握动作,缺点是运用不当,容易破坏动作的完整性,影响幼儿正确动作技能的形成。

由于幼儿园的体育活动是最简单、最基本的动作练习,幼儿模仿性强,对事物的第一印象很深刻,因此,教学中分解练习一般很少运用。有时在教学完整动作的过程中,需要突出重点、难点,可以运用分解练习,但是必须注意各个部分的联结,教师要善于掌握分解练习的时机,时间不宜过长,要以完整练习为主,提高练习效果。

2. 重复练习

重复练习是指在固定条件下反复练习某一动作(如徒手体操动作)。这种练习可以根据不同阶段,提出不同的具体要求,确定练习次数。在重复练习的过程中,教师应有重点地帮助幼儿纠正不正确的姿势,使幼儿的动作日趋完善、正确和熟练。

3. 条件练习

条件练习是指在练习过程中,变换练习的环境(如利用自然地形做各种曲线跑),变换练习的条件(如改变平衡木的高度、宽度,变换沙袋的重量,增加游戏的角色和情节等),以及变换动作的组合等。通过这些条件的变化,不仅可以帮助幼儿更好地掌握动作,而且可以进一步激发幼儿练习的兴趣,提高活动的效果。但是,运用条件练习法时,所选用的环境、条件必须合理,符合幼儿的实际情况和项目特点,不应无限制地、盲目地改变条件(如增加难度、增加角色等)。

三、口头提示和具体帮助法

口头提示和具体帮助,是在练习中防止和纠正幼儿的错误动作时经常使用的方法。

口头提示不同于讲解,它是指在幼儿练习的过程中,某些细节掌握得还不够正确时,教师用语言提示,使他们理解老师的意思并改正。例如,做操时,某幼儿两臂侧平举过低,教师在全体幼儿继续做操的情况下说"××把手臂再抬高一点"。再如钻圈时,教师说"头低一些,腰再弯一些",不仅可以提示某一幼儿,也能引起其他幼儿注意。

幼儿自我调节、控制的能力以及空间知觉较差,有时教师只靠口头提示还不能帮助幼儿纠正错误动作,收不到预期效果。这时,教师要走到幼儿身边,具体帮助他们把手臂伸直抬平,拍拍幼儿的膝盖,告诉他不要弯曲,或者轻轻地按一下幼儿的头或背,使他能顺利钻过圈,等等。教师的具体帮助能增强幼儿对动作的自我感觉,使幼儿的动作做得更加正确、协调、完美。

四、游戏法

游戏法是指以游戏的方式组织幼儿进行练习的方法。这是幼儿园教学中最常用且有效的教学方法之一,也是幼儿最喜欢的一种方法。

幼儿体育课中常用的游戏形式有以下几种:

（1）各种模仿性动作;

（2）以玩具、头饰或新颖、变化的器材等来吸引幼儿参加活动;

（3）适当加入竞赛性;

（4）活动探索法;

（5）主题法。

五、直观教学法

直观教学法是借助视觉、听觉、触觉和肌肉本体感觉等感觉器官感知动作的一种教学方法。变抽象为直观,易于观察,形象、生动。

直观教学法一般有以下两种形式。

（1）通过示范动作来感知认识动作。

（2）通过教具和模型演示。包括图片、道具、幻灯片、影音图像以及多媒体教学等形式,使幼儿感知动作。

第四节 学前儿童体育的教学设计

教学设计是根据课程标准提出的目标要求和教学对象的特点,对教学诸要素做有序安排,并确定合适的教学方案的预先设想。具体说,教学设计就是在明确了为什么教的前提下,具体解决教什么、怎么教以及怎么教得更有效的问题,是一个把抽象的教学原理转化为可操作性程序的过程。

具体到体育教学设计来讲,它是一个在准确分析体育教材和学生特点的基础上,设置教学目标,确定教学内容,拟定教学策略,选择教学方法,设计教学步骤的过程。这是一个系统规划教学活动的过程,是一个应用系统方法分析体育教学系统中各要素（如目标、教材、教法、教师、学生、条件、媒体、效果等）之间的内在联系,并策划一套具体的操作程序使各要素有机结合,有序运行,以达成体育教学目标的过程。系统的教学设计应包括学段、水平、学期、单元、课时等一系列从宏观到具体的教学规划。

本节重点讨论学前儿童体育活动的课时教学设计。

一、课时教学设计

课时教学设计是针对一节课的课堂教学活动所做的具体规划。课时教学设计一般涉及学生、目标、重点、难点、方法、步骤、场地、器材、负荷等诸多要素。课时教学设计的步骤及内容大致如下。

（一）明确目标

根据课程标准提出的水平目标、内容范围、分类等因素,合理制订编排教学计划,然后明确本节课的教学内容。

1. 分析活动价值

充分挖掘和利用体育活动的健身价值和教育价值,通过身体运动过程,促进幼儿全面、健康发展,是每一名教师应尽的职责。一般可从健身性和教育性两个方面对活动价值进行分析:一是活动的健身价值;二是活动的教育价值。不同活动的教育价值是存在差异性的,如体操教学中特殊的保护帮助手段对培养幼儿协作互助精神有良好作用;耐力跑对培养吃苦耐劳精神和坚毅的意志品质效果良好。

2. 分析活动特点

不同的活动内容具有不同的特点。从主导运动能力的角度看,活动内容具有体能性或技能性的特点;从动作属于人为创编还是与生活相联系的角度看,活动内容具有创编性或生活性的特点;从运动项目的竞技特征看,活动内容具有对抗性或表现性的特点;从动作的难度特征来看,活动内容具有一学就会和多学才会的特征等。

另外,从学习掌握技能的途径这一角度看,有些技能具有自主习得性特征,即幼儿随着年龄增长和生活经验积累便可自主形成动作技能,如走、跑、跳、投、攀、爬、钻等。有些技能具有模仿习得性特征,即该类动作是创编的,模仿跟做是学习这类动作的主要途径,如体操、武术里面的许多动作,主要依靠模仿学习。

3. 分析活动重难点

教学活动的重点在一定程度上决定了教师开展教学活动的着眼点、着力点和着手点。就运动技能活动而言,教学活动的重点一般是指活动的关键技术环节或动作要领。需要指出的是,作为活动重点的"点"往往不止一个,而是两个甚至两个以上"技术点"的结合或配合。只有准确抓住了重点,教师才可能针对重点来设计有效的学练方法,才可能根据重点合理安排教学步骤和进行辅导纠错。在不同的学习对象和不同的学习阶段中,活动的难点可能是不确定的,教师很难在活动前就预设好一个具有普适性的活动难点。因此,教师应当在教学中注意观察,见机行事,因人、因时而异地确定活动难点。

⭐ (二)分析幼儿

分析学生现状是设置目标、选择内容、设计教法的基本依据。一般应从幼儿的体育素养现状(如体能、技能发展水平等)、心理发展特点,班级幼儿人数、性别比例等方面着手。

⭐ (三)设置教学目标

活动课时教学目标是通过教学中教师教和幼儿学的双边互动过程而达到的预期结果。学习内容是实现课时目标的途径与载体,所以学习内容对目标设置具有某种制约作用。准确分析把握学习内容的价值、特点及其重难点,可为设置课时目标提供依据和参考。也只有准确分析和把握了活动内容的难度、健身价值和教育价值,并在此基础上科学合理地设置课时目标,这样的目标才具有实现的可能。当课时目标确定后,目标对课堂教学的具体活动内容设计又具有引领和定向作用,课堂教学活动的设计应当服从和有利于课时目标的达成。一般来说,体育教学的课时目标应包括知识、技能、体能、情意等几个方面。

知识与技能方面的目标表述要具体、明确,体现条件、行为、标准等几个要素,使之具有可观测、可评价性。

体能方面的目标是教师对幼儿体能素质、运动能力等方面的发展预期,目标要和活动特有的锻炼价值相一致,不能脱离活动的锻炼价值设置目标。目标的表述要具体、准确。

情意方面的目标一般包括情感调控、意志品质、合作精神和竞争意识。

体育道德等方面的内容,反映了对幼儿体育精神的培养预期,也和学科德育有着密切的关系,可综合在一个方面加以表述,但目标应和学习内容所特有的教育价值相一致,不能凭教师的想当然制订目标。

目标设置应面向全体幼儿,应是大多数幼儿通过学练活动能够达到的结果。在对幼儿运动技能水平比较了解的情况下,可对不同水平的幼儿提出有所区别的技能方面的目标要求。

★（四）设计教学方法

教学方法包括教师的教法和学生的学法,有怎么教、怎么学和怎么练几个方面。如教师如何引入这节课,教师的讲解、示范、纠错,幼儿的听讲、观察、思考,以及重复练习、持续练习、游戏、比赛等等,都属于教学方法的范畴。

★（五）规划教学流程

教学流程又称教学步骤、程序等,是指各个教学环节出现的先后顺序及其时间比例。一般多把活动分为准备、基本和结束三个阶段。其中准备部分约占活动总时间的15%～20%,基本部分约占活动总时间的70%～75%,结束部分约占活动总时间的10%左右。以上比例可作为制订课时教学计划的重要参考。

规划教学流程时应注意:

1. 循序渐进,由简到繁,由易到难

一节活动课中的各项内容如果难易程度、复杂程度和强度大小不一的话,一般应遵循由易到难、由简到繁、由小到大的顺序,使学习活动循序渐进,逐步深入,运动强度由小到大,渐次增强。

2. 承上启下,环环相扣,衔接自然

各个练习的顺序要符合逻辑关系,练习与练习之间的衔接要自然,紧密,不要有较大的时间和空间间隙。上一个练习的结束最好能成为下一个练习的开始,这样可以节省调队和组织教学的时间,加大练习密度。

3. 形式简洁,注重实用,追求实效

各项练习内容的形式要简洁、实用,不能追求华而不实,形式主义。要充分利用现有器材,使器材物尽其用,一物多用。

4. 主次有序,合理搭配,分量适当

一节体育活动基本上是由一个个练习组成的身体活动过程,但各种练习发挥的作用是不同的。一节体育活动的各种练习应当主次有序,合理搭配,分量适当,相辅相成。

二、活动的导入

活动的导入就是活动的开始,导入技能就是体育教师怎样开始一节体育活动的具体行为。导入虽然只有短短一两分钟时间,但如果精心设计,精彩实施,可以收到集中注意,明确目标,激发兴趣等多重作用。

★（一）导入的作用

活动的导入可以使幼儿集中注意力、明确目标、激发兴趣,能够更好地开展体育活动。

★（二）导入的要求

目的性;针对性;鼓动性;趣味性;简洁性;多样性。

★（三）导入方法

（1）语言法。语言法就是教师运用语言导入新内容,常用方法有:开门见山、温故知新、提问设疑、创设情境、故事导入。

（2）演示法。演示法就是教师运用演示的方法导入新内容,常用方法有:教师示范、学生示范、展示图片、播放视频。

（3）游戏法。游戏法就是教师通过一个小游戏导入新内容。

例如在大班游戏"袋鼠摘果子"活动中,教师可利用袋鼠头饰导入,激发幼儿的兴趣,通过向小朋友提问:"小朋友看,谁来了呀? 你们知道袋鼠是怎么走路的吗?"引出本次活动主要的游戏角色——袋鼠,并引发幼儿的活动兴趣,接下来教师分发口袋,引导幼儿钻入布袋扮成袋鼠自由跳跃,为活动的基本部分做好心理上的准备。

三、活动的结束

虽然活动的结束部分时间短暂,只有三四分钟左右,但如能精心设计,精彩呈现,却能起到画龙点睛和锦上添花的作用,使活动有始有终,回味无穷。

⭐ (一)结束的作用

活动的结束部分可以帮助幼儿恢复身心,归纳总结,进行过程评价,并布置作业。

⭐ (二)结束的要求

不管采用什么样的结束方法,都应该遵循结束的一般要求:灵活多样;简明扼要;紧扣主题;鼓励为主。

⭐ (三)结束方法

结束常用的方法分为两种,一是放松身心的方法,二是总结评价的方法。

1. 身心放松

(1)主动放松。

主动放松是指教师带领幼儿做一些舒缓、轻柔,负荷较小的活动,使幼儿在活动中逐渐平静下来。如放松性的徒手操、简单的舞步、抬高肢体后放松地放下、轻松有趣的游戏、轻松地抖动肢体、静力拉伸肌肉韧带等,都可以促使幼儿主动放松身心,是体育活动结束部分常用的放松整理方法。

(2)被动放松。

被动放松是通过外部用力放松身体的方法。教师可把幼儿分成两人一组,令其互相按摩、拍打需要放松的部位。如互相拍打背部,互相抖动上肢等。被动放松不仅可以起到放松肌肉的作用,还具有促进加强幼儿之间交往和友谊的作用。

(3)意念放松。

在教师暗示下引导幼儿意念放松也是一种有效放松身心的方法。教师可在轻缓音乐的背景下,让幼儿坐下或采取站立姿势,闭上眼睛,放松身体,教师用一套暗示性语言,帮助幼儿放松身心。暗示语如:我躺在阳光下的草地上,微风拂过我的身体,我全身非常放松,舒服极了,我快要睡着了……

2. 总结评价

主要是归纳知识,对幼儿活动进行简单的表扬批评,布置作业。

四、教案设计

教案设计有文本式和表格式两种形式。具体可参考以下案例。

⭐ (一)文本式案例

中班体育活动"森林历险记"

一、设计意图

《幼儿园教育指导纲要(试行)》中阐明:"体育活动能促进幼儿身体的正常发育和身体能力的发展,增强体质,发展幼儿基本动作,使他们动作灵敏、协调、姿势正确。"教师要充分利用生活中最常见的材料开展各项有趣的活动,此次游戏材料选用了家中最常见的一次性纸杯进行游戏,创设游戏情境,根据故事线索和情节的发展,激发幼儿参与的积极性,并进一步提高其多种运动能力。

二、活动目标

1.积极参与游戏"森林历险记",体验游戏带来的乐趣。

2.学习遵守游戏规则,养成良好的规则意识。

3.能够利用走、跑、跳等基本动作进行游戏,掌握游戏的玩法。

三、活动准备

纸杯、坐垫、纸球、盆。

四、活动方法

讲解法、练习法、游戏法。

五、活动过程

1.开始部分:热身运动(教师边示范边讲解)。

师:慢慢走起来——加速走——跑起来。

师:前面有大石头——迅速跳起,又是大石头——跳起。大石头——跳起。

图1　材料

师:哎呀——龙卷风来了,呜——原地转一圈,风很大——再原地转一圈,转转转。

师:哇,遇到山洞了——原地蹲下、起来,蹲下、起来。再来(3次)(蹲下向前走,像鸭子一样走)。

师:大蟒蛇!——快原地趴下!(匍匐前行)好,安全了!

师:小朋友是不是有点累?让我们慢慢地走起来,深呼吸,继续前进。

师:看!天上有小鸟在飞,我们也学着飞一飞(4次)。

师:小心!地上有一群蚂蚁在找食物,不要踩到啊(4次)(抬高脚慢慢走)。

师:Hi!啄木鸟,你在帮大树捉害虫吗?(边向左看边招招手)大树爷爷,您好!(向右看招招手)

师:注意!前面有一根藤蔓,我们要侧身躲开它(侧身压腿)另一边还有!

2.基本部分:游戏环节(教师介绍游戏材料,并示范讲解游戏玩法)。

师:森林里很惊险啊,小勇士们太厉害!

小精灵:小勇士们,快帮帮我们,我们遇到危险了!

第一关:清理障碍物

师:森林里来了一只黑暗精灵,把好多小动物抓到了他的黑暗城堡里,小勇士们,让我们一起把它们救出来吧!向着城堡出发!(原地奔跑)

师:(蹲下)看!前面有一座独木桥(榻榻米垫子或者小凳子),可是桥上堆满了石头(纸杯),要把这些石头一个一个运回盆里,小勇士要小心一些,不要让黑暗精灵发现。开始……

师:(示范)小心,不要摔倒!

师:你们真棒,让我们快速穿过独木桥。

图2　第一关　清理障碍物

第二关:巧运毒蘑菇

师:小勇士们,快看,这一片毒蘑菇挡住了我们的去路,怎么办?不能用手清理,不然会中毒!那用什么呢?用脚试试吧?脚上穿的鞋子会保护我们的。这里需要一个盆,摆上一片毒蘑菇,你们摆好了吗?

师:(示范)我们要这样,平坐地面,双手向后撑地,双脚夹起一边的毒蘑菇运向另一边的盆里,记得双腿不要落地哦!看谁夹得多!

师：难度增加，每次清理两个毒蘑菇，让我们再来试一试。

师：终于清理完了所有的毒蘑菇，我们已经迫不及待地要去救出小动物了！快和我一起跑起来！（由慢到快）加速。

师：小心！前面有一个山洞，要这样穿过山洞。（鸭子走）咦，这是什么？一个陷阱，这里有地雷！

第三关：小心地雷

师：我们可不能碰到地雷，要小心，你们的地雷准备好了吗？

师：（示范）平坐地面，两手向后撑地，双腿平放于两个地雷的中间，跟着音乐节奏，由慢到快，依次抬腿交替越过地雷。开始……

师：（示范）躲过了两个地雷，难度增加，这里还有三个地雷，让我们再来一遍！

师：成功地躲过了所有的地雷，让我们快快穿过山洞吧！（鸭子走）（继续奔跑）我们马上就要到达城堡了，小勇士们！加油哦！

师：（慢慢由跑到走，原地踏步走）（举手观望）

师：看！这就是黑暗精灵的城堡，要想救出小动物们，就要摧毁城堡，这里有纸球做的炮弹，快去摧毁城堡大门，救出小动物吧！

第四关：摧毁城堡

师：请你也摆好你的城堡，可以用其他玩具来当炮弹。

师：站在安全线后面，用一只脚把球踢向城堡，看谁能把城堡大门全部摧毁！（第一道城门已经被攻破）

师：这里是第二道城门，它更加坚固，必须两手叉腰，双脚夹住纸球，向上用力跳起并丢出纸球，摧毁城堡最后一道大门。开始！（教师示范）

3. 结束部分

师：耶！小勇士们，你们真的太棒啦！让我们送小动物们回家吧！

放松拉伸：（教师示范）

(1) 快速抖动身体。

(2) 捏锤四肢。

(3) 全身拉伸。

(4) 调整呼吸，张开双臂拥抱美好的大自然。

结束语：

亲爱的小朋友们，今天我们成功地救出了所有的小动物，小勇士们都很勇敢！下次你们可以和爸爸妈妈或者小伙伴继续去海洋、宇宙里探险，看看在那里会遇到什么更有意思的事情吧！小朋友们，再见！

图3　第二关　巧运毒蘑菇

图4　第三关　小心地雷

图5　第四关　摧毁城堡

图6　放松部分

（二）表格式案例

表格式案例参见表 5-1。

表 5-1　袋鼠摘果子

班级：中班　　　　课次：第_____次　　　　人数：_____人　　　　任课教师：_____

教学内容	双腿跳跃					
教学目标	1. 知识目标：练习两腿并拢跳过不同高度和宽度的障碍物 2. 能力目标：掌握双腿跳跃技能 3. 情感目标：形成勇敢坚强的优秀品质，体验体育游戏的乐趣					
教学重点	掌握双腿跳跃的技能					
教学难点	能双腿并拢跳过不同高度和宽度的障碍物					
教学方法	讲解法，练习法，游戏法					

课程部分	教学内容	组织教法和学法			练习	
		教师活动	学生活动	组织示意图①	时间	强度
开始部分	课堂常规	1. 组织幼儿站队 2. 师生问好 3. 讲清上课规则与纪律，提醒幼儿活动时注意安全	1. 按照教师要求站队 2. 向教师问好 3. 认真倾听教师所讲注意事项	△ ×××× ×××××	1分钟	小
准备部分	热身操（各2×8拍）： 晃晃手（活动手指） 转转手腕（活动手腕） 摇摇手臂（活动手臂） 扭扭腰（扭腰） 扭扭脚腕（扭脚腕） 左右边压压（侧压左右腿） 前边压压（弓步压左右腿）	1. 播放音乐 师："今天天气真好啊，我们一起晒晒太阳做做操吧！" 2. 在音乐背景下带领幼儿做操	跟随音乐节奏以及教师示范的动作做操 目的：热身，活动关节，避免受伤	△ ×××× ×××××	3分钟	中

课程部分	教学内容	教学组织	时间	强度
基本部分	一、头饰导入，激发兴趣 1. 出示袋鼠头饰，引出活动主题 2. 分发口袋，幼儿自由练习袋鼠跳	一、情境导入 1. 教师创设情境，幼儿认真倾听，能够回答出教师的问题 2. 幼儿自由练习，教师实时指导	3分钟	中
	二、设置游戏情景：练习两腿并拢跳过不同高度和宽度的障碍物 师：春天来了，袋鼠妈妈要带着小袋鼠去摘果子啦。可是在路上可能会有很多的困难，有篱笆、小河，如果小袋鼠们没有本领行不行？那小袋鼠们赶快来学本领吧 1. 组织幼儿列队准备出发 2. 师幼共同观察行动路线，明确动作要求和规则 3. 第一次摘果子 4. 交流反馈，同样路线返回 5. 第二次摘果子 **行动路线**：小袋鼠要一个接一个地跳过高低不同的篱笆、跳过不同宽度的小河、尝试用多种方式通过草地 **规则**：看哪一队先到达目的地，能摘到较多的果子	二、练习两腿并拢跳过不同高度和宽度的障碍物 1. 教师介绍场地和规则 2. 幼儿练习，教师巡回指导 3. 让幼儿展示自己是怎样跳的，并积极表扬 **注意**：在这个过程中教师要观察幼儿活动情况，及时发现能力弱的幼儿，给予帮助、鼓励。幼儿全部到达目的地，将果子摘完之后，教师组织幼儿交流怎么才能更快更安全地到达目的地，然后带领幼儿按同样路线返回	9分钟	大

---

① △代表教师，×代表学生，下同。

(续表)

	教 学 内 容		教 学 组 织			
基本部分	三、游戏：跳山羊 1. 师幼明确游戏规则：一组幼儿扮演袋鼠，一组幼儿扮演山羊，扮演袋鼠的幼儿要跳过躺下的山羊 2. 幼儿分组、分角色游戏 3. 交换角色继续游戏 4. 教师总结肯定幼儿在游戏中的勇敢表现		三、跳山羊 		6分钟	大
结束部分	四、放松身体、活动结束 1. 放松身体：根据音乐放松全身，调整呼吸。双手举过头顶，双手合十，身体向左右各伸展一次。手叉腰，双脚开立，一腿弓步一腿伸直，双手合十举过头顶，弯曲腰部 2. 活动结束	四、放松身体、活动结束 1. 放松活动：小朋友们今天累不累啊？我们一起做一做放松运动吧 2. 课堂小结：今天小袋鼠们可勇敢了，克服了好多困难，摘了这么多的果子。可是果子还没有洗，不能吃，现在我们一起去把果子洗洗吧	四、放松身体、活动结束 1. 跟音乐（舒缓）一起做放松活动 2. 听教师总结，积极回应	△ ××××× ×××××	3分钟	中
场地器材	垫子4块、大小不同玩具跨栏12个、大小不同鞋盒12个、幼儿每人一个布袋。袋鼠头饰，水果若干		平均心率	130～135次/分钟	练习密度①	70%～75%
课后小结						

注：① 练习密度指单位时间内练习的次数。

第五节　学前儿童体育教学的注意事项

在对幼儿进行体育教学时，有诸多注意事项，具体包括以下几点。

一、注意活动的趣味性

幼儿年龄小，对于感兴趣的活动态度比较积极、主动，能较快地掌握正确的动作，收到良好的锻炼效果，并可以延缓疲劳的出现。相反，如果幼儿对所从事的活动毫无兴趣，就会感到苦恼，情绪低落，做不好动作，影响身心健康。所以，教师在组织教学时，要尽量选择幼儿喜爱的活动或采取生动活泼的形式（如游戏），提高体育锻炼的效果。

在有趣的体育活动中，幼儿往往情绪高涨，高声欢呼，拍手雀跃，比赛获胜时，这种表现更为突出。对此，教师不应予以斥责和限制，不能管束太死、要求过严，应加以积极引导，在不影响活动进行的情况下，应当允许幼儿正常交往，互相交流，使幼儿感到愉快，培养幼儿活泼开朗的性格。对于过分的喧哗、吵闹或不正常的讥笑、喊叫等现象,还是应当及时制止的。

二、坚持循序渐进

安排体育活动教学时,要坚持由浅入深、由易到难、由简到繁、循序渐进的原则,使幼儿获得基本的、比较系统的体育知识,掌握有关的动作、技能。

《纲要》中规定的幼儿园体育活动的内容,是以幼儿园体育活动的任务和幼儿的年龄特点为依据的,一般不应随意更改。由于各地区、各省市具体情况不同,教师可因地制宜,选用或自编一些本土化课程内容。必须注意的是,本土化课程内容也要循序渐进,注意各年龄班的衔接,按《纲要》的要求,在帮助幼儿复习巩固原有内容的基础上逐渐增加新内容。

例如,幼儿学习走的动作,各年龄班的要求是小班听信号向指定方向走;中班听信号有节奏地走;大班听信号变换方向走。又如,幼儿初步掌握了跑和原地向前跳的动作要领后,可以接着安排他们学习助跑向前跳的动作,这样便于幼儿接受。

三、合理安排体育活动的运动负荷

运动负荷是指一次体育活动中幼儿做练习时所承受的生理负荷,其中包括运动强度与练习密度。

★ （一）运动强度

运动强度是指单位时间内幼儿运动所承受的生理负荷量。判断运动强度是否合适的方法有测量法与观察法两种。

1. 测量法

（1）心率测量法。

运动后静置十秒,并将一只手的食指和中指摸手腕部的桡动脉或下颌骨(下巴)的颌下动脉或置于颈部可以感觉到脉搏的地方,找到脉搏以后,盯住表的秒针开始数脉搏的跳动次数直到秒针达到 10 秒钟,将所得的次数乘以 6 就初算得到你的心率(次/分钟)。

（2）平均心率测量法。

点算法:假定每次测得的心率数是 X,测量次数为 n,将所测各次心率数相加,再除以测量次数即得。

计算公式是:$\overline{X} = \dfrac{X_1 + X_2 + X_3 + \cdots + X_n}{n}$（安静心率不列入计算）。

点算法求得的平均心率是近似值。为了缩小误差,在计算时可用加矫正点的方法进行矫正计算。

3. 观察法

观察法的具体内容可参考表 5-2。

表 5-2　观　察　法

	轻 度 疲 劳	中 度 疲 劳	非 常 疲 劳
面　色	稍红	相当红	十分红或苍白
汗　量	不多	较多	大量出汗
呼　吸	中速较快	显著加快加深	呼吸急促、表浅,节律紊乱
动　作	协调、准确、步态轻稳	协调性、准确性、速度均降低	动作失调、步态不稳、用力颤抖
精　神	情绪愉快	略有倦意,情绪一般	精神疲乏,心悸,厌倦练习
注意力和反应力	注意力集中。反应正常	能集中注意力,但不够稳定,反应力减弱	注意力分散,反应迟钝

（续表）

	轻 度 疲 劳	中 度 疲 劳	非 常 疲 劳
食　欲	伙食良好,食欲增加	饮食一般,有时略有降低	食欲降低,进食量减少,运动之后有恶心呕吐现象
睡　眠	入睡较快,睡眠良好	入睡较慢或一般,睡眠一般	很难入睡,睡眠不安

（二）练习密度

练习密度(又称运动密度)是指一次活动中,幼儿的练习时间与活动(或上课)总时间的比例。在一次活动(或一节课)中,练习密度过大或过小,都不利于幼儿的身体健康。教师能否根据活动(或上课)的任务、要求以及幼儿的具体情况,合理安排练习密度,对于幼儿掌握动作技能,提高锻炼效果,增强体质有很大关系。根据幼儿的年龄特点,幼儿园体育活动的练习密度,应高于中、小学的体育课。从部分地区对幼儿体育活动练习密度的测定数据来看,一般情况下,幼儿体育活动的练习密度是 $60\%\sim70\%$,幼儿体育新授课的练习密度是 50% 左右。

为了合理安排幼儿体育活动的练习密度,教师可以自己测定,根据本班目前的情况再适当加大或缩小。测定的具体办法如下。

(1) 选一名生长发育和动作发展都属于中等的幼儿,从活动(上课)开始,记录他每次练习的动作名称和时间,直到结束。

由于幼儿体育活动(上课)的要求与中小学生不同,所以在一次体育活动中,为完成规定的各项内容所做的各种动作,如排队和变换队形练习、各种放松性的动作(包括模仿动作等),以及组织调队时的走、跑动作等,都应算作练习时间。

(2) 将测定数据随时填入练习密度记录表,具体可见表 5-3。

表 5-3　练习密度记录表

课　　时	活动内容	所用时间	备　注
总　　计	活动累计时间：　　　％		
班级： 日期：	受试幼儿： 授课教师：		测定者：

(3) 将幼儿每次活动所用时间加起来(将秒折合成分),按下列公式算出练习密度:

$$练习密度＝每次活动时间总和/活动(或课)时×100\%$$

目前,我国幼儿园体育活动中,幼儿的练习密度偏低,锻炼效果较差。主要原因是教学形式太死板,教师不肯放手让幼儿开心地玩,怕"乱",处处让幼儿排队等候,浪费了幼儿玩的时间。

幼儿体育活动应当密度较大,强度较小,时间较短,而不同的年龄班又有所不同,具体要求如表 5-4。

表 5-4　不同年龄心率密度表

项　　目	指　　标		
	小　班	中　班	大　班
上课时间(分钟)	$15\sim20$	$18\sim25$	$20\sim30$
课的平均心率(次/分)	$130\sim160$ 次/分		
运动密度(%)	$30\%\sim60\%$		

（三）活动量

活动量是指在一次体育活动上课中,幼儿练习时所承受的生理负担量。活动量太小,对促进幼儿的正常发育、增进幼儿的健康作用不大,不利于动作技能的提高活动量过大,超过了幼儿身体所能承受的限度,有碍幼儿机体的正常发育,至会导致伤害事故,有损幼儿的健康。因此,教师必须根据幼儿的年龄特点、体质情况以及场地、器械等条件,合理安排幼儿的活动量。

合理安排活动量,应注意以下几点。

（1）根据人体生理机能上升—稳定—下降的一般规律,使活动量由小到大,逐步上升,活动结束前再逐步下降。幼儿生理机能的特点是上升快,最高阶段延续时间短,承担急剧变化的负荷量的能力较低。

（2）根据每次活动的具体任务和要求安排活动量。例如,以复习动作为主的活动与教新动作的活动相比,活动量要大一些。

（3）根据活动内容的性质、难易程度等,合理安排活动量。如,四散追捉跑与投沙袋这两项活动的性质、练习强度不同,活动量也不一样。其中追捉跑比投沙袋的活动量要大得多。

（4）根据全班大多数幼儿的身体情况和动作的发展水平,合理安排活动量。如果大多数幼儿体质较好,动作发展水平较高,可以适当加大运动量。对于体弱幼儿,要注意区别对待,提出不同要求。

（5）根据幼儿一天活动的负担量,以及季节、气候变化和场地、器械条件等具体情况,合理安排活动量。

合理安排活动量,并不排除活动要有适当的强度,要让幼儿付出一定的努力后才能达到目的。只有给予机体一定的生理负担,才能促进机体机能的发展,只有让幼儿在活动时克服一定的困难,才能使他们在活动中得到满足,增加信心,受到教育。活动中,由于情况变化,原来安排的活动量不尽合理,需要随时调节。

（四）调节活动量可以采取的方法

（1）改变练习条件。如在做四散跑的游戏时,可以通过增加追捉内容加大活动量,也可以通过其他方法减小活动量。

（2）改变练习方法。例如,可以把分队练习改为不分队练习,以加大活动量,反之,可减小活动量。又如,在分队式竞赛游戏中,原来是一个人完成全部动作后,另一个人再接着练习,可以改为一个跟一个鱼贯式地练习,以便提高练习密度,加大活动量。

（3）激发幼儿活动的兴趣。幼儿对活动的兴趣提高了,能积极参加活动,从而增加活动量。

（4）严密组织教学,合理运用场地、器械和教具,减少不必要的排队、调队、等待的时间,增加练习机会,提高练习密度,加大活动量。适当更换游戏的主要角色,以加大或减小个别幼儿的活动量。

调节活动量的方法不少,教师在实践中应根据具体情况,分析和评定幼儿的活动量是否合适,幼儿园教师常用的方法是,随时注意观察幼儿的活动情况(如呼吸、出汗、脸色、走的协调性、情绪等)和反应。目前有人已采用电子遥测器测试幼儿脉搏等方法,但还未普及。

四、注意培养幼儿身体的正确姿势

幼儿处于生长发育时期,无论是进行体育活动,或是做各种游戏,甚至在日常生活中,如果姿势不正确,会造成骨骼变形,而一旦形成习惯,再要纠正就很困难了。因此,注意从小培养幼儿身体的正确姿势,具有特别重要的意义。

培养幼儿身体的正确姿势,主要通过基本动作的训练、体育游戏和基本体操练习来进行。当前幼儿园一般在做基本体操时,教师较能注意培养幼儿身体的正确姿势,而在做游戏时往往偏重于情节和幼儿兴趣,忽略了及时纠正个别幼儿的错误动作和不良姿势。

培养幼儿身体的正确姿势,教师要为幼儿做出榜样。教师不仅要在带领幼儿做操时做到姿势正确,在日常生活中,行走、坐、立都要保持姿势正确,时时处处为幼儿做出正确的榜样。

五、坚持全面锻炼

幼儿正处在身心迅速发展的阶段,教师只有组织幼儿进行多种多样的体育活动,才能使幼儿的身体各器官、各系统全面发展,提高身体素质和活动能力。因为,有机体是一个统一的整体,任何部位发展落后,都会影响其他部位的发展,影响人体机能水平的提高;而任何局部器官功能的改善和提高,必然促进其他器官功能的发展。因此幼儿园进行体育活动,应该坚持全面锻炼。否则,可能造成幼儿身体的畸形发展,损害幼儿的健康。

六、面向全体,因材施教

幼儿园的体育活动必须面向全体幼儿。由于3~6岁的幼儿智力和体力的发展水平不尽相同,存在着差异,因此,教师对幼儿既要有统一的要求,又要根据每一个幼儿的实际情况,掌握好活动量,因材施教。

活动前,教师要全面、深入地了解每个幼儿在智力、体力等方面的基本情况,有的放矢地确定每次体育活动的具体任务、内容、方法和活动量等。

活动中,教师对幼儿在一般要求、普遍辅导的基础上,要做到区别对待。例如,体育活动的要求,应该是大多数幼儿经过努力能够达到的。对于能力较强、体质较好的幼儿,可适当提高要求,使他们得到满足;对于个别体质弱、能力差的幼儿则应加强保护措施,鼓励和帮助他们达到要求,或适当降低要求,使他们不感到过分疲劳。

七、注意安全

幼儿年龄小,基本活动能力差,动作不协调,不灵活,碰地摔倒的现象时有发生。有的幼儿园由于场地、器材等设备条件不好,以及幼儿的身体条件等因素,开展体育活动时,可能存在着某些不安全的因素。例如:场地窄小、不平整,器械不稳、不合规格;有些幼儿胆小、体质较差,或身体不适;教师要求过高,超出幼儿的实际水平,活动量过大,幼儿过度疲劳,等等,都容易出现伤害事故。有些教师为了避免发生伤害事故,尽量减少或不组织幼儿进行体育活动,结果适得其反。幼儿由于好动,对自己的力量估计不足,活动能力又较差,反而更容易出现伤害事故。因此,活动时,教师要采取有效的措施,消除各种不安全因素,确保幼儿的安全。具体应注意以下几点。

(1)活动场地要平整、干净,例如,水泥场地上不要有沙子,要清除场地上的障碍物。活动器械要保持清洁、平稳、牢固,不能带有棱、角、尖刺。教师在活动前和活动过程中要随时检查器械有无异常现象,确保安全。

(2)幼儿服装不能过厚、过紧、过大或过小,口袋里不能有硬物。不能穿硬底或高帮皮鞋,要穿合适的胶底鞋或布鞋。衣扣、裤带、鞋带都要系牢。

(3)活动前,教师要明确提出具体要求,提醒幼儿先上厕所,擦净鼻涕,然后做好准备活动。准备活动是根据人的生理变化规律,使机体由相对的平静状态逐步上升到活动状态,为承担比较大的生理负荷做准备。特别是在寒冷季节,开展体育活动前更要做好准备活动,使身体发暖,使僵硬的肌肉、韧带、关节活动开,以避免发生运动损伤。

(4)活动内容、运动量应符合幼儿的实际情况,既要让幼儿经过努力才能达到要求,又不要使幼儿过度疲劳。

(5)帮助幼儿克服害怕心理,增强信心,并且周密细致地做好组织工作,使活动有计划、有秩序地进行。例如,在迎面接力跑时,要求幼儿用同一手(右手递,右手接)交接物体,互相擦肩而过,以避免互相对撞。又如,做投掷练习时,场地狭小不宜面对面投掷,应该轮流向同一方向投掷。

八、活动中注意培养幼儿良好的品德

体育活动中，教师不仅要结合课程特点，研究活动在发展幼儿动作，增强幼儿体质等方面的作用，充分估计幼儿在活动中可能出现的问题，还应该针对幼儿在活动中的表现，及时、灵活地对幼儿进行品德教育，把思想品德教育寓于活动之中。

活动开始，教师不仅要通过各种方式，引起幼儿参加活动的兴趣，调动幼儿参加活动的积极性，而且要注意培养幼儿勇敢、机智、敢于克服困难的精神。特别是对于胆小畏缩的幼儿，在给以具体帮助的同时，鼓励他们克服困难、勇敢完成任务。对于个别调皮的幼儿，不要让他们惩罚性地反复练习，也不要停止他们的活动。

活动中，教师要充分发挥游戏本身的教育作用，注意培养幼儿互助友爱的精神和文明礼貌的行为。例如，做"老鹰捉小鸡"游戏时，教师要启发幼儿互相帮助，尽力不让伙伴捉到；在竞赛性体育游戏中，要教育幼儿为争得集体荣誉而努力，做到胜不骄、败不馁。总之，进行各项活动，都要教育幼儿不抢器械，互谅互让，互相关心，互相帮助，学会主动照顾胆小或不慎跌倒的幼儿，如果无意碰撞了别人或踩掉了对方鞋子时，要主动使用"对不起""请原谅"和"没关系"等文明礼貌语言。

活动结束，教师要做好总结、讲评工作；及时表扬好的幼儿；对表现较差的幼儿，要耐心地提出希望，坚持正面教育。不要严厉训斥，严禁体罚或变相体罚。

第六节　说　　课

说课就是教师口头表述具体课题的教学设想及其理论依据，即授课教师在备课的基础上，面对同行或教研人员，讲述自己的教学设计，然后由听者评说，达到互相交流，共同提高的一种教学研究和师资培训的活动。

一、说课基本要求

说课的基本要求包括如下几个方面。
（1）扎实的教学基本功，教案完整、板书设计合理，语言流畅；
（2）直接切入主题，标题应板书在黑板中上方；
（3）教学目标设定应遵循"三维目标"；
（4）板书设计应简洁、工整、大方，板书书写应和说课同步进行；
（5）说课小结能起到由厚变薄、提纲挈领、画龙点睛的作用。

二、说课基本步骤

说课主要包括说教材、说教法、说学法和说教学过程几个步骤。

（一）说教材

（1）教材地位分析，强调承前启后、继往开来、宏观把握，说课时语言分段、清晰、适时停顿。
（2）教学目标，必须设定三维目标。
（3）教材重点和难点，要透彻分析教材，重点和难点不宜太多。

（二）说教法

说教法中的"教法"，是指教学设计思路。说教法要说出教学实践、行为的理论依据。

常用教学方法有：启发讨论法、讲授法、读图分析法、分组讨论法、讲练结合法等。教学设计要密切关注幼儿的"最近发展区"。

（三）说学法

说学法中的"学法"，主要包括自主学习、合作交流、讲练结合等。

（四）说教学过程

说教学过程是说课中的重要环节，需要进行情景导入（复习旧知）、师生互动、启发思考、迁移类比、重难解析、归纳总结等。板书设计强调科学、有效、结构化，小结可以不板书。

三、说课注意事项

（1）开头话语不宜过长，最好直接切入主题，语言应干脆利落。

（2）说课过程中尽量脱稿，注意与评委进行目光交流，最好面带微笑。

（3）说课声音洪亮、口齿清楚，使用普通话，不要重复、停顿，迟疑次数不能较多，注意语言的过渡、承转要顺畅，若能做到言简意赅、抑扬顿挫则更好。

（4）教材分析要重难点突出，如地位和作用、教学目标、重点、难点等应条理清楚，详略得当。

（5）教学过程和教材分析、教法与学法各环节合理分配时间，把握重点，教学过程应略讲。

（6）教法和学法设计要体现"学生为中心"的理念，一定要让学生活动起来。教学环节包括复习旧课、引入新课、师生互动、启发思考、迁移类比、重难解析等。教法和学法的设计立意要高，注重培养学生发散思维等能力。

（7）板书设计应线索分明、科学新颖、版面布局合理，字号稍大、工整大方、书写速度不宜太慢。

（8）布置作业，巩固课堂所学知识，若作业能兼有拓展延伸旧知、引入后续新知等功能更好。

四、说课范例

以下是中班体育活动"小青蛙跳跳跳"的说课讲义，可供参考。

大家好，今天我说课的内容是中班体育活动"小青蛙跳跳跳"。我说课的内容主要围绕说活动内容、活动目标、活动准备、教学方法、教学过程和预期效果这六个方面来展开。

（一）活动内容

中班幼儿活泼好动，各种动作的发展日趋完善，跳跃能力增强了很多，跳跃的远度、高度和连续跳的持久性有了明显的提高。但是中班幼儿身体的协调性和平衡能力还比较差，在纵跳、起跳时会出现蹬地腿蹬不直，蹬地不充分，落地时屈膝缓冲过大容易坐到地上的现象。蛙跳是一种能够有效地锻炼幼儿协调能力和平衡能力的运动项目，可以有效地改善这些现象，使起跳、落地动作更流畅，跳跃的距离更远，跳起的高度更高，从而提高幼儿的跳跃能力。《幼儿园教育指导纲要（试行）》在健康领域明确强调培养幼儿对体育活动的兴趣是幼儿园体育的重要目标。怎样让中班幼儿有兴趣地练习跳，并使其能够在增加动作难度的基础上巩固跳的技能，是当前中班跳跃类体育活动所需要解决的问题。为此，本次活动创设"小青蛙跳荷叶""小青蛙吃虫子"的情境，以扮演小青蛙的活动形式来激发幼儿的兴趣，吸引幼儿热情参与活动，以锻炼幼儿的跳跃能力。活动的动作训练内容主要是蹲跳、原地纵跳，能锻炼幼儿的肌肉力量、四肢配合的协调性和关节的灵活性，具有极大的价值。

（二）活动目标

1. 目标定位：活动的目标是教育活动的起点和归宿。根据中班幼儿的年龄阶段特点和基本动作的发展情况我将本次活动的目标定位于以下两点。

（1）通过探索模仿青蛙跳的动作（重点），学会蹲跳、原地纵跳，掌握正确的起跳和落地姿势（难点）。

（2）乐于参加体育活动，体验参与体育活动的乐趣，增强自信心。目标的制定涵盖了认知、能力、情感三个方面。

2. 重点定位于探索模仿青蛙的动作，难点在于能有意识地控制脚丫活动，保持身体动作的协调灵活。

（三）说活动准备

1. 物质准备：绿色卡纸做成的荷叶若干，小青蛙头饰每人一个。绿色卡纸做成的荷叶是体育游戏活动的材料，它便于"跳荷叶"环节的进行，小青蛙头饰可以增加活动的趣味性。一段较活泼的音乐主要是作为信号，音乐播放时开始活动，音乐停止时停止活动，可用于控制幼儿的运动量。

2. 环境布置：用绿色卡纸布置一个池塘，"小池塘"旁边一块小空地作为田地。场地要求平整。"小池塘""田地"是本次体育活动情景创设（小青蛙在池塘上玩跳荷叶、小青蛙在田地里捉虫吃）的场地要求。由于活动的训练内容是蹲跳、纵跳，地面平整才能保证幼儿的安全。

3. 知识经验准备：幼儿认识青蛙，对青蛙的外形特征和生活习惯有大概的了解。幼儿已有一些跳跃动作的经验和对青蛙的了解，有助于教师迁移新的动作经验，也有利于幼儿更快地学习。教师熟悉如何模仿青蛙蹲跳、跳起来吃蚊子的姿势，便可更有目的地引导活动进行，及时纠正幼儿的错误动作。

（四）说教学方法

考虑到体育活动本身的特点及中班幼儿的年龄阶段特点，本次活动主要采用了以下几种教学方法：

1. 提问法：在体育活动中采用提问法可以鼓励幼儿自己去探索思考，从而启发他们积极大胆地想象模仿青蛙跳。另一方面，还有助于了解大体上幼儿基本动作的发展状况。活动开始时通过提问青蛙是如何跳的巩固幼儿对青蛙蹲跳的认识，帮助解决练习蹲跳的过程中可能出现的部分能力弱的幼儿不容易学会的问题。

2. 情景创设法：活动的主体环节创设了两个情境："小青蛙跳荷叶""小青蛙捉虫吃"。这使整个体育活动变得更加有趣味，从而激发幼儿的兴趣，使其积极热情地参与到体育活动中。

此外我还采用了自主探索法、示范法、重复练习法等对活动加以整合，使幼儿在尝试练习的过程中获得愉悦的经验。

（五）说教学过程

在整个活动我主要设计了五个环节，包括热身进场—自由探索—巩固练习—集体游戏—放松活动。

1. 进场热身运动。教师引导幼儿模仿一些动物的动作：蜗牛慢慢地走，螃蟹横着走、小鸭子摇摆着走、小兔蹦蹦跳、小鸟左右飞。爱模仿是幼儿的一个很重要的心理特点，在这一环节的设置中，我主要抓住了幼儿的这一个特点，来提高他们参与活动的兴趣。同时还可达到活动前的热身效果。我设计的一系列的模仿动作，是一个循序渐进的过程，动作由慢到快，活动量由小变大：先学蜗牛慢慢走，学螃蟹横着走，学小鸭子摇摆着走，学小鸟左右飞，学小兔蹦蹦跳。这还便于引出主要活动内容：模仿新朋友——小青蛙。

2. 引导幼儿自由探索，在这一个环节中通过提问，启发幼儿有意识地探索模仿青蛙跳的方法。

（1）提出问题："小青蛙是怎么跳的呀？"此时，教师应尽量启发鼓励幼儿自主探索模仿青蛙跳的方法,我重点观察提取幼儿说出的"青蛙跳"的关键方法。同时关注幼儿的动作情况,根据幼儿的个体差异,因人施教。

（2）请个别幼儿上来给大家演示模仿青蛙跳,重点关注幼儿的动作是否协调灵活,着重提示幼儿模仿青蛙蹲跳时要注意哪些动作要领,让幼儿把动作做得更到位。该环节我主要采用了提问法。

3. 巩固动作经验。

（1）教师示范蹲跳,引导幼儿注意动作要领:双腿要用力蹬,落地的时候要往下蹲。蹲跳是本次体育活动的重点和难点,教师示范可以巩固幼儿的动作经验,还能起到一定的强调作用。

（2）引导幼儿练习蹲跳。师:"那现在我们来当回小青蛙,把蹲跳的本领学好。"每个幼儿戴上头饰,开始自由练习,教师观看幼儿动作是否到位,提醒幼儿注意起跳和落地的姿势,及时纠正做错动作的幼儿,再次给予示范。

（3）创设情景"小青蛙跳荷叶",巩固蹲跳的动作。师:"现在我们把本领学好了,我们到池塘上玩跳荷叶吧。记住了,要从一片荷叶跳到另一片荷叶上,不要掉进水里了。音乐响起的时候再开始跳哦,音乐停的时候停下来。"播放音乐,幼儿开始跳荷叶。音乐停止,师:"小青蛙们玩累了,我们先在荷叶上休息一下,放松放松吧。"情境的创设可以激发幼儿兴趣,让幼儿在有趣的情境中把蹲跳的动作进行巩固练习。可根据幼儿运动的情况,利用音乐作为一种信号,适时让幼儿停下来休息,调整运动量。活动中教师还要注意观察,指导、鼓励和帮助能力差的幼儿完成蹲跳动作的学习活动。此处主要采用了示范法、动作练习法,巩固加深幼儿蹲跳的动作经验,为下一个环节做准备。

4. 集体游戏,游戏"小青蛙吃害虫"。

师:"休息一下,发现肚子也饿了,我们到田里去捉害虫吃吧。小青蛙是怎么捉虫吃的呀,谁来试一试?"请几个幼儿示范模仿青蛙纵向跳吃虫子,教师进行引导,让幼儿将动作做得更到位一些。师:"那小青蛙们我们一起跳到田里去捉虫吃吧。等小青蛙们吃饱了之后就跳回荷叶上做做放松活动,然后睡一觉。"这一环节是活动的难点,再次创设情景,主要训练幼儿的纵向跳跃能力。在开始游戏前教师虽有提出明确的要求,但是幼儿往往会记不住,所以就需要教师在活动过程中注意指导。中班幼儿身体的协调性和平衡能力还比较差,在纵跳起跳时会出现蹬地腿蹬不直,蹬地不充分,落地时屈膝缓冲过大容易坐到地上的现象。教师参与其中,和小朋友一起学青蛙原地纵跳吃虫子,可以及时提醒幼儿纠正错误动作,强调安全注意事项,防止碰撞。同时关注幼儿的体力状态,适当调节幼儿的活动量。在此主要还是采用提问法。

5. 放松活动。

师:"吃饱了,小青蛙们都回到荷叶上放松放松,然后好好睡一觉。"教师带领幼儿做一些放松舒缓的动作,拍拍腿,甩甩手脚,最后静静地"睡觉",使原来兴奋的神经逐渐恢复到相对安静的状态,在轻松愉快的气氛中结束活动。

（六）活动结果预测

预计活动目标基本实现,活动中孩子的平均心率约在 130～140 次/分,练习密度 35%～40%,基本达到预计认知目标和动作技能目标。活动中,孩子精神是放松的,情绪是愉悦的,参与活动的意识是主动的,参与活动的难度是可选择的,每个人都能够在自身的原有能力上得到发展,同时在心理上有一种获得成功的喜悦感受,从而激发他们更加积极主动地参加体育活动,为"终身体育"打下扎实的基础。

我的说课完毕,谢谢!

第六章
学前儿童体育游戏

在《纲要》中体育游戏作为一个新发展课题出现,提出学前儿童的发展有健康、语言、社会、科学、艺术等五个领域,其中健康是第一位的,在儿童的全部生活中,占据大部分时间,其作用显著。学前儿童体育游戏作为学前健康教育的一个重要组成部分,需要科学的研究与定位。开展生动有趣、形式多样的体育游戏活动,是培养儿童兴趣的重要目标。所以学前儿童体育游戏是实现儿童健康教育的最重要手段之一,儿童每日活动都是在游戏中进行的,科学的指导编排与设计体育游戏,是促进儿童健康发展的必要途径。体育游戏有严格的规则、要求,有时还需要克服一些困难,幼儿要学会控制自己的行为,遵守游戏规则,团结互助,发扬勇敢精神,游戏才能顺利进行。通过体育游戏,能使幼儿习惯于集体活动,自觉遵守纪律,培养勇敢精神和互助友爱精神。体育游戏有情节和角色,有竞赛性,能够引起幼儿的兴趣,使他们感到愉快,可以培养幼儿活泼开朗的性格。

第一节　学前儿童体育游戏概述

一、学前儿童体育游戏的基本概念

★ (一)游戏

游戏是人类的一种特殊的社会实践活动,是由人类的身心需要引发的、人类社会的一种文化,是人们自由选择以自身为对象,不产生社会意义的产物的娱乐、健身活动的总称。游戏是娱乐活动,它富有趣味性,其目的是为了娱乐消遣,达到积极休息的目的,深受人们尤其是儿童及青少年的喜爱。如游园晚会游戏、电视舞台游戏、家庭自发组织的游戏等。德国教育家福禄倍尔是教育史上系统研究游戏并尝试创建游戏实践体系的第一人,他认为,游戏是儿童内部存在的自我活动的表现,是一种本能性的活动。他将游戏的本质归结为生物性。苏联心理学家维果茨基认为,游戏是社会性活动,是在真实的实践情况之外,在行动上再造某种生活现象。游戏的本质是以物代物进行活动。在这种活动中,凭借语言的功能,以角色为中介,了解、学习和掌握基本的人与人之间的社会关系。皮亚杰认为"游戏是指不断重复一些行为,而主要是希望从中得到快乐",同时他认为,游戏是思维的一种表现形式,实质是同化超过了顺应。儿童早期认知结构发展不成熟,不能够保持同化与顺应之间的协调或平衡。这种不平衡有两种情况:一种是顺应大于同化,表现为主体忠实地重复性的动作,即模仿;另一种是同化大于顺应,表现为主体完全不考虑事物的客观特性,只是为了满足自我的愿望与需要去改变现实,这就是游戏。

游戏是以教育性为手段的活动,培养参与者的各种能力,可以发展幼儿基本能力,包括角色游戏、结构游戏、表演游戏及音乐游戏;可以发展人们的智力,包括文字游戏、数字游戏、图形游戏、智力题和玩具。根据《辞海》的定义:游戏是体育活动的重要手段之一,是文化娱乐的一种,有智力的游戏,如下棋、积木、填字等;有活动性游戏,如捉迷藏、搬运接力等;有竞技性游戏,如足球、乒乓球等。游戏一般都是有规则的,对发展智力和体力有一定作用。

综上所述,游戏具有丰富内涵,它是一个模糊宽泛的概念,是以人类自身活动为需要的一种特殊活动,是竞技运动和体育运动的重要来源。它的趣味性和竞争性,是人们长期参与游戏活动的动力,提高了人们走、跑、跳、投以及日常生活的技能,促使其广泛普及和深入发展。作为一种广泛存在的社会生活现象,游戏一词积淀着丰富的社会文化内涵。这种社会文化含义长久以来作为一种背景性的观念影响着人们对于儿童游戏的看法。

（二）体育游戏

体育游戏是游戏发展过程中派生出来的一个分支,是按一定规则,为实现其本身内定的目标而进行的健身性的娱乐活动,它融体力、智力、身心发展为一体,既是游戏的组成部分,又与体育运动有着密切的关系。体育游戏以发展各种基本动作为主要内容,并有一定的角色、情节和规则。体育游戏在我国也被称为活动性游戏、运动游戏,是学校体育的重要内容,在学前儿童体育、中小学体育教学中,教学内容比重很大,属于教育性游戏的一种,组织者以游戏为教育手段,其目的是为了发展实施者的体能和体制。[①] 因此,体育游戏是在体育运动基础上,以身体练习为基本手段,增强人们体质健康、发展智力及社会适应性、培养良好的道德品质等为目的而进行的活动。体育游戏从人类的发展史来看,表现出“社会性”现象,生活及劳动是产生和发展体育游戏的主要源泉。原始时期,人们为了生存而进行的各种狩猎、采食、种植、驯养、祈福等生活与劳动的行为,在对儿童的传承中,不断形成了各种类型的体育游戏。所以学前儿童体育游戏是在体育运动的基础上,综合人类的走、跑、跳、投等基本生活与劳动技能及各项体育基本运动形式,创编出多种形体动作,并根据健身、教育等的需要,有针对性地拟定有教育意义的情节和竞技性较强的比赛规则而创编的游戏,一般是在室外进行的体育运动。体育游戏是在变化的环境中进行的,它能够发展机智、敏捷、迅速地判断能力并增强记忆能力。因此体育游戏可与各项体育项目紧密配合,在大众体育中不断发挥其娱乐健身作用以增进健康。在学校体育中,发挥促进青少年身体全面发展,掌握生活中的各项基本活动技能,培养勇敢、顽强、善于克服困难、集体主义和不屈不挠的精神,而这些精神都是现代人不可缺少的品质。

（三）学前儿童体育游戏

学前儿童体育游戏是体育游戏的一个分支,是一种融合了运动、游戏和教育指导的身体练习活动。《纲要》指出:幼儿园要“开展丰富多彩的户外游戏活动和体育活动,培养幼儿参加体育活动的兴趣和习惯,增强体质,提高对环境的适应能力”。在幼儿园中,户外体育活动是每天的生活活动之一,体育游戏是幼儿户外体育活动的主要形式,也是幼儿全面发展教育的重要手段,体育游戏应该包含运动、游戏和教育指导三方面的要素。三种要素缺少一个都不能成为体育游戏;而三种要素之间的比例失衡或失调,也不能成为“好的”体育游戏。如:过分侧重运动,就难免流于训练,难以被儿童所接受;过分侧重游戏,就难免流于玩耍,难以克制任性和身心紊乱;过分侧重教育指导,就会降低运动的压力和游戏的快乐,同时也抑制了自律性和创造性的发展。因此,好的体育游戏应该是三种要素的有机结合体。图 6-1 为幼儿体育游戏关系结构图。

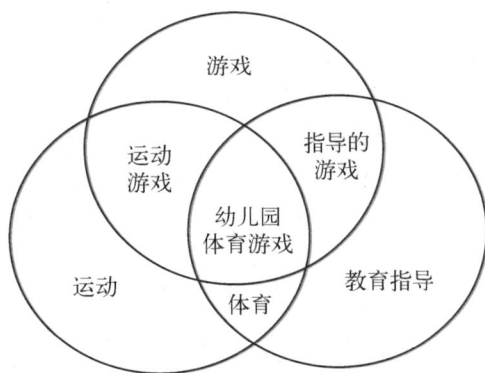

运动＋游戏＝运动游戏
游戏＋教育指导＝教学游戏

图 6-1　幼儿体育游戏关系结构图

学前儿童体育游戏研究的是人生最早阶段,即从出生到入学前(0～6岁)儿童游戏发展的规律,是由身体动作、情节、角色和规则组成的一种以增强幼儿身体素质和基本活动能力为目的的活动性游戏。

---

① 龚坚.体育游戏与健康[M].重庆:西南师范大学出版社,2004.

它包括七大素质能力(走、跑、跳、投、钻、爬、攀)以及十七种动作(走、跑、跳、踢、转、抛、接、投、拍、推、拉、悬、滚、钻、爬、攀、平衡)。学前儿童体育游戏注重个性张扬、自由发挥,侧重锻炼学前儿童小肌肉群以及身体局部机能和关节精细动作等健体活动。

体育游戏从生物演化角度来看,表现出"原始性"现象,人从出生开始,运动能力就得以不断开展,在运动能力不断开展的过程中,儿童始终追求着运动所带来的各种快乐。幼儿时期这一系列的运动行为往往表现出共同性,如:旋转、追逐、钻爬、抓抛、捉迷藏等。这种"共同性"反映了早期体育游戏行为带有明显的本能性,这是人类几百万年不断进化而形成的"人"的特性。即体育游戏存在着原始性游戏行为。它比一般体育游戏更能全面发展幼儿的身心。

游戏比较符合幼儿的生理、心理特点,幼儿最喜爱游戏。高尔基说"游戏是儿童认识世界的途径"。游戏中,幼儿容易接受教育。游戏是对幼儿进行体、智、德、美全面发展教育的有力手段。通过体育游戏,不仅可以锻炼幼儿健美的体型,使幼儿各项基本动作灵敏、协调、运用自如,提高基本活动能力,给幼儿的生活带来方便,而且还能给幼儿以美的感受。

二、学前儿童体育游戏意义

学前儿童体育游戏作为一种特殊的体育活动方式,其不可替代的存在意义有两点。第一,通过快乐的活动来激发和保持幼儿参与身体练习的兴趣。第二,通过快乐的活动使幼儿的情感需要得以满足,进而促进其心理和身体的健康发展。在体育游戏中,幼儿的思维积极、活跃。通过游戏,能改善和发展神经系统的灵活性和均衡性,使他们在生活中精神饱满、精力充沛、思维灵活。游戏的内容、情节等还可以使幼儿学到一些简单的知识。开展体育活动,培养了幼儿对体育活动的兴趣,发展了他们的基本动作,提高机体的功能,以及培养幼儿的智能、品德方面的良好素质。为今后接受系统的学习创造良好的条件。例如,"磁和铁""看谁走得对""电子计算机"等游戏,可以使幼儿懂得磁与铁之间的关系,学会辨别方向和增强数概念等。

三、幼儿园各年龄班体育游戏特点

(一)学前儿童体育游戏的特点

1. 基础性

幼儿体育游戏和其他体育内容一样具有自己独特的动作系统。幼儿体育游戏的动作系统主要由这三类动作组成:(1)走、跑、跳、投、爬、攀登;(2)一些经济运动项目的简易的基本动作(排球、踢球、投球等);(3)提高身体素质的动作(身体素质练习)。

2. 娱乐性

兴趣性强是体育游戏的重要特点。

(1)体育游戏中的动作简单易学、丰富多彩,特别是其中的模仿动作,形象生动有趣,容易激发儿童兴趣。

(2)体育游戏中的竞赛,对于活泼、好动、争强好胜的幼儿,其吸引力更大。

(3)体育游戏一般都有反应现实生活情节和想象中的角色,适应了幼儿模仿和参与成人活动的心理需要和幼儿社会化的需要,能够引发活泼多样、引人入胜的身体练习方式,也是促进幼儿参与锻炼的重要因素。

3. 开放性

幼儿体育游戏,能够不断地从生活中、自然界中、其他体育类型中吸取新动作和活动情节,并根据幼儿自身的特点加以改造。同时,它也可以通过对自身现有内容、形式上的改造、分化而产生许多新的体育游戏,以满足不同年龄、性别、季节、地区、物质条件和体育任务的需要。

4. 教育性

总之,设计科学的和组织良好的幼儿体育游戏,在促进体能、智力、品德、习惯的全面协调发展中有着巨大的潜力。幼儿的运动、竞赛、娱乐、模仿、表现、创造、审美和社会交往的多种自身需要,都有可能从体育游戏中得到满足。

（二）幼儿基本动作的特点

1. 走

走是幼儿日常生活中最基本、最自然的移动身体的活动方式。走的动作能够帮助幼儿形成良好的身体姿态,发展幼儿动作技能和提高适应能力。走的动作按照步型分为基本步、大步走、弓步走、马步走、交叉步走、滑步走;按照脚的着地面积来分,可分为全脚掌着地走、前脚掌走、后脚跟走;按身体的形态来分有屈体向前走(倒退走)、半蹲走、全蹲走、结合上肢及躯体动作的行走;按路线可分为直线走、曲线走、往返走;按坡度可分为上坡走、下坡走;按身体方位分为前进走、侧身走、后退走、变向行走;按人数分为单人走、双人走、多人走。

小班幼儿走时,由于头重、腿部力量不够,往往用上体前倾移动重心,以带动身体前移。所以,他们的走与跑常常分不清。小班适宜沿地面直线或较窄的低矮物体上走一段距离,或按指定方向走、听信号走。

中班幼儿走时,上下肢已比较协调,但步伐仍不均匀,节奏感不强。可以采用足尖步直膝走、屈膝走。

大班幼儿走时,已能做到轻松、自然、协调,但还远不具备全班齐步走的能力。可以在斜坡、荡桥上较平稳地走,采用一对一整齐地走。可以合作走、蒙眼走方式提高大班幼儿走的能力。

2. 跑

跑是幼儿在日常生活中最基本、最快速的移动身体的活动方式,能有效为跳、投及其他复杂的活动打下基础。跑的动作按步型可分为基本跑、后蹬腿跑、后退步跑、高抬腿跑、小步跑;按身体方位可分为前进跑、侧身并腿跑交叉跑、后退跑;按路线可分为直线跑、曲线跑、往返跑;按同伴之间作用可分为协同跑、追逐跑、接力跑;按速度可分为慢速跑、快速跑、变速跑;按坡度可分为上坡跑、下坡跑;按方向可分为定向跑、四散跑。

小班幼儿跑时,已有明显的腾空过程。由于肌肉收缩能力和神经控制能力较差,所以步子小而不均匀;上下肢动作配合不协调;身体不平衡,动作摇摇晃晃;不易立刻停下来,控制不好速度。喜欢玩简单的追逐跑游戏,可以练习听信号立即停止以及转弯跑能力。

中班幼儿跑时,动作已明显地协调、自然,能按信号改变跑的方向和速度,能进行躲闪。快跑时有明显的蹬地动作,步子也较大,但在追捉游戏中往往不能很好地保持正确姿势。

大班幼儿跑的能力已大大提高,动作比较协调、灵活,能跑一段较长的距离。在障碍跑活动中,能自如地向前跑、侧身跑;可以跟着简单的音乐节奏跑、后退跑、跨栏跑、高抬腿跑,可以躲避他人滚过来的球或投掷的沙包。

3. 跳跃

跳跃可以增强幼儿腿部肌肉力量,发展幼儿弹跳能力及身体的灵敏性和协调能力。跳的运动强度较大,夏天可安排在早晨,而春秋及冬季可以安排在上午或者午睡之后进行。跳的动作按路线及方位不同可分为原地纵跳、原地转体跳、向前跳、向后跳、向侧跳、变向跳、向上跳、向下跳;按次数可分为单次跳、多次跳、连续跳;按跳跃的支撑不同可分为单腿跳、双腿跳、单双腿交换跳、跨跳、手臂支撑跳;按人数可分单人跳、双人跳、多人跳。

小班幼儿掌握跳的动作尚比较困难,两脚不会同时离地,手脚动作不协调,跳得不高,落地较重,不会缓冲。小班是发展跳跃能力的最佳时期,多以双脚跳为主。

中班双脚跳跃动作稳定,可逐渐过渡到单双脚交换跳,单脚连续向前可跳 5 米。

大班幼儿对跳跃动作较有兴趣,动作的协调性和灵巧性也有所提高。但是,他们对落地动作(缓冲)始终掌握不好,可以采用左右脚交替跳动作,提高落地能力。

4. 平衡

3～6岁幼儿的神经系统发育还很不完善,肌肉和骨骼正在生长发育中,感觉、反应都比较迟钝。改变身体重心时,因肌肉过分紧张,容易出现一些多余动作,不易维持平衡。

小班幼儿平衡能力较差,在走平行线时,往往低头不敢向前看,身体容易左右摇晃,两脚不敢大胆向前迈步,而是一脚跟着一脚地向前蹭。

中、大班幼儿平衡能力有所提高,游戏时能做些附加动作,上下肢比较协调,动作自然。

5. 投掷

投掷可以练习幼儿全身协调能力,锻炼双臂和肩部肌肉,促进手眼协调发展。投掷动作按出手方位分为头顶投掷、肩下投掷、肩上投掷、胸前平掷、向前抛滚、胯下投掷、向后抛球;按单双手分为单手投掷、双手投掷;按目标可分远度投掷、准度投掷。幼儿肌肉力量小、关节不够灵活,学习投远、投准都比较困难。

小班能丢沙包让别人接,可以自然地往前上方或远处挥臂掷物。

中班能对准方向投球,并可以按来球方向调整身体和手臂位置去接球。

大班可以侧向转体肩上掷远,可以准确将小物体投进目标物内。

6. 钻爬和攀登

钻的练习可增强幼儿腿部和腰背部的肌肉力量,发展幼儿灵敏性、柔韧性及平衡能力等身体素质。爬是幼儿身体发展非常有价值的运动方式。可增强幼儿四肢力量、背肌力量及腹部力量。攀登的动作练习能增强幼儿四肢力量,尤其是手的抓握力量,能促进幼儿的平衡能力、灵敏性及协调能力等身体素质。

幼儿最喜爱钻爬动作,对攀登也有兴趣。小班幼儿能力不强,表现有些胆怯,会自然攀上去,但不会下来。中、大班幼儿能力较强,但仍要注意安全保护。攀登活动不可进行比赛,以防幼儿摔伤。

(三)各年龄班的教学要求

1. 小班

(1)身体正直、自然,听信号向指定方向走,一个跟着一个走。

为了达到这一要求,可以教幼儿做"开飞机""找玩具""开火车""红花献给好妈妈""跟着小旗走""吹泡泡""老猫睡觉醒不了"等游戏,锻炼他们走的技能。

(2)两臂屈肘在体侧,自然地跑。

为了达到这一要求,一般可以教幼儿做"小孩小孩真爱玩""谁能追上老师""小蝌蚪找妈妈""找小动物""送小动物回家""开红绿灯""小风车""看'赶小鸭'"等游戏,锻炼他们跑的技能。

(3)自然跳起,轻轻落地。

为了达到这一要求,一般可以教幼儿做"长高了、变矮了""大皮球""放鞭炮""小白兔""小麻雀找食"等游戏,锻炼他们的跳跃能力。

(4)走路时,身体左右摇晃。

为了达到这一要求,一般用"过小桥""拾麦穗""走小路""小汽车爬坡"等游戏,锻炼他们的平衡能力。

(5)为了培养小班幼儿的投掷能力,一般小班常做"小猫玩球""把球滚过门"等游戏。

(6)为了培养小班幼儿钻爬和攀登的能力,一般小班常做"小蚂蚁搬豆""钻爬洞""母鸡和小鸡""小鸡找朋友""一列火车长又长"等游戏。

2. 中班

(1)屈膝和摆臂动作协调,落地要轻,要平稳。

为了达到这一要求,一般可以教幼儿做"捕蝴蝶""跳圈圈比赛""猫和麻雀""跨大步比赛""夹包跳""小伞兵""跳房子""小青蛙捉虫""跳绳""跳橡皮筋"等游戏,锻炼他们的跳跃能力。

(2)上体正直,步子均匀,上下肢协调,动作自然。

为了达到这一要求,一般可以教幼儿做"迷迷转""送雨伞""接送娃娃""过小河""走钢丝小杂技""踩竹筒"等游戏,锻炼他们的平衡能力。

（3）为了培养中班幼儿的投掷能力,中班常做"自抛自接球""滚球过门""火箭上天""相互抛接球"等游戏。

（4）为了培养中班幼儿钻爬和攀登的能力,中班常做"网鱼""河里小鱼游""造大桥""龟兔赛跑""连环套""翻饼""猫捉老鼠"以及"小猴摘桃"等游戏。

3. 大班

（1）步伐均匀,一队一队有精神地、整齐地走;听信号变换方向走。

为了达到这一要求,一般可以教幼儿做"看谁走得快""找朋友""熊和石头人""我们邀请一个人""推圈""石头剪刀布"等游戏,锻炼幼儿走的技能。

（2）进一步纠正跑的姿势,使他们快跑,一次可达到 20～30 米;跑走交替,一次可达到 200～300 米。为了达到这一要求,一般可以教幼儿做"邮递员""穿地道""各种穿梭赛跑""绕圈接力""捉带子""小鱼网""贴人""老鹰捉小鸡""滚铁环"等游戏,锻炼他们跑的技能。

（3）跳跃的要求与中班相同。

（4）平衡要求与中班相同。

（5）为了培养大班幼儿的投掷能力,可以教幼儿做"相互抛接球""拍球接力""夺球""小猎人""打雪仗""投篮比赛""套环"等游戏。

（6）在中班的基础上协调灵敏地钻爬和攀登障碍物。方法与中班相同。

★ （四）各年龄班游戏特点

1. 小班体育游戏特点

小班幼儿是指 3～4 岁的儿童成长期早期阶段,此年龄段的幼儿走、跑、跳、爬等基本动作开始出现,掌握了行走、跑、闪避、扔、停、拐弯、减速等动作,并有所自然发展,模仿能力较强。但小班幼儿体力还比较弱,各项基本动作还没有正确掌握,不够协调与准确;平衡能力差,活动不自如;喜爱模仿,注意不易集中。他们对游戏中的动作、角色、情节很感兴趣,但是对游戏的结果不大注意。小班游戏动作内容少,每个具体游戏的动作一般也是 1～2 个,动作比较简单。如跳跃游戏主要是双脚向下跳和双脚向前跳,平衡游戏也仅是窄道走和原地旋转,投掷游戏主要通过双手用力将手中抛向身体的前上后方。

根据幼儿身体发展需要,宜多选一些以跑、跳为主要内容的游戏,活动方式主要是同时做相同的动作,这既便于相互模仿,又便于组织指导。可以模仿性、故事性游戏为主,游戏情节简单,角色都是 1～2 种,角色关系基本上是一致的,大家共同完成一个任务。例如"捉老鼠""看谁能追上我"等有对抗角色的游戏,一般是以教师为一方,起着主导作用,幼儿为另一方。游戏的规则要简单,很多规则是游戏情节的组成部分。如幼儿对"老猫睡觉醒不了"游戏中的老猫比较熟悉,对老猫睡着了以后,小猫偷偷跑到外面去藏起来的情节、动作感兴趣,至于藏在什么地方,是否能藏好,都不注意。因此,小班幼儿的体育游戏,内容、情节简单,角色也少,有时甚至是集体做同一动作。例如做"找找小动物"的游戏,幼儿听到信号后,就一起跑到某一小动物"家"里。有时,小班幼儿的游戏规则也就是游戏的内容。小班游戏规则的限制性小,一般不出现"退出游戏"或"停止一次游戏"这样惩罚性的规则。

2. 中班体育游戏特点

中班游戏动作内容丰富。中班幼儿体力有所发展,动作有了明显的进步,比较协调和灵活;平衡能力和独立活动能力有很大提高;空间知觉也明显增强,能辨别方向,注意力较易集中;能控制自己自觉遵守游戏规则。随着活动能力的提高,对周围环境的认识领域扩大,他们比较喜欢有情节、有角色、具有追逐性的游戏,而且注意游戏的结果。游戏中的动作、情节和角色比小班复杂,还增加了一些无情节、只为完成某项任务的游戏(如"看谁投得远""钻圈移物"等)和一些分队进行的竞赛性游戏。游戏的规则比较复杂,带有限制性。例如,"老狼老狼几点了"的游戏,有走、奔跑和追捉、躲闪等动作,要求幼儿能够控制自己害怕被捉到的情绪,勇敢地向前走,同时还要密切注视老狼的动作,倾听老狼的回答,只有当听到"天黑了"的信号时,才能迅速转身跑回家,并要躲闪追捉者。开始时,中班幼儿可能会不惜力气地抓住某一个幼儿,而不去追离自己最近的幼儿,教师应注意及时引导。

为了促进幼儿的身体全面发展,跳跃类下肢游戏和投掷、球类上肢活动为主的游戏应适当增多。如跳跃游戏除有双脚向下、向前跳外,还有双脚向不同方向的跳跃,单脚起跳的跳跃和夹包。平衡游戏出现了多种移动方式的窄道移动,快跑突停和单脚站立这样的静力性平衡游戏。游戏队形应多样化,练习方法有同时练习、依次练习、巡回练习等。大多数游戏都有竞赛内容。有情节游戏的题材内容有明显的变化,反映社会现象的题材增多了。角色的种类可增加到3个以上,角色关系变得复杂了,像"鱼"和"虾"游戏就有"鱼""虾""石头"三种角色,"虾"和"石头"的关系是一致的,"虾"和"鱼"是对抗的,"鱼"和"石头"是不一致的。规则的限制性加强了,就有了惩罚性规则。夹包、翻饼烙饼一类小组游戏出现了,以适应培养幼儿独立性、主动性、创造性的需要。

3. 大班体育游戏特点

大班幼儿比小、中班幼儿身体壮实,精力充沛,已能熟练地掌握各项基本动作,动作更加协调有力,灵活自如。在正确的教育下,他们对周围生活已有一定的见解,知识范围比中班幼儿更大,观察、分析和理解能力有了显著提高,开始具有组织和控制注意的能力,具有一定的责任感,喜欢有胜负结果的游戏。所以,大班游戏动作增多加难、活动方式变化多样,游戏竞赛性增强,情节和角色之间的关系更为复杂。

主要变化有以下几个方面:对智力活动要求高了,除像"人、枪、虎"这样有明显的智力竞赛性质的游戏外,其他像"山沟里狼""猫捉老鼠"一类游戏都需要幼儿积极动脑筋、想办法、发挥主动性、创造性;对协同活动能力要求高的游戏增多了,像"两人三足""小鱼网""老鹰捉小鸡""钻山洞"等很多游戏都要求幼儿很好地协调配合才能做好;球类游戏增多,跳房子、踢瓦片一类连续性游戏出现。游戏题材的重要发展是反映社会现象的游戏明显增多,而以动物为题材的数量减少了,有些游戏的角色变化得不稳定了。像"贴人",追者和被追者是不断变化的,"人、枪、虎"游戏的角色由比赛双方自选,谁是追者谁是被追者需要猜拳分出胜负后才能定,这对幼儿的注意力、反应力要求提高了。小组游戏更多了。随着幼儿游戏活动能力不断提高,以及小学和幼儿园联系的加强,学龄儿童游戏常常自发地传到幼儿园大班,有的被简化,有的原样不动,教师要帮助幼儿选择适合他们的游戏。

第二节 学前儿童体育游戏的结构

游戏的结构是指游戏由哪些成分所构成,各成分之间是怎样相互联系和相互影响的。游戏结构是不断变化发展的,由简单到复杂,由不完善到比较完善。游戏的动作、情节、规则等成分虽然有很大的可变性,但也有一定规律可循。掌握了游戏的结构及其变化的规律,就能更好地创编和改编游戏。

学前儿童体育游戏结构是由游戏的任务、内容、组织活动方式、练习方法、活动条件、游戏情节、规则、结果等成分构成。

一、任务

游戏的任务在游戏中具有定向的作用,是确定内容、活动方式、规则等的主要依据。学前儿童体育游戏的任务是在不断发展和变化的。由过去的健身、益智、育德、娱乐等发展到现在的创造力、竞争力、社交能力;由过去的发展基本动作为主到现在的提高身体素质和踢球、投球、击球等运动。

二、内容

游戏的内容包括动作、知识、品德和智力教育等内容,它是游戏的主要成分。学前儿童体育游戏的任务主要是通过内容来实现的。学前儿童体育游戏主要由五类动作构成:发展基础运动能力的动作,包括走、跑、跳、投等基本动作和提高身体素质的动作;简单的运动技术,如球类、体操等运动项目的基本技术;体育游戏本身所特有的动作,如夹包、踢毽子、跳皮筋等游戏中的动作;模拟动作和简单的舞蹈动作;生活动作,如穿衣、背物等动作。

三、组织活动方式

学前儿童体育游戏的活动组织方式包括游戏队形、分队、分配角色、起动和结束动作。游戏队形是游戏者在游戏时形成的队形,如站成一个圆圈。它是根据游戏动作、练习方法、角色活动、游戏人数、场地、器械条件等因素设定的;分组、分队和分配角色由分配人、分配方法和分配方式等因素构成;起动活动由发出信号人、起动信号、接收信号人等成分构成。其中起动信号可以是视觉信号、听觉信号、触觉信号、综合信号,也可以是语言文字信号等,结束活动则由结束信号和游戏人结束活动构成。

四、练习方法

学前儿童体育游戏的练习方法由重复做规定动作的活动和有一定教育目的的附加措施构成,是决定游戏效果的重要因素。练习方法一般可分为模拟法、竞赛法、变化条件法、循环练习法等。各种方法都是按一定的规律在发展的。在练习的顺序上可采用同时练习或相继练习。

五、活动条件

活动条件是指学前儿童体育游戏赖以进行的物质条件,包括场地、器械和玩具等。器械和玩具在学前儿童体育游戏中具有双重性质,它既是物质条件又是动作对象。游戏场地是游戏活动的必要条件,它对锻炼身体的效果、动作性质和活动方式都有直接的影响,是体育游戏的物质基础。场地不同,也会影响练习的性质与任务的完成。

六、游戏情节

学前儿童体育游戏情节是根据游戏的动作和活动方式的特点而构思的,在游戏中主要起增加游戏趣味性的作用,是个活跃的结构成分。情节具有激发兴趣的动力作用和教育作用。它可根据需要做多种多样的变化:有的反映自然现象、社会生活场景;有的利用儿童生活;也有的是利用成人生活或动物生活为情节。同一个游戏可以采用多重情节,由某一动作或活动方式所构成的游戏也可以采用多种情节。

七、游戏的规则

学前儿童体育游戏规则是游戏的重要成分,它具有组织、教育和保证的作用。规则从属于游戏内容、活动内容、活动方式和情节等成分,随着上述成分的变化而变化,也随幼儿年龄变化而变化。游戏的规则具有很大的灵活性,具体游戏的规则可根据任务和幼儿情况灵活变化。

八、游戏的结果

游戏的结果反映游戏任务完成的情况,要从幼儿在游戏过程中机体运动负荷量、斗争发展品德表现、智力是否得到发挥、是否受到启迪等方面来评价结果。分出胜负是游戏的结果,但它只是竞赛性游戏结果的一部分。不同游戏、不同教育方法其结果是有很大差异的。

第三节 学前儿童体育游戏的分类

一、游戏的分类

游戏一般分为两大类,即发展智力的游戏(主要包括文字游戏、图画游戏、数字游戏等,大都属于文化娱乐)和发展体力的游戏(体育活动内容)两大类。通常幼儿园及学前教育机构根据游戏的教育作用分为:创造性游戏(角色游戏、结构游戏、表演游戏)和有规则的游戏(智力游戏、体育游戏、音乐游戏)。

(一)学校体育中的体育游戏分类方法

学校体育把体育游戏看作一种综合性的体育手段,分类方法也多种多样。各种不同的分类方法,都根据运用的需要来分别选择不同的游戏。因此,可以说分类也具有多样性。如,按游戏形式进行的分类有接力游戏、追逐游戏、角斗游戏、攻防争夺游戏、传递抛接游戏、集体竞技游戏等;按身体素质进行的分类有奔跑速度游戏、力量游戏、灵敏游戏、耐力游戏等;按基本活动技能进行分类有奔跑游戏、跳跃游戏、投掷游戏、攀爬游戏等;按运动项目进行分类有田径游戏、体操游戏、球类游戏、游泳游戏等;按游戏参加者的年龄分类有幼儿游戏、儿童游戏、少年游戏、青年游戏、中老年游戏等。在教材《体育游戏》中,把体育游戏分为:集中注意力游戏、活动性游戏、放松游戏、室内游戏和野外游戏五大类。[①]

(二)幼儿园体育游戏常用的分类方法

幼儿园一般按人体基本活动技能和能力,分为走、跑、跳、投的游戏,钻、爬、平衡的游戏及球类游戏等综合性游戏;还可以分为室内游戏、室外游戏、民族民间游戏等。本书选择游戏时,把游戏分为成人游戏和幼儿游戏,再按基本活动技能分类选择具体的游戏,以突出学前专业的学习重点,适应幼师生教与学的需要。

游戏的类型丰富。按照幼儿对游戏的体验分类,可分为机能游戏、想象游戏、接受游戏、结构游戏;按照幼儿在游戏中人际关系分类,可分为独自游戏、平行游戏、联合游戏、协作游戏;按照幼儿智力的发展阶段分类,可分为感觉运动游戏、象征性角色游戏、有规则的游戏;按照游戏教育作用分类,可分为创造性游戏(角色游戏、结构游戏、表演游戏)和规则游戏(智力游戏、音乐游戏、体育游戏)。[②]

二、体育游戏的分类

体育游戏按人体基本活动能力分类,可分为:行走类、奔跑类、跳跃类、支撑类和负重类。按提高身体素质的任务分类,可分为:力量类、速度类、耐力类、灵敏类和柔韧类。按运动项目分类,可分为:田径类、体操类、篮球类、足球类、排球类等。按课的结构分类,可分为:准备部分的集中注意力类、基本部分的提高兴奋性类、结束部分的整理与放松类。按活动的形式分类,可分为:角力类、追拍类、接力类、变异类、综合类等。

三、学前儿童体育游戏的分类

与其他分类体系一样,学前儿童体育游戏分类的目的也是为了适应体育教学和体育研究游戏规律的需要。而且幼儿园的体育游戏在活动形式与内容上也不可避免地会与其他身体游戏相互交叉。体育游戏

---

① 于振峰,赵宗跃,孟刚.体育游戏(第二版)[M].北京:高等教育出版社,2007.
② 刘波.幼儿园游戏教程[M].北京:中国传媒大学出版社,2014.

的分类方法很多,有的是把体育游戏分为教学游戏(偏重教学指导)、素质游戏(偏重素质锻炼)、活动游戏(偏重活动娱乐)。学前儿童体育游戏的内容丰富多样,形式多样,依据不同标准,分类方法也有所不同。

(一)按游戏组织形式分类

学前儿童体育游戏可分为:集体游戏、分类游戏、班级游戏、小组游戏、个人游戏。

(二)按人体基本活动技能和能力分类

学前儿童体育游戏按人体基本活动技能和能力,可以分为以下几类:

(1)走的游戏。如:"气球与蜗牛"锻炼小班幼儿走圆形的能力;"高个子矮个子"提高中班幼儿蹲走能力;"赛龙舟"提高大班幼儿集体协调能力,锻炼腿部力量。

(2)跑的游戏。如:"小树叶来追我"练习小班幼儿直线跑,体会让树叶飘起来的经验;"提物跑"锻炼中班幼儿手臂力量,提高身体跑动时的协调性;"扎红领巾"练习大班幼儿快速启动、高重心的急停,以及手扎解红领巾的技术。

(3)跳的游戏(传统体育游戏)。如:小班幼儿双脚跳"放鞭炮""小白兔采蘑菇",中班幼儿单脚跳游戏"跳房子"以及大班幼儿"斗鸡""编花篮"等民间游戏。

(4)投掷游戏。如:"收粮食"练习小班幼儿两人近距离用双手互相抛接沙袋,提高同伴间配合能力;"看谁投的远"练习中班幼儿守望的灵活性,锻炼手指的控制能力;"龙尾避球"练习大班幼儿投移物体,提高躲闪能力,锻炼灵敏协调性。

(三)按游戏性质分类

学前儿童体育游戏按游戏性质,可以分为以下几类:

(1)规则性游戏。中班大班规则性游戏较多,例如:交通规则游戏"红绿灯"。

(2)主题性游戏。如大班主题性游戏"寻宝"中,随着"炫彩卡通"主题深入开展,喜洋洋、白雪公主、铠甲勇士、孙悟空……这些任务都浮现,通过游戏活动,发展幼儿平衡、钻爬协调能力。在游戏活动中可以克服困难,体验户外体育游戏带来的快乐。积极参与寻宝游戏,与同伴积极协调配合,商量游戏活动中遇到的问题,共同寻宝。

(3)探索性游戏。如游戏"罐乐子",幼儿对易拉罐非常感兴趣,试将易拉罐叠高,探索叠高过程中保持物体平衡的方法。

(4)表演性游戏。如游戏"雪孩子",进一步扩展幼儿的生活经验。通过角色扮演,培养幼儿按意愿独立的确定游戏主题,对表演游戏形成浓厚的兴趣。

(四)按素质锻炼重点分类

学前儿童体育游戏按素质锻炼重点,可以分为以下几类:

(1)力量游戏。如"我们邀请一个人"。

(2)平衡游戏。如"雪人游戏"。

(3)灵敏和速度游戏。如"冻冰—咻溜滑"。

(4)循环式体能游戏。① 绕障碍物跑;② 走步;③ 从平衡木上跳下;④ 爬隧道;⑤ 前或侧滚翻;⑥ 上下台阶。

(五)按使用的器械分类

学前儿童体育游戏按使用的器械,可以分为以下几类:

(1)小型器械游戏。如:球、圈、沙袋进行的游戏。

(2)中型器械游戏。如:垫子、梯子、绳子、轮胎、平衡板、模板、小车进行的游戏。

(3)大型器械游戏。如:用攀登架、沙池、游泳池等进行的游戏。

（六）按有无运动器械分类

学前儿童体育游戏按有无运动器械，可以分为：徒手游戏、器械类游戏。

（七）按课的类型分类

（1）模仿性游戏。多用于小班，幼儿通过模仿各种动作，达到锻炼基本动作的目的。例如小班体育游戏"小白兔"，幼儿模仿小兔跳的动作，训练双脚向前进行跳的技能。这种体育游戏常伴有儿歌、音乐。

（2）有主题情节的游戏。小中大班均适用，这种游戏的特点是有角色，有开始、发展、结束的游戏情节。游戏有不同的难易程度，各班都能进行。例如小班的"麻雀和汽车""老猫睡觉醒不了"，中班的"蝴蝶和小猫""鱼和虾"，大班的"小青蛙捉害虫""老鹰捉小鸡"等。

（3）竞赛性游戏。中班选用，大班运动较多，这是互相比赛分出胜负的一种体育游戏，一般分队进行，如"插红旗""小马运粮"等。由于竞赛性游戏强调结果的胜负，而小班幼儿还不太懂，兴趣只在游戏动作和过程本身，所以一般不选用在小班游戏中。中班幼儿开始注意到游戏的结果，并逐步产生比赛的兴趣，对竞赛性游戏有所理解，因此从中班开始选用，到了大班逐渐增多。

（4）躲闪性游戏。适合中大班，这种游戏对训练幼儿的动作灵敏性作用较大，参加游戏的幼儿为了保持优胜而不被淘汰，就必须灵活地躲闪，如中班的"捕小鱼"游戏。由于这类游戏对各种动作技能要求较高，躲闪时不仅要迅速跑步、转身、设法避开等，还要注意不碰撞其他同伴，因此，适合中大班玩。

（5）球类游戏。适合小中大班，指滚球、拍球、抛接球、击木柱、投篮、踢足球、打乒乓球等。随着幼儿年龄的增长，由易到难地组织幼儿开展各种球类游戏。

（6）民间体育游戏。适合小中大班，指民间世代相传的一些小型体育游戏。例如跳房子、踢毽子、跳橡皮筋、跳绳、夹包、吹羽毛、翻饼等。

（八）按照季节分类

学前儿童体育游戏按季节，可以分为以下几类：

（1）春季游戏。例如游戏"放风筝"中，介绍了冬爷爷送走了大地的严寒，春姑娘踏着轻盈的脚步来到了人间。在湛蓝的天空中，风筝可真多，有仙鹤、蜈蚣、鹦鹉。通过体育游戏，锻炼孩子手脑平衡能力，促进孩子大脑发育和想象力。

（2）夏季游戏。例如游戏"小青蛙回家"中，介绍了夏季是青蛙欢快唱歌的季节，幼儿通过游戏，体验水中游戏的乐趣，克服恐惧心理，愿意大胆尝试、细心观察并能准确跳跃，提高身体平衡能力和四肢协调能力，在感受炎热夏季的同时，与游戏同欢乐。

（3）秋季游戏。例如游戏"采蘑菇比赛""收粮食比赛"，介绍了秋天是收获的季节，通过游戏，训练幼儿的手臂力量，提高同伴间配合能力，体验成功收获的满足感。

（4）冬季游戏。例如"装扮雪人"的游戏，在寒冷的冬季，幼儿要学会采取防寒措施，通过装扮雪人，体验关心、帮助别人的快乐。又如"疯狂雪爬犁"的游戏，锻炼幼儿雪地奔跑能力和肢体平衡能力，学会控制雪爬犁，体验团结合作取得胜利的快乐。

第四节 不同年龄段学前儿童体育游戏特点

一、小班幼儿体育游戏的特点

在身体和动作发展方面，小班幼儿体力和身体素质都比较薄弱，大肌肉群发育不太完善，各项基本动作都还没有正确掌握，动作缺乏协调性和准确性，平衡能力差，活动不自如。其心理特点是喜爱游戏，好模仿,注意力不集中,他们对游戏中的动作、角色、情节都很感兴趣,但是对游戏的结果不太注意。

（1）小班游戏动作少。

（2）单一角色（一般由教师担任另一角色）。例如:"小孩小孩真爱玩"的游戏,要求幼儿以同样的动作达到某一地点,完成同一任务后再跑回来。

（3）规则简单（规则的限制性较小,一般也没有惩罚性规则）。例如:"老猫睡着了,小猫再出去玩;老猫醒了一叫,小猫就回来了。"这既是游戏内容也是游戏规则。

（4）竞赛性要求逐步进入。

（5）协作性要求逐步进入。

二、中班幼儿体育游戏的特点

在身体和动作发展方面,中班幼儿的身体素质有所发展,比小班幼儿更协调自如,平衡能力和独立生活能力也有很大提高。智力进一步发展,空间知觉能力也明显增强,能辨别方向,注意力较小班集中,可以很好遵守游戏规则。中班幼儿更喜欢有情节、有角色、有追逐的游戏,游戏的规则、动作内容和情节较复杂,对游戏结果有所注意。

（1）角色、动作增加,关系开始复杂化。

（2）题材中反应社会生活的内容增加,假扮动物的内容减少。

（3）规则的局限性加强,有了惩罚新规则。

（4）结伴游戏、小组游戏、竞赛性游戏增加。例如:"齐心协力"的游戏,要求与伙伴相互配合,体验合作的快乐,培养遵守游戏规则的意识。

三、大班幼儿体育游戏的特点

大班幼儿比小班和中班幼儿身材更壮实,体力更充沛,在两年学习的基础上,已能熟练地掌握各项基本技能,动作更加协调有力。在正确教育下,他们对周围生活已经有了一定的见解,知识范围扩大了,观察分析和理解能力有了显著的提高,开始具有组织能力和控制注意的能力,增加了责任感,更喜欢竞赛性有胜负的游戏。

在大班这个阶段,竞赛性游戏增多,游戏的规则、动作和情节难度增大,往往需要克服一定困难之后,才能达到游戏的目的,游戏的情节和角色之间的关系更为复杂。相比小班和中班,大班的特点如下:

（1）智力活动的要求增加。例如:"抓尾巴"（两人相对,把对方身后的"尾巴"抓下者为胜）和"贴烧饼"（全体幼儿两人一组结伴面对圆心站两个被指定者一追一逃,逃跑者背面贴住任何一组的圈内一人或正面贴住任何一组的圈外一人,该组的另外圈外一人或圈内一人便立即成为新指定的逃跑者,逃跑者被捉住后与追捉者交换角色）游戏活动中,就需要有快速判断决策反应的能力以及迷惑对手的能力。

（2）协同活动的要求增加。例如:游戏"二人三足"（二人并立,将内侧相靠的腿用绳子绑住,快速行走或比赛）和"老鹰捉小鸡"。"钻山洞""老鼠笼"这两个游戏都需要由幼儿手拉手搭建成山洞和老鼠笼,其他角色从其中钻进钻出,待儿歌结束或听到规定信号山洞坍塌或笼门关闭,将可以困住的进出者困住。这些游戏都是需要每一参与幼儿具备良好的协同活动能力的。

第五节 学前儿童体育游戏的选编

随着《幼儿园工作规程》的颁布以及《纲要》的出台,"幼儿园以游戏为基本活动"的观念已深入广大幼儿教育工作者,而学前儿童体育游戏对于改变我国幼儿园长期以来重上课、轻游戏的现象具有重要意义。幼儿体育游戏是幼儿园体育活动中最主要的内容,它是以基本动作为主要内容,以游戏活动为形式,以增强幼儿体质为主要目的一种活动。

在幼儿园,由于每个年龄段、每个班级、每个幼儿的身体和心理发展水平不同,每个地区的环境条件也不同,在开展幼儿园体育活动中,因地制宜、因人而异创编(包括改编)和指导幼儿体育游戏就成为教师的主要任务。而教师只有具备了体育游戏创编和指导的专业技能,才能更好地发挥体育游戏的功能,促进幼儿身心和谐发展。一个希望不断提升自身创造力和促进儿童创造性发展的幼儿教师是不会仅仅满足于使用现成的体育游戏的,因此也就需要了解创编或改编体育游戏的一般思路。

一、学前儿童体育游戏的选择

（一）制定目标

制定游戏目标,是幼儿体育游戏创编最主要的一环。长期以来,在幼儿园体育游戏创编和指导中,存在着只重视内容、形式,而忽略目标,或者选内容再定目标的现象,从而使幼儿体育游戏活动产生了极大的盲目性。

制定目标。首先,必须从幼儿已有的水平出发,最终促进幼儿达到新的发展水平。其次,目标内容应从幼儿的活动参与(态度)、身体发展(技能)、心理健康(情感)和社会适应四个方面来选择确定,避免单纯以身体发展为唯一目标,以及太抽象、太笼统、不具体、不切实际的要求。再次,应尽量运用幼儿体育活动时的行为来表述目标。如中班"拍球比多"游戏的目标是:体验和感受球性,尝试单手连续拍球的方法,感受拍球比多的快乐,培养玩球的兴趣。

（二）幼儿体育游戏活动内容的选择

幼儿体育游戏主要以身体活动为主要内容,它包括:

（1）走、跑、跳、投、钻、爬、攀登、各种滚动等基本动作。

（2）利用各种球、绳、圈、棍、沙包、钻架等大、中、小型运动器械的体育游戏活动。

（3）利用水、土、沙子、石头、冰雪、山坡、田野等大自然环境的各种体育游戏活动。

（4）各种舞龙、斗鸡、跳竹竿、荡秋千等民族、民间地域性体育游戏活动。

（三）确定设计方法

幼儿体育游戏设计,可以从角色、情节入手,结合开始信号、动作过程、结束姿势、游戏规则等进行幼儿体育游戏设计。

1. 情节

情节也可以成为体育游戏的方法,可以以幼儿熟悉的生活为题材,如"妈妈找宝宝""给小动物喂食""郊游"等;也可以用电视、电影、画报、画刊中的童话故事为题材,如"猫头鹰抓田鼠""小伞兵跳伞"等;还可以以成人的各种活动为题材,如"小小侦察兵""抗洪救灾"等。值得一提的是,部分体育游戏没有复杂的情节,甚至没有任何情节,如:一名幼儿坐在滑板上,另一名幼儿在其背后推着走;两名幼儿相互做石头、剪子、布的动作。这类体育活动,虽然没有情节,但是它确实具有身体活动的玩法,因此,也可称为体育游戏。

2. 角色

角色是幼儿在体育游戏中不可缺少的重要部分。在比较简单的幼儿体育游戏中,可以只设计一个角色;在较复杂的体育游戏中,也可选择多个角色。角色选择可以让幼儿自己承担,也可以冠以各种小动物的名称,如小白兔、大灰狼、大象等;各种人物名称,如爸爸、妈妈、侦察兵、机器人等;各种物体名称,如雪花、汽车、小树等。角色安排方面,可以设计同一角色或不同角色共同完成一个任务,如"小小送货员"；全体幼儿都扮送货员，拖着车把"货"（水果、蔬菜）送到各个"商店""学校""医院"等。也可以选择不同角色相互对抗，如"坦克兵与投弹手""小猫抓鱼"等。

分队和分配角色由分配人、决定分配人和分配角色的方法等因素构成。常用的方法有：

（1）指定法。有两种，由教师指定和游戏中的分配人指定。教师指定法的优点是有利于贯彻分配角色的原则而且简便省事，常用方法有直接指定法、暗中指定法和儿歌法。决定游戏中的分配人一般有以下几种方法：教师指定分配人；幼儿推选分配人；由上一次游戏的主要角色当分配人；由上一次游戏获胜者当分配人；由某个幼儿学习小组的组长当分配人。

（2）民主法。即由游戏者民主推选主要角色。这种方法能培养幼儿的民主精神，反映游戏者的集体意愿，但有时会因为意见不一致而耽误时间。

（3）随机法。常用方法有：报数法、抽签法、游戏法三种。

（4）猜拳法。包括用石头剪子布、手心手背、单数双数等。

（5）轮流法。即由游戏者轮流当主要角色。轮流法能普遍满足幼儿当主要角色的愿望，加强幼儿责任感，培养幼儿组织能力。

3. 体育游戏起动信号的设计

起动活动由起动人、起动信号和接收信号人三个因素构成，其中起动信号的设计最为重要。常见方法有：发令法、问答法、儿歌法、猜拳法和乐曲法。

4. 体育游戏竞赛方法的设计

（1）接力法。是最常用的竞赛形式，有回转式、穿梭式和周围式三种主要形式。

（2）捕捉法。是一种游戏者直接对抗的竞赛活动形式。有以下设计角度：从捕捉双方的关系切入设计；从捕捉双方的人数切入设计；从捕捉活动的目标切入设计；从捕捉活动的条件切入设计；从捕捉活动的解救措施切入设计。

（3）争夺法。一种是围绕争名次，分输赢；另一种是围绕争夺某一物品、某个区域或位置展开的竞赛活动，有更强的对抗性。前者设计比较简单，可以用时间指标速度，也可以用数量指标比达标的人数或完成动作的质量等。可以采用双方同时演练同一动作进行比赛的竞赛形式，也可以采用双方相继演练同一动作进行比赛的竞赛样式。后者的设计，可以让游戏者斗智比速，用机智和速度来夺取胜利，也可以让游戏者角力比勇，通过力量和勇气的较量来获得成功。

5. 体育游戏儿歌的编写

体育游戏儿歌的内容包括游戏动作方法、游戏活动内容以及对游戏情节和游戏活动本身的描述等。编写体育游戏儿歌的一般原则和要求有：内容健康，具体形象，浅显易懂，节奏明快、合辙押韵，同时要能表现体育游戏的特点，有反映游戏动作和活动内容的成分。

6. 规则

游戏规则具有组织教育及保证游戏合理、公正开展的作用。它从属于游戏的内容、情节和角色等。幼儿体育游戏规则，随着年龄及动作要求的变化而变化，具有很大的可变性和灵活性。小班幼儿不注意、不重视规则，常常以游戏方法及活动内容代替游戏，如拖、推着各种玩具走各种弯弯曲曲的路，拖着玩具走路既是方法又是规则。而中、大班可以逐渐增加规则数量和难度要求，如走过平衡木时必须两臂侧平举、头顶沙袋；沙袋掉地，必须原地捡起，放回头顶，才能继续走平衡木，否则暂停走平衡木一次。

7. 环境

环境是重要的教育资源，应通过环境的创设和利用，有效地促进幼儿身心发展。幼儿园内的户外草地、塑胶地、土坡、沙池、水池、投掷墙、攀岩墙，室内大教室等各种场地的空间和设施，各种购置和自制的大、中、小型运动器材等，都是幼儿体育游戏环境创设的资源。这些资源通过教师的设计和动手布置，就构成了体育游戏环境，而环境创设"应有利于引发、支持幼儿的游戏和各种探索活动，应有利于引发、支持幼儿与周围环境之间积极的相互作用，有效地促进幼儿发展"。在环境创设中，应充分利用场地和运动器材使幼儿体能得到发展，使锻炼身体的积极性、主动性得到激发。环境创设应有利于贴近幼儿的生活,被幼儿所理解和接受。

（四）撰写文字和画场地示意图

幼儿体育游戏构思后,就要动手撰写文字和画场地示意图了。幼儿体育游戏一般应从以下几个方面着手撰写:

（1）游戏名称。幼儿体育游戏的名称,应该生动、直观、形象,符合幼儿认知水平,并具有体育特征。如"小马运粮",小马是幼儿所熟悉的角色,"运"是所要做的动作,"粮"是小马所要做的事。

（2）游戏目标。根据游戏方法和内容,指出重点发展的某项身体动作,提高某项运动技能或身体素质,培养某种个性和品质等。

（3）游戏准备。游戏准备即游戏前的准备工作,它包括器材名称、数量及安排、场地布置、划分、辅助器材的布置等。游戏准备要写得具体和全面。

（4）游戏方法。游戏方法是游戏过程中的主要部分,游戏应该集合成什么队形、分成多少人一队、开展游戏的具体方法和结果以及游戏的开始到结束的顺序等等,都要表述完整。

（5）游戏规则。游戏规则应力求简单、具体、明确,有利于游戏的开展与进行。如"猫头鹰抓田鼠中",幼儿跳跃时进入"小河",则要回到起点重新出发;被"猫头鹰"抓到,只能走到"猫头鹰"的家里蹲下,不能再跑了。

（6）注意事项。注意事项主要说明教师组织指导时的要点和要求,游戏中必须注意的安全措施,游戏变化的方法等。如跳树桩游戏:可在空罐外包一层(涂层)木纹纸,以增加真实感和游戏趣味性;在幼儿自由排列树桩时,教师可参与或提建议,以帮助幼儿将树桩排列得更合理、更稳妥;体弱、胆小的幼儿在跳树桩时,教师要加强鼓励和指导,随时注意幼儿的安全。

（7）画场地示意图。画场地示意图主要是说明活动场地的形状、大小、器材的内容及摆放位置与方法,幼儿游戏队形、路线以及教师站立位置等。

二、学前儿童体育游戏的创编及改编

（一）学前儿童体育游戏创编原则

1. 锻炼性原则

体育游戏不同于一般性游戏(如角色游戏、娱乐游戏等),它以增强幼儿体质为主要目标。因此,创编幼儿体育游戏时,应考虑以下几点:

（1）必须要有某些基本动作。将1~2个基本动作渗透到游戏的情节中,如"小蚂蚁运粮",即让"小蚂蚁"(幼儿)背驮沙袋从场地的一端爬到另一端。

（2）要有一定的运动负荷量。游戏活动中,要充分利用宽大的场地、数量充足的运动器械,尽可能采用共同活动和鱼贯活动方式,保证幼儿实际活动的时间。

（3）充分利用运动器械以及草地、树林等自然环境。体育游戏一般可选用1~2件运动器材,使幼儿活动更有兴趣,也可提高幼儿使用器械的能力。体育游戏还可以于自然环境中的草地、树林及大型运动器械等有机结合,使幼儿的活动充满生机,并将大自然与体育游戏融为一体。

2. 趣味性原则

体育游戏的趣味性,是体育游戏具有生命力的主要因素。因此,应选择幼儿熟悉和喜爱的角色,安排简单有趣的情节,使孩子对体育游戏感兴趣。教师要不断地收集体育游戏素材,积累创编和运用体育游戏的经验,通过各种角色的吸引、运动器械的创新和多变,以及游戏方法和规则的推陈出新,创编出丰富多彩、新颖有趣的体育游戏。

3. 教育性原则

体育游戏的重点及开展体育游戏的过程,应该渗透各方面的教育。要使幼儿的认知能力得到发展,并要不断培养幼儿服从集体,遵守规则、团结合作的意识和行为,以及勇敢、大胆、诚实等优良品质。

4. 安全性原则

由于幼儿控制自己行为的能力较弱,容易受无关刺激的影响而发生事故。因此,创编幼儿体育游戏内容时,要考虑各种安全因素。如:活动的范围要适当,既不能太大又不能太集中;内容的安排上,不要出现跑步后立即做爬或平衡的动作;往返的路线、投放的器械不能太拥挤,要避免造成碰撞等。

5. 发展性原则

由于3～6岁的幼儿在身体、心理等方面的发展具有明显的差异性。他们在体育游戏活动中表现出来的行为也不同,因此在创编体育游戏时可参考表6-1中的内容。

表6-1 不同年龄幼儿体育游戏的基本要求

项　目	小　班	中　班	大　班
内容动作	内容简单,动作简单	内容开始复杂,喜欢有情节的游戏和追逐性的游戏	喜欢竞赛性的游戏和内容丰富、将体力与智力相配合的游戏,动作增多,难度增大
情节	简单	复杂性增加	较复杂
角色	少,多为幼儿熟悉的角色	增多	较多,与情节的关系更复杂
规则和要求	简单,不带限制性	较复杂,带有一定的限制性	较复杂,限制性较强
结果	幼儿不太注意	幼儿有所注意	喜欢有胜负结果
活动方式	集体同做一种动作,共同完成一项任务	出现两三个人合作的游戏	合作性游戏增多,增加了组与组的合作

（二）学前儿童体育游戏创编的一般方法

1. 模拟法

模拟法是指由熟悉事物的运动方式引起联想。如"机器人大战""乌龟背来"(沙袋游戏)"抬轿子"等。

2. 变化法

将熟悉的动作与具体的事物或故事情节联系起来。如同样是"四散追捉跑",在小班,可以是"大皮球滚掉了",老师追幼儿扮演的大皮球玩,不太紧张;中班,可以是"老狼老狼几点了",老师或幼儿扮演大灰狼,追其他问时间的小朋友,有点紧张;大班可以是"石头、剪子、布",甲乙两组的领袖猜拳,赢的一方全体追捉输的一方。由于幼儿需要对猜拳的结果以及自己究竟是哪一组的成员、应该做出何种反应等问题时刻保持很高的紧张程度,因此能够获得很刺激、很有挑战性的感觉。再如同样是沿圆周追捉跑,最早的传统游戏是"丢手绢",与其十分类似的"变种"就有"开锁"和"切西瓜"等。

3. 竞赛法

如传统游戏中的"跳房子""跳皮筋""沙包击人"等。游戏都具有分组竞赛的性质,因此,对年龄稍大的儿童很有吸引力。

4. 儿歌法

传统的体育游戏常常都是伴随儿歌或歌曲的。如"伦敦大桥"、"小鱼游"(伴随钻山洞)、"老鼠笼"儿歌(伴随同名游戏)、"编花篮"儿歌(伴随同名游戏),各种歌曲或儿歌伴随跳皮筋游戏等。

5. 组合法

即将各种动作、器械、情节、角色等因素组合在一起。如"解放军打敌人"可以将走、跑、跳攀登、钻、爬、投掷等各科动作和比较紧张的音乐组合在一起;"草原小牧民"可以在模仿小牧民的各种游戏(如摔跤)和劳动动作的过程中进行锻炼并同时欣赏藏族维吾尔族或蒙古族的音乐。

（三）学前儿童体育游戏改编的案例分析

1. 模糊竞争法

所谓模糊竞争法,就是要通过淡化竞争的对手,从而追求一种既竞争又合作的教学氛围,重在让更多的学生都能享受到他们应该得到的运动之乐。

如拔河游戏,我们传统的拔河游戏是画三条平行线,间隔1.5米,中间的一条为中线,两边的分别为"河界"。把学生分成人数相等的两队,面对面站立,紧握绳子。发令后,双方队员一起齐心协力地拉。原先游戏规定:"当双方中任何一方把标志带拉过本队的'河界'为胜,比赛也就宣告结束。"而模糊竞争法做这样的革新:"如果哪一方将绳拔到自己这方的'将胜线',就必须从自己队员中让出一人(在比赛的进行中,队尾的队员迅速地跑到对方去,帮助对方来拔)。"通过这样一个革新,就会发现,这样的比赛虽然在比竞争,但更比配合,能让更多的学生都能享受到他们应该得到的运动之乐,同时也更能使学生通过体育游戏加速个体的社会化,更好地实现"育人"的综合效应。

2. 逆向思维法

传统的体育游戏过程中常常要求决出最终的胜利者,即明确谁输谁赢。然而,在决出最终优胜者的过程本身必然会产生更多的失败者和落伍者。我们的体育教育实践确实也存在着一些学生由于过多地体验了一些毫无意义的失败和苦涩,而产生了失落感和对运动的厌恶感,使不少的学生渐渐地远离体育。逆向思维法,就是为了避免造成这种不良的倾向,提倡一种"比起竞争,更强调协同;比起争斗,更强调合作;比起模仿,更强调创造;比起能力,更强调表现"的教育理念,即通过改变游戏,重在追求一种没有败者的体育游戏。

如抢板凳游戏,原先的游戏规定是:"几个人围成一圈进行慢跑,圈中有比参与人少一的凳子,当游戏者听到哨声后迅速去抢凳子,抢不到者被判为失败,被淘汰出场。如此往复,直至只剩最后一个人",即为游戏的最终胜利者。很显然,这个游戏只有一个人是"最终胜利者",其余均以"失败"而告终。而逆向思维法则规定:同样是少放一张板凳,但不是没抢到的被淘汰,而是没抢到的要和别人同坐一张板凳,如此往复,最后的结果是参加游戏的同学都要坐在一把板凳上去,这样大家都有在竞争与协同中享受到运动的乐趣,而且没有"失败者"。

3. 角色平等法

角色平等法就是要让每个学生都有同等的机会来充分进行锻炼,得到相同的表现能力的机会,重在突出教学的民主性与公平性。

如"丢手绢"游戏,有的学生忙得不亦乐乎,乐此不疲,而有的学生却被晾在一边,坐冷板凳;有的学生可能已出来跑了四五趟了,而有的学生可能一次都没跑过,在那里可怜巴巴地坐着,无奈地给别人作陪衬。同理,"贴膏药"游戏也有类似情况。对此,可融会"角色平等法"的教育理念,加上一条特殊的规定:即"每人只能丢(贴)一次"。这样就可使每个学生都有同等的机会来充分进行锻炼,得到相同的表现能力的机会。再如,像"老鹰"捉"小鸡"游戏:一组里只有一只"老鹰",一个"母鸡",大部分学生只能作为"小鸡"在后面跟着,有的学生可能从来都没有当过"老鹰"或"母鸡",而有的学生则几乎每次都能当上这样的主导角色。为此,可做如下创新,即:以四人为一个活动小组,排头扮演"老鹰",其余依次为"母鸡""第一小鸡""第二小鸡"。游戏规定:"老鹰"只能捉"第二小鸡",每次捉到后,"老鹰"换扮"母鸡","母鸡"换扮"第一小鸡","第一小鸡"换扮"第二小鸡","第二小鸡"换扮"老鹰",取消了"小鸡"被捉住后应退出游戏的规定,体现了教学的民主性、公平性理念。

4. 相对"不合理"法

所谓的"不合理"是相对而言的,指的是客观时空上的"不合理",它追求的是心理、情感体验上的"更合理"。具体而言,就是在游戏的过程中,正视参赛个人或集体在身体素质、技术水平等层面上的不同,通过变换场地、器材、人数、要求等诸多可控因素,从而造就使比赛各方在"综合实力水平上"更趋接近,使竞争更激烈。

例如,在拔河游戏中,可以"让力量较大、身高较高的 10 个人与力量身高都一般的 11 或 12 人进行拔河比赛"。这样的游戏不但提高了素质较弱的学生的积极性,使他们能有机会取得胜利、获得心理上的"喜悦感",同时也激发了素质较好的学生,使他们在游戏中必须认真努力,发挥出最佳水平才能获得胜利。

5. 结构改组法

结构改组法指的是通过改组游戏的过程结构,使教学过程更合理、更安全、更科学。

例如,"贴人"游戏,被追者与追拍者在跑动过程中,如果追拍者追不上被追者,那么他总是追拍者,而且人数上变化也太慢,这样就会感到没意思了。为避免出现原来的游戏方法中逃跑的人以逸待劳,追拍的人越追越累的"耍猴"现象,就可以对游戏的结构进行改组,改为"一人追→一人逃→逃跑者贴→被贴者追→原追者逃"的游戏形式,能取得较好的教学效果。

又如"大鱼网"游戏,这个游戏首先活动范围大、奔跑时间长,很容易造成学生负荷过大,并且,随着人数的不断增多,思想上就不能很好统一,目标就会不一致,再加上在高速状态下奔跑,中间的一些学生被两头的学生拖拉,肩部很可能致伤。其次,由于网越来越大,网大则移动不便,很难在短时间内把"鱼"捕光。为此,可改组游戏结构,如适当缩小场地和减少结网的人数,一般以 3 至 5 人为宜,被捕的"鱼"满 3 至 5 人就另外结一个网,投入捕"鱼"。网小便于捕捉,网多了又便于联合围捕。这样一改,就可以很快将"鱼"捕光,从而控制运动负荷。

6. 改变结束法

改变游戏的结束方式,目的在于使游戏的结束更合理、更安全、更科学、更圆满。

如"大鱼网"游戏,可取消原先"直到把所有的鱼全捕完才宣告结束"的规定。因为"大鱼网"游戏活动范围大、奔跑时间长,容易造成学生负荷过大,学生受不了。为此,可采用限定时间(如 2 分钟)的方法,以捕"鱼"多的一队为胜。同理,"老鹰捉小鸡"游戏,取消原先要求把"母鸡身后的小鸡全部被捉光后"才宣告结束这一条,改为游戏进行到一定时间,以"小鸡"被捉最少的一队为胜。

通过对体育游戏的创新,能走出游戏教学中"低水平重复"的倾向,使游戏常做常新,一线教师应积极发挥主观能动性,给自己的劳动辅以智慧。

三、学前儿童体育游戏创编及改编范例分析

(一)大班体育游戏"打野鸭子"创编及分析

1. 游戏规则

"打野鸭子"的游戏内容如下:

(1)主要进行投准能力和躲闪能力练习。

(2)一方模拟野鸭,另一方模拟猎人。猎人扮演者主要练习投球击准,野鸭扮演者主要练习各种躲闪避让的动作。

(3)全体猎人围成一个大圆圈,全体野鸭处在大圆圈外。开始时使用一个小排球,可逐步增加到两个或三个。

(4)作为猎人者只能在画定的圆圈界线之外投击,而且只准投击野鸭扮演者身体的肩部以下。野鸭扮演者被球击中便要立刻退到圆圈以外,野鸭扮演者若能够用手接住击来的排球,便可以得到"一条命",退出圆圈外的野鸭可以通过"消耗一条命"方式返回圆圈内继续游戏。两组可以按约定时间交换,并比赛在相等的时间内的各种胜利指标,如哪一组接住更多的球,哪一组击中更多的"野鸭"等。也可以在野鸭组被全部击中后交换角色比赛哪一组在更短的时间中将对方全部击中,或反过来比赛哪一组能够坚持更长的时间。

2. 分析

该游戏是从传统的"沙包游戏"变换来的,改编之前一组学生围成圆圈充当"猎人",另一组学生则进

入圈内充当猎物"鸭子",猎人用软排球击打鸭子胸部以下部位,鸭子要反应迅速,躲闪及时,被射中者淘汰出局,两组再轮换。改编以后加入了角色,变换了器械,改变了场地的空间形式。

图6-2　"打野鸭子"空间图例①

该游戏中扮演野鸭一方的幼儿可以组合走、跑、跳等移动方式进行躲闪,而且还可以得到抛接球的练习机会。

（二）游戏"老鹰捉小鸡"改编及评价

过去玩"老鹰捉小鸡"的游戏,是全班幼儿都参加,人多,队也长,玩起来容易摔倒,而且也比较累。后来改变了一下玩法,孩子们玩得更有趣了。

1. 游戏规则

让全班小朋友围坐成一个大圆圈,选一名小朋友戴上头饰当老鹰,一名小朋友当母鸡,另一名小朋友当大公鸡,其余小朋友都当小鸡。游戏开始了,大公鸡说:"天黑了。孩子们睡觉吧!"小鸡们都趴在椅背上做睡觉姿势。一会儿大公鸡"喔喔喔"地叫了。母鸡说:"天亮了,孩子们起来吧! 现在,我要带一些孩子到外面散步,吃小虫子。"(小鸡们一个个都坐好,争取让鸡妈妈带出去玩)鸡妈妈说着便走到圈外,唱起来:

> 小小鸡,叽叽叽,会捉小虫会游戏,
> 快快活活多神气,我爱我的小小鸡。

鸡妈妈一边唱儿歌,一边依次拍着小鸡,连续拍十只左右的小鸡,被拍的小鸡一个随着一个跟在鸡妈妈的身后,(儿歌结束后)鸡妈妈带着这些小鸡,在圈外一边走一边弯着腰,两手指对成尖角放在嘴旁,做捉虫姿势。待老鹰飞来时,鸡妈妈赶紧召集小鸡一个接一个地跟在身后做起"老鹰捉小鸡"的游戏来,被捉住的小鸡停止游戏。当鸡妈妈说:"我的孩子,快回家吧!"小鸡们赶快跑到各自的座位上。这时被捉住的小鸡可以唱支歌或说几首儿歌,游戏反复进行,角色可以轮换。在游戏进行时,扮大公鸡的小朋友要组织好做游戏的小朋友,认真观看别人做游戏。这样不但使幼儿玩得快活,而且又注意了动静配合。小朋友人数较多时,可另找一只老鹰,由大公鸡带着一组小鸡玩。两组可同时进行。

2. 评价

"老鹰捉小鸡"是深受幼儿喜爱的游戏,经过游戏的改编,改变了原本人数多、危险性较高的规则,将大公鸡角色加入,使其内容更加丰富,采用圈内圈外捉小鸡的形式,动静结合,有利于幼儿合理控制运动量。

---

① 注:内圈为"猎人",外圈为"野鸭"。

第六节　学前儿童体育游戏的组织与指导

一、学前儿童体育游戏的组织

学前儿童体育游戏的组织,不同教师会取得不同的应用效果。一些教师会通过游戏使幼儿在轻松、愉悦的氛围中达到锻炼的目的,然而,一些教师无法激发幼儿参与游戏的兴趣。大量实验表明,较好地实现体育游戏活动目标与教师是否了解游戏内容、教具准备是否充分、能否准确地进行讲解示范、运动量安排是否合理有关。为了提高教师各方面的综合素质,需要注意以下几点。

(一)游戏前做好准备

游戏前,教师要了解全班幼儿的体质、能力、性格、品德等情况,熟悉游戏的内容,领会游戏的教育作用,掌握游戏的动作,明确游戏的规则,并考虑怎样组织游戏,提出什么要求,需要注意什么问题,等等。

游戏前,教师还要准备好所需的教具、器械或玩具,检查一下它们是否清洁、牢固,数量是否充足;看场地是否干净、平整。为了引起幼儿游戏的兴趣,还可以做一些头饰或其他标志,让幼儿戴在头上或披在身上,使游戏更加逼真。

(二)游戏进行的步骤

玩新游戏时,教师首先要用生动、形象的语言,简单扼要地讲明游戏的名称、内容、方法、动作要领、要求、规则和结果。讲解的同时,还可以进行示范,以便于幼儿理解。对小班幼儿最好用游戏口吻,边讲边示范。复习游戏时,教师只需用简短的语言,将游戏的主要内容、要求、规则、方法等向幼儿提示一下即可。

然后,要进行分队(组)(小班游戏一般不分组),选角色。做竞赛性游戏分队(组)时,各队力量搭配要合理,要考虑幼儿的能力强弱、男女比例等,使各队力量基本相等。选择游戏的角色时,主要应考虑所选幼儿的能力如何,对开展游戏是否有利,对本人或其他幼儿是否能起教育作用,分配角色应视具体情况而定。

小班幼儿做游戏,一般是教师担任主要角色,可以掌握游戏的时间和情节的发展,同时起到教育和示范作用。幼儿熟悉游戏后,可以请能力较强的幼儿担任主要角色,再逐步让幼儿轮流担任主要角色。为了引起幼儿游戏的兴趣,分配角色也可以采用闭着眼睛摸幼儿(摸到谁请谁当主角)或念一首有趣的诗歌(如"叮叮当,叮叮当,有个小兔请你当",最后一个"当"字点到谁,就请谁当主角)等方法,但要注意,在这个过程中教师还是应当有目的地分配主要角色。

在中班或大班,教师应针对幼儿某些方面的优缺点适当注意一些问题。游戏前,教师还要准备好所需的教具和需分配的角色。例如,让体质好、反应快、奔跑能力强的幼儿担当主要追捉者,可以使全体幼儿积极奔跑起来。又如,适当让个别不好动的幼儿担任主要角色,给他一定的任务,有利于培养其活泼好动的性格。有时,也可以让幼儿自己推选角色或用游戏方法推选角色。例如,幼儿边念儿歌边传物,念到最后一个字时,物体落在谁的手里,就由谁担任主要角色。不论用什么方法选择游戏角色,教师都应注意不要只让少数能力较强的幼儿担任主要角色或游戏中的组织者,要考虑全体幼儿。分好队(组),选择好角色,游戏就可以开始了。

当幼儿对游戏感到满足,但尚未产生疲倦感的时候,是结束游戏最好的时机。游戏结束太早,幼儿得不到满足,也收不到应有的锻炼效果;结束太晚,幼儿的注意力已涣散,动作不准确,情绪下降,会影响幼儿的身心健康。所以,教师掌握好游戏结束的时机是十分重要的。

游戏结束时,教师应及时讲评,公布游戏结果,肯定优点,指出缺点,并提出改进意见和建议。对由于能力差、一时不理解游戏内容而做错了的幼儿,教师不要批评指责,应该对他们加强个别辅导,肯定他们正确的地方,使他们增强信心。

（三）游戏中要注意的问题

（1）适当掌握活动量。教师要根据幼儿身体内部生理机能的变化和外部变化的情况,及时调整活动量。

（2）严格要求幼儿遵守规则。教师要严格要求幼儿,尤其是在幼儿对游戏不熟练的情况下,教师应特别注意提醒幼儿遵守规则,培养他们自觉遵守游戏规则的良好习惯。这样,一方面可以保证游戏顺利进行,达到预定的锻炼目的;另一方面也对幼儿进行了教育,培养了他们的集体主义观念,使他们学会控制自己的行为,增强责任感,培养了他们友爱、坚定、勇敢的良好品德。

（3）培养幼儿正确的身体姿势。游戏中,幼儿往往被情节吸引,忽视身体的正确姿势。例如在快跑比赛中,幼儿为了跑到前边,会不按要求摆臂,或是闭眼仰头（或低头）向前跑。这时,教师应用语言提示或中止幼儿的活动,及时予以纠正,使幼儿在走、跑、跳、投等基本动作方面,能够始终保持身体的正确姿势。

（4）注意安全。游戏中,教师要注意让幼儿"玩好""玩够",要保证安全。教师应随时检查场地、器械,教会幼儿正确使用器械,随时检查幼儿的服装、鞋带等,消除一切不安全因素。

二、学前儿童体育游戏的指导原则与方法

（一）学前儿童体育游戏的指导原则

指导原则是根据教育、教学目标,反映幼儿运动规律而制定的对指导工作的基本要求。它是广大教师在长期体育游戏指导过程中,积累起来的经验概括和总结。体育学科特点和幼儿学习体育游戏的特点,是制订体育游戏指导原则的两个主要依据。

1. 教师为主导,幼儿为主体的原则

《全球幼儿教育大纲》指出:幼儿园的一切教育活动,应当是教师指引下的幼儿自主学习的活动。这就确立了幼儿在体育游戏中的主体地位,而"教师应成为幼儿游戏的支持者、合作者、引导者"。教师的主导作用有:环境布置、语言讲解、讲评、发布口令、示范等,有效地激发幼儿参加体育游戏的兴趣,使之积极主动、愉快地参与体育游戏。在体育游戏的过程中,教师应理解幼儿的各种想法、玩法与感受,支持、鼓励他们大胆探索,充分发挥他们在体育游戏中的主动性、积极性和创造性,使幼儿真正成为体育活动的主体。

2. 直观模仿与启发思维的原则

学前儿童心理学研究表明,幼儿思维特点主要依靠具体的现象和表象的联想。因此,在幼儿体育游戏指导中,教师要运用形象、生动的语言描述,结合动作示范,引导幼儿积极思维,同时积极地参与动作模仿,使幼儿视觉和肌肉本体感觉同时"工作",从而让幼儿尽快地熟悉体育游戏内容,掌握体育游戏方法和规则,积极投身于体育游戏之中。

3. 面向全体,重视个别差异的原则

在学前儿童体育游戏中,幼儿既是具有一般共性的群体,又是各具特性的个体,因此,教师在指导游戏中,既要照顾全体幼儿的兴趣、爱好和现有的发展水平,体现面向全体的特性,又要照顾对一般活动感到困难或者不能得到满足的幼儿,加强个别指导,让每个幼儿在不同水平上都得到发展。如:在"小白兔跳小沟"的游戏中,教师将小沟的宽度分成宽、较宽、较窄几种,让幼儿自由选择跳跃的宽窄。对能力差的幼儿,教师应积极鼓励,同他（她）一起跳过较窄的小沟。

4. 适宜的运动负荷原则

适宜的运动负荷原则,是指幼儿在体育游戏中,应该保证身体承受适宜的运动负荷量。

教师要选用适合不同年龄的活动,难易程度要适中,并要运用引导、启发、鼓励的方式,使幼儿对体育游戏活动产生并保持兴趣。在幼儿参加体育游戏过程中,要保证幼儿有充足的活动时间。教师要做到精讲多练,减少不必要的过渡环节,消除不合理的等待现象,尽可能运用共同活动、鱼贯活动等形式,增加幼儿实际活动的时间。在体育游戏活动过程中,教师还要密切观察幼儿的生理和心理现象,如脸色、汗量、呼吸频率、动作协调性等,及时运用增减练习时间和次数,改变集中或分散练习等方式,使幼儿所承受的运动负荷,始终处于适宜的状态。

5. 加强卫生和安全教育的原则

为了使幼儿体育游戏更具有增强体质的实效性,教师在组织、指导体育游戏中,要特别注意加强卫生和安全教育。

3~6岁的幼儿特别喜爱体育游戏,但他们缺乏运动经验,特别是缺乏运动中卫生和安全的经验,这就特别需要教师在指导中加以重视,以确保他们在安全的环境中进行游戏活动。因此,教师要了解每个幼儿当日的健康状况,如有不适,应采取暂停游戏或减少游戏时间等措施;要对游戏的场地、器材及时进行检查,排除不安全因素;要做到规范、有序地开展体育游戏;取放交换运动器材要有序,不争抢、不乱丢;教师集合信号发出后,幼儿能很快地排成一个较固定的队形(围在教师周围或围成圆形等);能注意力集中地听教师讲解、看教师示范;在游戏中能自觉遵守规则,不做危险动作,如违反了规则,能主动、自觉地按违规"处罚"去做等。

幼儿游戏时,教师还应密切观察幼儿游戏时的运动状态,特别要注意自我控制能力较差或经常容易冲动的幼儿以及运动能力不灵敏、不协调的幼儿。如发现危险动作,要及时运用柔和的语言提示和保护与帮助的方法,防止事故发生,绝不能采用吼叫、恐吓或采用放任的态度。

6. 符合人体生理机能活动能力变化规律的原则

人体在运动过程中,生理机能活动能力会发生变化。这种变化有一定的规律性,一般是在身体运动开始时,机能活动的能力逐渐上升,然后达到并在一定时间内保持最高水平,最后又逐渐下降。从而形成"逐步上升-相对稳定-逐步下降"的规律:

(1)上升阶段。幼儿参加体育活动的开始阶段,教师可以通过形象生动而带有启发性的语言,激发幼儿参加体育活动的愿望,使之逐步产生兴奋、高涨的情绪,从而使其心率和呼吸率逐渐加快,产生积极的心理和生理准备。教师还可以通过身体活动,帮助幼儿克服身体各器官的惰性,使肌体的活动能力较快地上升,以适应负荷量较大的身体运动。对3~6岁的幼儿来说,他们的身体正处在新陈代谢的旺盛时期,其身体各器官的惰性相对较小,机体的活动能力上升较快,因此他们的准备活动时间可以相对短些,运动负荷量可以稍快地增长。

(2)平稳阶段。在这一阶段,由于幼儿身体各器官的活动能力已经逐渐达到了较高的水平,因此,教师可以指导幼儿开展一些运动负荷量较大的游戏活动,学习新动作,或创新各种玩法等。然而,由于幼儿神经系统和运动系统较容易疲劳,能量储备也较少,他们这一阶段所能持续的时间比成年人短,保持最高水平的时间也短。因此,教师在指导中,要注意活动内容与方式的多样性和变化性,以激发和保持幼儿积极高昂的情绪。同时应采用动静交替、激缓结合的方式,不断调节运动负荷。

(3)下降阶段。幼儿经过了一段时间游戏后,体内能量消耗较多,体力恢复和供应不足,身体机能、活动能力逐渐下降,出现各种疲劳的现象。此时教师在指导中,应安排一些放松身体的活动,使幼儿的情绪逐渐平稳,体力和心率逐渐恢复,疲劳逐渐消除。这样有利于幼儿身心健康,更好地开展其他活动。

7. 符合运动技能形成规律的原则

运动技能是指人体在运动中掌握和有效地完成专门动作的能力。运动技能的形成,是通过相应的神经支配下的骨骼肌运动来实现的一系列外显动作,它是神经系统和运动系统建立条件联系和不断巩固的过程。运动技能形成,一般要经历相互联系的三个阶段。

(1)粗略掌握动作阶段。这一阶段是运动技能学习的起始阶段。在这一阶段中,幼儿的大脑皮层兴奋过程扩散,处于泛化阶段。表现为动作费力、紧张,不协调、不准确,缺乏控制力,并伴有多余的动作。因此,教师应多做示范动作,并让幼儿模仿。教师示范的速度不宜太快,以帮助幼儿建立清晰正确完整的动作表象,还应给幼儿提供较多的练习机会,让幼儿逐步地形成初步的运动技能。这一阶段对幼儿的要求不能过高、过严,不能过多地强调动作细节,对能力差的幼儿,可适当减低要求。

(2)改进提高动作阶段。这是有意识地改进技能,使动作各个组成部分建立固定联系的阶段。在初步形成动作的基础上,幼儿通过经常、不断地练习,使大脑皮层兴奋与抑制过程处于分化阶段,兴奋相对集中,抑制逐步发展和巩固,初步建立动力定型,并能较精确地完成动作。其表现为幼儿紧张现象和多余动作明显减少,大多数错误动作得到纠正,动作变得准确、协调和轻松起来,但还不够熟练和巩固。在一些复杂、变化的情况下,仍较容易出现动作变形,或有多余动作及错误动作出现。

在这一阶段,教师应让幼儿进行更多的练习,加强对错误动作的纠正,帮助幼儿逐步掌握动作的细节,加速抑制与兴奋过程分化,不断提高幼儿完成动作的质量,促进动力定型。

(3)熟练掌握动作阶段。这是运动技能巩固、完善达到自动化阶段。在这一阶段,幼儿大脑皮层兴奋过程高度集中,抑制相当牢固,形成了牢固的动力定型。表现在幼儿能准确、熟练、较快地完成动作,并能灵活自如地运用,达到动作自动化的程度。

在这一阶段,教师可以设置各种变化的环境和条件,使幼儿在各种变化的条件下自如地运用运动技能,提高幼儿动作的适应性。

运动技能形成的三个阶段是有机联系的,各个阶段之间并没有明显的界限,它们是一个逐步过渡、逐步发展的过程,每个阶段持续时间的长短,与幼儿体质的基础、教师指导方法等有很大的关联。教师在指导中,应选用对幼儿动作发展和应用有积极作用的手段和方法,如运用示范-模仿-游戏,纠正-练习-游戏的手段等,不断运用新的方法和形式吸引幼儿,尽量避免单调的重复练习。

★ (二)学前儿童体育游戏的指导方法

学前儿童体育游戏的指导方法包括游戏前的准备和游戏的过程两方面。

1. 游戏前的准备

(1)熟悉游戏的内容和目标。

(2)考虑好开展游戏的具体步骤,包括怎样讲解(引导和示范)。

(3)选择和布置场地、运动器械(可以和能力强的幼儿共同布置)。

(4)督促、检查和帮助幼儿整理服装、鞋子(脱去多余的衣、裤、手套、围巾等)。

(5)了解幼儿健康状况。

2. 游戏的过程

(1)游戏开始。

第一,组织带领幼儿进入游戏场地。

第二,讲解游戏内容、方法、结果和注意事项。应用形象、生动的语言及灵活的教学方法吸引幼儿,讲解有情节的游戏时,教师要深入到游戏情境中去,讲解要有感情,语言要形象、生动、简明。讲解可结合示范进行。

第三,分配角色。分配角色的原则是幼儿能胜任,有利于游戏的顺利进行,对幼儿有教育作用。分配角色的方法有以下几类:

指定法(包括教师指定法):有的是直接指定,有的是暗中指定,有的是事先指定,有的是在活动中临时指定,如"狡猾的狐狸"游戏中就是暗中指定。还可采用念儿歌的方法,譬如边轻拍幼儿边说儿歌:"叮叮当,叮叮当,有个××请你当!"说最后一个字时,拍到谁谁就当主要角色,教师实际是有意识地指定幼儿的。还可采用由前一次游戏的优胜者或主要角色指定的方法。

推选法:由参加的人推选决定。譬如"老鹰捉小鸡"中"母鸡"和"老鹰"可由幼儿自己推选。

斗智法:如"人、枪、虎"游戏就要求幼儿动脑筋、想办法战胜对手,才能当追者。

随机决定法:如报数法、击鼓传物法、儿歌传物法、儿歌法、握棒法、"手心手背"法等。

上述各种方法有的简单省事,有的兴趣性强,有的有教育性,有的能启迪智慧,有的适合小组游戏,有的适合于小班。像"叮叮当,叮叮当"儿歌法更适合于小班,而"人、枪、虎"这一类斗智法则适合在年龄较大的幼儿的游戏中使用。

不要过多地让能力强的幼儿当主要角色,以免他们滋长特殊感和骄傲情绪。对能力和自信心差的幼儿也应适当地分配他们做主要角色,在活动中应给予帮助和鼓励,以提高他们的自信心,发展他们的能力。可以分配不爱活动或性格孤僻的幼儿担任主要角色,以提高其活动积极性,培养活泼乐观的性格。教师应有计划地让全班幼儿都能在游戏中当主要角色。

教师参加游戏活动并担当角色,能激发幼儿活动的积极性,使幼儿和教师关系更加融洽,教师还能在活动中以自己正确的动作、行为和良好的情绪影响教育幼儿,便于调节游戏的运动负荷。小班幼儿游戏活动能力差,很多游戏需要教师当主要角色才能顺利完成。

(2) 游戏过程。

第一,组织幼儿游戏,教师观察指导。

第二,选择教师带游戏或幼儿探索游戏等具体方法。幼儿游戏时,教师要选择合理的位置,用全面与个别相结合的方法观察幼儿,并运用鼓励、引导、参与、帮助、纠正、保护等具体手段指导幼儿,使幼儿主动积极地投入到游戏中。

第三,游戏中的指导:把握适当的运动量;提醒幼儿遵守游戏规则;注意幼儿身体姿势和动作的正确性;注意安全。

第四,小结讲评。对前部分时间的游戏情况,教师可运用交流、演示、讲评(包括提出新的玩法和要求)等方法,对游戏进行阶段性讲评,鼓励幼儿继续游戏,进而达到调节运动负荷量或调整游戏的目的。

(3) 游戏结束。

第一,组织带领幼儿放松身心,使幼儿身心逐渐平静。

第二,全面与重点相结合的讲评(以鼓励为主),激发幼儿下次游戏的愿望。

第三,收拾、整理场地与器材(可让部分幼儿参与)。

实践篇

第七章
学前儿童体育教学与体育游戏案例

体育教学是幼儿园体育活动的重要形式,是儿童学习掌握基本技能、锻炼身体、增强体质的重要途径,包含了走、跑、跳、投、钻、爬、攀和其他田径、体操、篮球、武术等技能的学习,以及幼儿力量、耐力、灵敏、柔韧、速度、平衡等身体素质的锻炼。体育游戏则是幼儿园体育教学和户内(外)体育活动的重要形式和重要手段,在教学中广泛运用游戏可以寓教于乐,极大提高幼儿的兴趣,激发幼儿学习的动力。掌握学前儿童体育教学组织和体育游戏的组织教学是未来幼儿教师必备的专业能力。在本章我们精心设计了教学案例和游戏案例,并拍摄了微课视频,以使大家可以理论联系实际,直观形象地认识、掌握体育教学和体育游戏的组织方法。

第一节 学前儿童体育教学案例

学前儿童体育教学的内容非常丰富广泛,包括了走、跑、跳、投、钻、爬、攀和其他田径、体操(技巧、幼儿操、队列队形等)、球类(篮球、足球等)、民间体育活动(跳绳、毽子等)、幼儿武术等内容的教学。本书从中精心选择设计了不同形式的四个案例,附有微课,扫码可以直接学习。

案例1 篮 球

班级:中班　　课次:第＿＿＿＿次　　人数:＿＿＿＿人　　时间:25分钟　　任课教师:＿＿＿＿　　篮球

教学内容	篮球球性练习				
教学目标	1. 知识目标:发展篮球球性,掌握篮球技术中的地滚球技术并能够改变方向,增强对球的控制能力 2. 能力目标:初步掌握篮球基本球性练习技术,培养协调、灵敏、反应等素质 3. 情感目标:培养自信心,养成积极向上、乐观开朗的健康心理				
教学重点	掌握篮球基本球性练习技术				
教学难点	幼儿对篮球的控制与地滚球方法的掌握				
教学方法	直观教学法、讲解示范、纠错法、游戏法等				

课程部分	教学内容	组织教法和学法			练习	
		教师活动	学生活动	组织示意图①	时间	强度
开始准备部分	**课堂常规:** 1. 集合、整队 2. 师生问好 3. 宣布本节课任务 4. 安排见习生	1. 用口令指导幼儿集合,清点人数 2. 师生问好 3. 宣布本节课内容 4. 安排见习生	1. 听从教师安排集合,要求快速、安静、整齐 2. 报数流畅,振奋精神,声音洪亮 3. 认真听讲,明确本课学习内容 **要求:**注意力集中,精神饱满	××××××× ××××××× ▲	1分钟	小

---

① 本章组织示意图中,▲代表教师,×代表幼儿。

（续表）

课程部分	教学内容	组织教法和学法			练习	
		教师活动	学生活动	组织示意图	时间	强度
开始准备部分	**热身运动：**律动球操，跟着音乐有节奏做热身球操	1. 跟着音乐全班集体进行练习 2. 边讲解、边示范 3. 用口令指挥练习	跟随教师集体练习，充分活动各关节 **目的：**活动各关节和肌肉，避免损伤 **要求：**整齐、步调一致、不喧哗	××××× ××××× ▲	3分钟	中
基本部分	**一、简单的球性练习** A. 手指拨球练习 B. 头、腰、膝间绕球练习 C. 地滚球练习	**一、简单的球性练习** 1. 教师讲解示范动作，向幼儿强调动作重难点 2. 喊口令进行集体练习，体会动作 3. 自主练习，教师巡回指导纠错 4. 集体口令练习，教师讲解易错点	**一、简单的球性练习** 1. 认真聆听教师讲解 2. 根据教师的语言提示体会动作要领 3. 按照教师要求进行练习 **要求：**注意力集中，精神饱满	××××× ××××× ▲	7分钟	中
	二、地滚球游戏 （一）带球宝宝去散步 **游戏方法：** 设置起点和终点，直线地滚球	**二、地滚球游戏** （一）带球宝宝去散步 1. 教师讲解游戏方法 2. 教师带领幼儿一起完成游戏，把握游戏节奏，提高幼儿兴趣	**二、地滚球游戏** （一）带球宝宝去散步 1. 幼儿认真听教师所讲内容 2. 幼儿按照教师讲的规则来进行游戏	×××××｜○ ×××××｜○ ×××××｜○ （竖线：起点） （○：终点）	3分钟	大
	（二）地滚球单手绕障碍 **游戏方法：** 在起点和终点之间设置若干标志桶。教师在幼儿前面设置很多的"小树"，引导幼儿不可以碰倒它们，要在"小树"的身边像小蛇一样"S"形绕过去	（二）地滚球单手绕障碍 1. 教师讲解并示范游戏方法 2. 教师带领幼儿一起完成游戏	（二）地滚球单手绕障碍 1. 幼儿认真听教师讲解 2. 幼儿根据要求完成游戏 **要求：**控制好球的方向，手不能离球	×××××｜◆◆◆○ ×××××｜◆◆◆○ ×××××｜◆◆◆○ （◆：标志桶）	4分钟	大
	（三）反方向双手地滚球绕障碍 **游戏方法：** 在上一个游戏的基础上，倒着"S"形双手拨球绕障碍	（三）反方向双手地滚球绕障碍 1. 教师讲解并示范游戏方法 2. 在游戏过程中反复强调幼儿注意安全 3. 为幼儿加油打气，进行鼓励	（三）反方向双手地滚球绕障碍 1. 幼儿认真听教师讲解游戏方法 2. 按要求进行游戏，有序站队 3. 为同伴加油打气，进行鼓励	×××××｜◆◆◆○ ×××××｜◆◆◆○ ×××××｜◆◆◆○ （◆：标志桶）	4分钟	大
结束部分	1. 集合整队 2. 放松操 3. 小结本课 4. 回收器材	1. 组织幼儿跟随音乐进行放松练习 2. 讲评本次的目标完成情况	1. 跟教师一起做放松操 2. 对自己的学习情况进行评价 3. 积极回收器材 **要求：**跟随音乐，全身心放松	×××××× ×××××× ▲	3分钟	中

(续表)

场地器材	场地一块,音响一台,篮球若干	平均心率	120～130次/分钟	练习密度	60%～70%
课后小结					

案例2　体能大冲关

体能大冲关

班级:中班　　课次:第_____次　　人数:_____人　　时间:25分钟　　任课教师:_____

教学内容	体能大冲关(综合游戏)
教学目标	1. 知识目标:通过钻、跳、过独木桥动作练习,锻炼灵敏性以及平衡能力,发展耐力 2. 能力目标:通过本节课的练习,掌握钻、双脚跳、连续跳等动作 3. 情感目标:通过本次体能课的锻炼,培养吃苦耐劳、顽强的意志品质
教学重点	各个关卡的动作要领以及衔接,过桥时身体的平衡
教学难点	游戏过程中各个关卡的衔接以及过桥时身体的平衡
教学方法	直观教学法、讲解示范、纠错法、游戏法等

课程部分	教学内容	组织教法和学法			练习	
		教师活动	学生活动	组织示意图	时间	强度
开始准备部分	**课堂常规:** 1. 集合、整队 2. 师生问好 3. 宣布本节课任务 4. 安排见习生	1. 用口令指导幼儿集合,清点人数 2. 师生问好 3. 宣布本节课内容 4. 安排见习生	1. 听从教师安排集合,要求快速、安静、整齐 2. 报数流畅,振奋精神,声音洪亮 3. 认真听讲,明确本课学习内容 **要求:**注意力集中,精神饱满	×××××× ×××××× ▲	1分钟	小
	热身操(撒花): 在音乐的伴奏下跟教师一起跳热身操	教师带领幼儿做热身运动,激励幼儿跟着音乐一起做	跟随教师集体练习,充分活动各关节 **目的:**活动各关节和肌肉,避免损伤 **要求:**整齐、步调一致、不喧哗	×××××× ×××××× ▲	3分钟	中
基本部分	一、教师用故事情节引出本课的教学内容	一、教师用故事情节引出本课的教学内容	一、教师用故事情节引出本课的教学内容 幼儿认真听教师讲故事情节,体会小兔子钻"山洞"、跳体能环的动作要领 **注意:**认真听讲,理解动作	×××××××× ×××××× ▲	1分钟	小

课程部分	教学内容	组织教法和学法			练习	
		教师活动	学生活动	组织示意图	时间	强度
基本部分	二、综合体能：体能大冲关 （一）第一关：钻"山洞"，通过"大草原" **游戏方法**：将幼儿分成两队站立，依次钻过"拱形山洞"后，双脚跳过体能环，通过"大草原"，迅速从右侧跑回队伍终点排队。游戏继续进行，以此类推	二、综合体能：体能大冲关 （一）第一关：钻"山洞"，通过"大草原" 1. 教师用导入的方式讲解并示范游戏方法 2. 教师带领幼儿一起练习钻的动作，过"山洞"，双脚跳过"大草原"，完成游戏 3. 指导幼儿单独完成游戏，并及时纠错	二、综合体能：体能大冲关 （一）第一关：钻"山洞"，通过"大草原" 1. 幼儿认真听教师所讲内容 2. 幼儿按照教师讲的基本动作进行小游戏 3. 在跳的过程中体会钻的动作以及双脚跳的连续性 **注意**：在跳的过程中跟着音乐节奏，注意安全，有序进行，不拥挤	×××××∩○○○○ ×××××∩○○○○ （∩：山洞） （○：体能环）	4分钟	大
	（二）第二关：跨越障碍 **游戏方法**：在第一关游戏的基础上增加障碍，加大游戏难度，幼儿依次钻过"山洞"、跳过"大草原"、跨过障碍，然后从右侧返回队尾，依次类推	（二）第二关：跨越障碍 1. 教师讲解并示范游戏方法 2. 教师带领幼儿一起完成游戏 3. 指导幼儿单独完成游戏，语言提示安全并及时纠错	（二）第二关：跨越障碍 1. 幼儿认真听教师讲解并模仿动作 2. 幼儿跟教师一起完成游戏 3. 自己完成游戏并根据教师的提示纠正动作 **注意**：体会各个关卡的动作要领，注意安全，不乱跑	×××××∩○○○○| ×××××∩○○○○| （|：障碍）	4分钟	大
	（三）第三关：通过"高桥" **游戏方法**：在第二关游戏的基础上增加障碍，加大游戏难度，幼儿依次钻过"山洞"、跳过"大草原"、跨过障碍，再踏上"高桥"（圆柱体道具），在通过"高桥"的过程中，保持身体的平衡，完成游戏后从外侧跑至队尾，依次类推	（三）第三关：通过"高桥" 1. 教师在第二关游戏的基础上增加道具（高桥）加大游戏难度，讲解并示范游戏方法 2. 教师带领幼儿一起单双脚交替跳完成游戏 3. 指导幼儿单独完成游戏，语言提示安全并及时纠错	（三）第三关：通过"高桥" 1. 幼儿认真听教师讲解并模仿动作 2. 幼儿跟教师一起完成第三关游戏 3. 自己完成游戏并根据教师的提示纠正动作 **注意**：在游戏的过程中保持身体平衡	×××××∩○○○○|□ ×××××∩○○○○|□ （□：高桥）	4分钟	大
	（四）第四关：过独木桥 **游戏方法**：把幼儿分成两组，在前三关游戏的基础上，加大游戏难度，增加独木桥，在过独木桥时两臂侧平举打开，保持身体平衡，安全通过后从右侧快速回到队尾，游戏有序进行	（四）第四关：过独木桥 1. 教师讲解示范，使幼儿明确游戏方法和规则 2. 组织幼儿进行游戏练习，语言提示，鼓励学生 3. 提醒幼儿在过独木桥时保持身体平衡，两臂侧平举打开，安全通过	（四）第四关：过独木桥 1. 认真听教师讲解，明确游戏规则 2. 按教师要求进行游戏 3. 在过独木桥时注意保持身体平衡，有序进行游戏 **注意**：在过独木桥时注意安全，保持身体平衡	×××∩○○○○|□□▽ ×××∩○○○○|□□▽ （▽：独木桥）	4分钟	大

（续表）

课程部分	教学内容	组织教法和学法			练习	
		教师活动	学生活动	组织示意图	时间	强度
结束部分	1. 集合整队 2. 放松小组合 3. 小结本课 4. 回收器材	1. 组织幼儿跟随音乐进行放松练习 2. 讲评本次的目标完成情况	1. 跟教师一起做放松组合动作 2. 对自己的学习情况进行评价 3. 积极回收器材 **要求：**跟随音乐，全身心放松	××××××× ××××××× ▲	3分钟	中
场地器材	场地一块，音响一台，体能环若干，障碍道具	**平均心率**	130～135次/分钟	**练习密度**	70%～75%	
课后小结						

案例3　跳　绳

班级：中班　　课次：第_____次　　人数：_____人　　时间：25分钟　　任课教师：_____

跳绳

教学内容	跳绳
教学目标	1. 知识目标：了解跳绳的运动方法与健康知识 2. 能力目标：初步掌握向前摇绳，双脚并拢向上跳的跳绳方法 3. 情感目标：培养不怕失败、不断努力的坚韧精神
教学重点	掌握动作技术与技巧
教学难点	手脚的协调配合
教学方法	直观教学法、讲解示范、纠错法等

课程部分	教学内容	组织教法和学法			练习	
		教师活动	学生活动	组织示意图	时间	强度
开始准备部分	**课堂常规：** 1. 集合、整队 2. 师生问好 3. 宣布本节课任务 4. 安排见习生	1. 用口令指导幼儿集合，清点人数 2. 师生问好 3. 宣布本节课内容 4. 安排见习生	1. 听从教师安排集合，要求快速、安静、整齐 2. 报数流畅，振奋精神，声音洪亮 3. 认真听讲，明确本课学习内容 **要求：**注意力集中，精神饱满	××××××× ××××××× ▲	1分钟	小
	热身运动： 根据音乐《剪刀石头布》跳热身操	教师带领幼儿做热身运动，激励幼儿跟着一起做	跟随教师集体练习，充分活动各关节 **目的：**活动各关节和肌肉，避免损伤 **要求：**整齐、步调一致、不喧哗	××××××× ××××××× ▲	3分钟	中

（续表）

课程部分	教学内容	组织教法和学法			练习	
		教师活动	学生活动	组织示意图	时间	强度
基本部分	一、引导探索 1. 引导幼儿自主探索跳绳的方法 2. 请幼儿说说可以如何玩，并请幼儿到前面示范 3. 教师总结归纳，最后引出本节课教学内容	一、引导探索 1. 教师积极引导幼儿思考 2. 鼓励幼儿积极回答问题并进行总结	一、引导探索 1. 积极探索跳绳方法 2. 积极回答问题并敢于展示 要求：注意力集中，精神饱满	××××× ×××× ▲	3分钟	小
	二、学习跳绳 1. 讲解持绳动作与摇绳方法 2. 跟随音乐进行单手摇绳、双手摇绳并配合做双脚跳练习 3. 讲解跳绳方法：双手持绳柄，大臂收紧，手腕放松，双手同时摇绳向前甩，双脚并拢跳过绳	二、学习跳绳 1. 教师讲解并示范持绳动作与摇绳，向幼儿强调动作重难点 2. 跟音乐进行集体练习，体会摇绳动作与手脚协调配合 3. 讲解示范跳绳方法	二、学习跳绳 1. 认真聆听教师讲解 2. 根据教师的语言提示体会动作要领 3. 按照教师要求，进行摇绳练习 要求：注意力集中，练习摇绳的时候要注意旁边的人，保持距离，以免摇绳的时候甩到人	××××× ×××× ▲	7分钟	大
	三、练习跳绳 1. 组织幼儿进行分解动作练习，可用口诀：一持二摇三跳 2. 进行完整动作练习	三、练习跳绳 1. 教师示范分解动作做法，并带领幼儿喊口令一同完成 2. 教师带领幼儿进行完整动作练习，重点强调摇绳动作与手脚协调配合	三、练习跳绳 1. 认真聆听教师讲解 2. 根据教师的语言提示体会动作要领，认真练习 3. 按照教师要求，进行完整动作练习 要求：两人之间保持距离，以免跳绳的时候甩到人	××××× ×××× ▲	8分钟	大
结束部分	1. 集合整队 2. 放松操 3. 小结本课 4. 回收器材	1. 组织幼儿跟随音乐进行放松练习 2. 讲评本次的目标完成情况	1. 跟教师一起做放松操 2. 对自己的学习情况进行评价 3. 积极回收器材 要求：跟随音乐，全身心放松	××××× ×××× ▲	3分钟	中
场地器材	场地一块，音响一台，跳绳若干	平均心率	120～130次/分钟	练习密度	60%～70%	
课后小结						

案例4 武术操

| 班级：中班 | 课次：第_____次 | 人数：_____人 | 时间：25分钟 | 任课教师：_____ | 武术操 |

教学内容	武术操
教学目标	1. 知识目标：学会拳、掌、勾动作，初步了解马步步法，加强腿部力量练习 2. 能力目标：锻炼反应能力及耐力，增强自身协调性发展，敢于挑战自我，促进全面健康发展 3. 情感目标：感知武术的魅力，激发学习武术的兴趣
教学重点	掌握动作要领
教学难点	手脚的协调配合
教学方法	直观教学法、讲解示范、纠错法等

课程部分	教学内容	组织教法和学法			练习	
		教师活动	学生活动	组织示意图	时间	强度
开始准备部分	**课堂常规：** 1. 集合、整队 2. 师生问好 3. 宣布本节课任务 4. 安排见习生	1. 用口令指导幼儿集合，清点人数 2. 师生问好 3. 宣布本节课内容 4. 安排见习生	1. 听从教师安排集合，要求快速、安静、整齐 2. 报数流畅，振奋精神，声音洪亮 3. 认真听讲，明确本课学习内容 **要求：**注意力集中，精神饱满	×××××× ×××××× ▲	1分钟	小
	热身运动： 根据音乐《嘿嘿哈哈武术操》跳热身操	教师带领幼儿做热身运动，激励幼儿跟着一起做	跟随教师集体练习，充分活动各关节 **要求：**整齐、步调一致、不喧哗	×××××× ×××××× ▲	3分钟	中
基本部分	（一）学习武术基本动作 学会拳、掌、勾动作以及抱拳礼，了解马步步法	（一）学习武术基本动作 1. 教师讲解示范动作，向幼儿强调动作重难点 2. 喊口令进行集体练习，体会动作 3. 自主练习，教师巡回指导纠错 4. 集体口令练习，教师讲解易错点	（一）学习武术基本动作 1. 认真聆听教师讲解 2. 根据教师的语言提示体会动作要领 3. 按照教师要求，进行练习	×××××× ×××××× ▲	5分钟	小
	（二）学习武术操 根据《嘿嘿哈哈武术操》这首歌的歌词进行教学	（二）学习武术操 1. 教师讲解并示范动作，包括镜面示范和背面示范 2. 喊口令进行集体练习，体会动作 3. 自主练习，教师巡回指导纠错 4. 集体口令练习，教师讲解易错点 5. 完整跟音乐练习	（二）学习武术操 1. 认真聆听教师讲解 2. 根据教师的语言提示体会动作要领 3. 按照教师要求，进行动作练习 **要求：**注意力集中，声音洪亮	××××× ××××× ▲	13分钟	大

(续表)

课程部分	教学内容	组织教法和学法			练习	
		教师活动	学生活动	组织示意图	时间	强度
结束部分	1. 集合整队 2. 放松操 3. 小结本课 4. 回收器材	1. 组织幼儿跟随音乐进行放松练习 2. 讲评本次的目标完成情况	1. 跟教师一起做放松操 2. 对自己的学习情况进行评价 3. 积极回收器材 **要求：**跟随音乐，全身心放松	×××××× ×××××× ▲	3分钟	中
场地器材	场地一块，音响一台，音乐《嘿嘿哈哈武术操》	**平均心率**	120～130次/分钟	**练习密度**	60%～70%	
课后小结						

第二节 学前儿童体育游戏案例

　　体育游戏的内容很丰富，依据《3—6岁儿童学习与发展指南》中健康领域目标要求，按照游戏的分类特点，本节精心制作筛选了一些幼儿园体育游戏案例。这些教案从身体素质游戏、竞赛类游戏、角色扮演类游戏、民间体育游戏分篇介绍，部分附有微课，可以扫码观看。

一、身体素质游戏

（一）力量性游戏

案例5 彩绳拔拔拔

彩绳拔拔拔

班级：大班　　课次：第_____次　　人数：_____人　　时间：30分钟　　任课教师：_____

教学内容	彩绳拔拔拔（上肢力量性游戏）					
教学目标	1. 知识目标：通过双手拉绳发展上肢力量 2. 能力目标：勇敢大胆地进行拉绳，体验做游戏的快乐 3. 情感目标：体验拉绳带来的快乐，乐于与同伴一起协作完成					
教学重点	注意幼儿在拉绳的过程中向后过度倾斜					
教学难点	掌握拉绳用力的方法					
教学方法	辅助教学法、启发式、直观教学法、讲解示范、纠错法、游戏法等					
课程部分	教学内容	组织教法和学法			练习	
		教师活动	学生活动	组织示意图	时间	强度
开始准备部分	**课堂常规：** 1. 集合、整队 2. 师生问好	1. 用口令指导幼儿集合，清点人数 2. 师生问好	1. 听从教师安排集合，要求快速、安静、整齐	×××××× ×××××× ▲	1分钟	小

（续表）

课程部分	教学内容	组织教法和学法			练习	
		教师活动	学生活动	组织示意图	时间	强度
开始准备部分	3. 宣布本节课任务 4. 安排见习生①	3. 宣布本节课内容 4. 安排见习生	2. 报数流畅,振奋精神,声音洪亮 3. 认真听讲,明确本课学习内容 **要求**:注意力集中,精神饱满		1分钟	小
	热身运动: 根据音乐跳热身操,做跳跃、原地奔跑等动作	教师带领幼儿做热身运动,激励幼儿跟着一起做 音乐《大鳄鱼》	跟随教师集体练习,充分活动各关节 **目的**:活动各关节和肌肉,避免损伤	××××× ××××× ▲	3分钟	中
基本部分	**游戏方法:** (一) 拔萝卜 1. 准备一根大绳摆成圆圈,幼儿间隔相同距离抓绳坐下 2. 伴随音乐双手抓绳向后练习拉绳	(一) 拔萝卜 1. 教师用导入的方式讲解并示范游戏方法 2. 讲解规则,使幼儿明确游戏方法与规则,激发竞争心态 3. 教师与幼儿一起完成游戏 4. 比赛中引导幼儿,并鼓励幼儿 音乐《拔萝卜》	(一) 拔萝卜 1. 幼儿按照教师讲的基本动作进行小游戏 2. 听口令,模仿并做出相应动作,并明确游戏方法与规则 3. 听教师的提示来纠正自己的动作 **注意**:在拉绳的过程中跟着音乐节奏,注意安全,抓紧绳子,避免身体后倾		7分钟	中
	(二) 吹泡泡 1. 双手抓绳,面对圆心围圈站立 2. 口号:吹泡泡,吹泡泡,吹了一个大泡泡 所有幼儿抓绳向外扩散,形成大圆圈 吹泡泡,吹泡泡,吹了一个小泡泡 所有幼儿抓绳向内聚集	(二) 吹泡泡 1. 教师在第一个游戏的基础上变换方法,讲解并示范游戏方法 2. 教师带领幼儿一起完成吹泡泡游戏 3. 指导幼儿单独完成游戏,语言提示安全并及时纠错	(二) 吹泡泡 1. 认真听教师讲解,明确游戏规则 2. 幼儿与教师一起完成游戏 **注意**:拉绳时注意安全,避免手脱落,向后摔倒		8分钟	中
	(三) 勇敢小战士 1. 幼儿在绳中间站立,双手持绳在腹前。间隔2米处放置飞碟成圆圈 2. 谁先摸到飞碟为胜	(三) 勇敢小战士 1. 教师讲解示范,使幼儿明确游戏方法和规则 2. 组织幼儿进行游戏练习,语言提示,鼓励幼儿	(三) 勇敢小战士 1. 幼儿认真听教师讲解并模仿动作 2. 自己完成游戏并根据教师的提示纠正动作 **注意**:拿飞碟时避免跑步摔倒	（●:飞碟）	8分钟	大

---

① 有特殊情况、不能参加剧烈活动的幼儿。

(续表)

课程部分	教学内容	组织教法和学法			练习	
		教师活动	学生活动	组织示意图	时间	强度
结束部分	1. 集合整队 2. 放松操《幸福的脸》 3. 小结本课 4. 回收器材	组织幼儿,带领幼儿进行放松练习	跟教师一起进行放松练习	×××× ×××× ▲	3分钟	中
场地器材	音响、飞碟、彩色绳	平均心率	120~130次/分钟	练习密度	65%~75%	
课后小结						

★ （二）耐力性游戏

案例6 聪明的兔子

班级：中班   课次：第_____次   人数：_____人   时间：25分钟   任课教师：_____

教学内容	聪明的兔子					
教学目标	1. 知识目标：发展和提高身体的耐力和灵活性 2. 能力目标：通过往返跨障碍跑来发展四肢的协调性 3. 情感目标：能够在游戏中体验竞赛获胜的成功感,并形成初步的集体荣誉感					
教学重点	灵活跨过障碍,掌握过S弯的正确方法					
教学难点	在绕障碍跑时,注意提前减速;跨障碍跑时,腿部抬起要高					
教学方法	启发式、直观教学法、游戏法等					
课程部分	教学内容	组织教法和学法			练习	
		教师活动	学生活动	组织示意图	时间	强度
开始部分	**课堂常规：** 1. 集合、整队 2. 师生问好 3. 宣布本节课任务 4. 安排见习生	1. 用口令指导幼儿集合,清点人数 2. 师生问好 3. 宣布本节课内容 4. 安排见习生	1. 听从教师安排集合,要求快速、安静、整齐 2. 报数流畅,振奋精神,声音洪亮 3. 认真听讲,明确本课学习内容 **要求：**注意力集中,精神饱满	×××××× ×××××× ▲	2分钟	小
准备部分	**热身部分：** 慢跑——动物模仿练习	根据儿歌《点豆豆》,教师带领幼儿做慢跑热身运动 **要求：**精力集中	幼儿观察教师动作,配合音乐做热身运动。跟教师一起做动物模仿活动：兔子跳、猴子爬、青蛙跳、小松鼠跑 **目的：**活动各关节和肌肉,避免损伤	×××××× ×××××× ▲	3分钟	中

（续表）

课程部分	教学内容	组织教法和学法			练习	
		教师活动	学生活动	组织示意图	时间	强度
	一、游戏情景导入环节 二、游戏环节 （一）采蘑菇 **游戏方法：** 1. 在场地上画两条5米的跑道 2. 将幼儿分成两组，成两路纵队站立；排头的小朋友戴兔子头饰 3. 教师发口令，比赛开始，两组队员分别到达终点，拿到筐里球后迅速返回起点并放入筐内，摘下兔子头饰传给下一位幼儿戴好，下一名幼儿才可开始	一、教师设置情景导入本课内容 二、游戏环节 （一）采蘑菇 1. 教师引导幼儿遵守规则，跑到终点采完"蘑菇"后才可返回 2. 教师提醒幼儿在返回放球时，一定要停住，以免发生碰撞 3. 指导幼儿单独完成游戏，并及时纠错 4. 准备备用头饰，以免拽坏	一、幼儿依据情景导入发挥想象力 二、游戏环节 （一）采蘑菇 1. 幼儿认真听教师所讲内容 2. 幼儿按照教师讲的基本动作进行小游戏 3. 在跑的过程中避免发生碰撞	起点 （● ：装有小球的筐） （○ ：空筐） （▬ ：跑道）	5分钟	大
基本部分	（二）小兔快跑 **游戏方法：** 1. 设置两条20米的跑道，在每条跑道上设置三个30厘米高的障碍 2. 将幼儿分成两组，还是以接力的形式进行比赛，幼儿在跨障碍跑到终点后，绕着障碍S形跑回起点，与队友击掌后，兔子头饰传给下一名幼儿，下一名幼儿戴上头饰即可出发。最终用时短的一组获胜	（二）小兔快跑 1. 教师讲解并示范游戏方法 2. 教师提醒幼儿跨障碍时要提前减速通过，避免绊倒障碍物，发生危险 3. 指导幼儿单独完成游戏，语言提示安全并及时纠错	（二）小兔快跑 1. 幼儿认真听教师讲解并模仿动作 2. 幼儿在过障碍时，体会跨步跳的动作 3. 自己完成游戏并根据教师的提示纠正动作	终点 起点 （▬ ■ ⬡ ：障碍）	5分钟	大
	（三）贪吃兔 **游戏方法：** 1. 将30×30米的场地分成四个区域，每个区域之间用30厘米高的障碍物隔开，在每片区域内不规则地摆放10个小圆盘 2. 将幼儿分成两组，呈两路纵队站立。每组幼儿为一队贪吃兔，到场地内捡圆盘，拾到的数量多者获胜 3. 每组捡圆盘的只能是领头的幼儿，四个区域虽然隔开，但只要跨过障碍物就可以到其他区域 4. 在活动过程中，领头幼儿戴着兔子头饰，所有幼儿必须连成一条长龙，不可断开	（三）贪吃兔 1. 教师提醒幼儿在活动过程中要注意秩序，对跟不上的幼儿，教师要提醒其他幼儿给予其帮助 2. 提醒幼儿难度加大	（三）贪吃兔 1. 幼儿认真听教师讲解并模仿动作 2. 自己完成游戏并根据教师的提示纠正动作	（● ：圆盘） （■ ：跑道） （■ ：障碍）	7分钟	大

(续表)

课程部分	教学内容	组织教法和学法			练习	
		教师活动	学生活动	组织示意图	时间	强度
结束部分	1. 集合整队 2. 放松操 3. 小结本课 4. 回收器材	1. 组织幼儿,带领幼儿进行放松练习 2. 讲评本次课完成情况	1. 跟教师一起进行放松练习 2. 对自己的学习情况进行评价 3. 积极回收器材 **要求**:跟随音乐,全身心放松	×××××× ×××××× ▲	3分钟	中
场地器材	音响一台,场地一块,圆柱、长方体、六面体障碍各两个,兔子头饰6个	**平均心率**	145～160次/分钟	**练习密度**	60%～70%	
课后小结						

★ **(三)平衡类游戏**

案例7 独木桥

班级:中班   课次:第_____次   人数:_____人   时间:25分钟   任课教师:_____

独木桥

教学内容	独木桥
教学目标	1. 知识目标:了解掌握平衡身体的方法 2. 能力目标:掌握身体平衡的方法,提高身体平衡的能力 3. 情感目标:提升适应能力,面对新的环境能很快融入
教学重点	保持身体平衡的练习
教学难点	在独木桥上胆怯,不敢尝试
教学方法	直观教学法、讲解示范、纠错法、游戏法等

课程部分	教学内容	组织教法和学法			练习	
		教师活动	学生活动	组织示意图	时间	强度
开始准备部分	**课堂常规:** 1. 集合、整队 2. 师生问好 3. 宣布本节课任务 4. 安排见习生	1. 用口令指导幼儿集合,清点人数 2. 师生问好 3. 宣布本节课内容 4. 安排见习生	1. 听从教师安排集合,要求快速、安静、整齐 2. 报数流畅,振奋精神,声音洪亮 3. 认真听讲,明确本课学习内容 **要求**:注意力集中,精神饱满	×××××× ×××××× ▲	1分钟	小
	热身运动(律动组合): 根据音乐跳热身操	教师带领幼儿做热身运动,激励幼儿跟着一起做	跟随教师集体练习,充分活动各关节 **要求**:整齐、步调一致、不喧哗	××××× ××××× ▲	3分钟	中

(续表)

课程部分	教学内容	组织教法和学法			练习	
		教师活动	学生活动	组织示意图	时间	强度
基本部分	(一)两手侧平举过独木桥 **游戏方法：** 幼儿成一路纵队站在独木桥后面，双手侧平举打开依次慢慢通过独木桥。在通过平衡木时要求幼儿目视前方，两脚交替向前迈步，到达终点后从平衡木一侧跑着回到队尾	(一)两手侧平举过独木桥 1. 教师用导入的方式讲解并示范游戏方法 2. 教师指导幼儿完成游戏 3. 语言提示幼儿在游戏过程中注意安全并及时纠错	(一)两手侧平举过独木桥 1. 幼儿认真听教师所讲内容 2. 幼儿按照教师讲的基本动作进行小游戏 3. 在游戏过程中注意安全并根据教师的提示规范自己的动作	××××××× ▭ (▭：独木桥)	6分钟	中
	(二)手脚着木爬过平衡木 **游戏方法：** 队形同第一关，要求幼儿从独木桥手脚着木爬过去，到达终点后从一侧跑着回到队尾	(二)手脚着木爬过平衡木 1. 教师讲解并示范游戏方法 2. 教师指导幼儿完成游戏，重申过平衡木的正确姿势 3. 指导幼儿单独完成游戏，语言提示安全并及时纠错	(二)手脚着木爬过平衡木 1. 幼儿认真听教师讲解并模仿动作 2. 自己完成游戏并根据教师的提示纠正动作	××××××× ▭	6分钟	大
	(三)增加难度过独木桥 **游戏方法：** 独木桥两侧摆放相对应的大标志桶，其中一侧大标志桶上放置小标志桶，要求孩子在独木桥上保持身体平衡的情况下把一侧的标志桶放到另一侧	(三)增加难度过独木桥 1. 教师讲解并示范游戏方法 2. 教师指导幼儿通过独木桥，必要时帮助幼儿完成 3. 指导幼儿单独完成游戏，语言提示安全并及时纠错	(三)增加难度过独木桥 1. 幼儿认真听教师讲解并模仿动作 2. 幼儿大胆尝试，敢于挑战 3. 自己完成游戏并根据教师的提示纠正动作 **注意：** 在游戏的过程中注意克服胆怯的心理	××××××× ▯▯▯ ▯▯▯ (▯：标志桶)	6分钟	大
结束部分	1. 集合整队 2. 整理放松 3. 小结本课 4. 回收器材	1. 组织学生跟随音乐进行放松练习 2. 讲评本次的目标完成情况	1. 跟教师一起做放松练习 2. 对自己的学习情况进行评价 3. 积极回收器材	× × × × × × × × × × × × ▲	3分钟	中

场地器材	场地一块,平衡木,标志桶若干	平均心率	110～130次/分钟	练习密度	55%～60%

课后小结	

案例8　袋鼠军团(平衡车初级)

班级：大班　　课次：第＿＿＿＿次　　人数：＿＿＿＿人　　时间：30分钟　　任课教师：＿＿＿＿＿

教学内容	直线滑行转弯收脚				
教学目标	1. 知识目标：发展和提高身体的平衡能力,学习直线滑行收双脚 2. 能力目标：能够勇敢地参与活动,学习弯道收脚,增强幼儿的自信心 3. 情感目标：锻炼大胆、勇敢、坚强的意志品质和积极向上的精神				
教学重点	掌握正确的滑行动作,收脚动作				
教学难点	转弯收脚的动作				
教学方法	辅助教学法、启发式、直观教学法、讲解示范、预防与纠正错误法等				

课程部分	教学内容	组织教法和学法			练习	
		教师活动	学生活动	组织示意图	时间	强度
开始部分	课堂常规： 1. 集合、整队 2. 师生问好 3. 宣布本节课任务 4. 安排见习生	1. 用口令指导幼儿集合,清点人数 2. 师生问好 3. 讲解本课内容及注意事项	1. 听从教师安排集合,要求快速、安静、整齐 2. 报数流畅,振奋精神,声音洪亮 **要求**：注意力集中,精神饱满	××××××× ××××××× ▲	2分钟	小
准备部分	**热身运动(从头至脚依次运动)：** 根据口令进行热身	教师带领幼儿做热身运动,激励幼儿跟着一起做	幼儿观察教师动作,跟教师一起运动 **目的**：活动各关节和肌肉,避免损伤 **要求**：整齐、步调一致、不喧哗	××××× ××××× ▲	3分钟	中
基本部分	**一、情景导入** 师：今天,小朋友变成袋鼠军团,跟着我一起去闯关 **二、课程内容** 1. 体能训练："小袋鼠"练习双脚连续跳跃动作,增强幼儿保持身体平衡的能力 2. 直线滑行抬起双脚：训练幼儿能够平稳地直线滑行,同时保持平衡抬起双脚 3. 通过赛道,在转弯处进行收脚的动作,压弯通过	1. 教师：讲解规则并示范,使幼儿明确平衡车滑行的方法与游戏规则,激发竞争心态 2. 开始练习 3. 活动中引导幼儿,并鼓励幼儿	1. 幼儿按照教师讲的基本动作进行练习 2. 听教师的提示来纠正自己的动作	× × × × × ×　▲ × × × ×	8分钟	大

（续表）

课程部分	教学内容	组织教法和学法			练习	
		教师活动	学生活动	组织示意图	时间	强度
基本部分	三、游戏(20分钟) 1. 我们都是木头人：左右脚交替向前走,当说完"我们都是木头人,谁也不许动"时停下 注：此游戏是为了让幼儿养成时刻注意听指令的习惯,提升反应速度 2. 我们都是木头人(增加难度)：之前加速,听到"我们都是木头人,谁也不许动"时双脚抬起,保持姿势滑行 注：此游戏是对课程内容3的练习,增加趣味性,带动幼儿的积极性	1. 教师讲解并示范游戏方法 2. 教师指导幼儿完成翻滚动作,要求滚成直线 3. 指导幼儿单独完成游戏,语言提示安全并及时纠错	1. 幼儿认真听教师讲解并模仿动作 2. 幼儿倾听教师发出口令 3. 自己完成游戏并根据教师的提示纠正动作	× × × × × × ▲ × × × ×	14分钟	大
结束部分	1. 放松运动(从头到脚) 2. 小结本课 3. 回收器材	组织幼儿,带领幼儿进行放松练习	跟教师一起进行放松练习	×××××× ×××××× ▲	3分钟	中
场地器材	音乐、音响、标志桶、平衡杆、平衡车等	平均心率	120～130次/分钟	练习密度	65%～75%	
课后小结						

(四)跳跃类游戏

案例9 勇 敢 向 前 冲

班级：中班   课次：第_____次   人数：_____人   时间：25分钟   任课教师：_____   勇敢向前冲

教学内容	勇敢向前冲
教学目标	1. 知识目标：通过跑、跳等动作练习,增强腿部力量 2. 能力目标：掌握双脚跳、连续跳 3. 情感目标：体验各种跳带来的快乐,培养顽强的意志品质
教学重点	在跑、跳的过程中起跳的爆发力
教学难点	跑跳的过程中,双腿的耐力以及身体的协调性
教学方法	直观教学法、讲解示范、纠错法、游戏法等

课程部分	教学内容	组织教法和学法			练习	
		教师活动	学生活动	组织示意图	时间	强度
开始准备部分	课堂常规： 1. 集合、整队 2. 师生问好	1. 用口令指导幼儿集合,清点人数 2. 师生问好	1. 听从教师安排集合,要求快速、安静、整齐	××××××× ××××××× ▲	1分钟	小

课程部分	教学内容	组织教法和学法			练习	
		教师活动	学生活动	组织示意图	时间	强度
开始准备部分	3. 宣布本节课任务 4. 安排见习生	3. 宣布本节课内容 4. 安排见习生	2. 报数流畅，振奋精神，声音洪亮 3. 认真听讲，明确本课学习内容 **要求**：注意力集中，精神饱满		1分钟	小
	热身运动： 根据音乐跳热身操	教师带领幼儿做热身运动，激励幼儿跟着一起做	跟随教师集体练习，充分活动各关节 **要求**：整齐、步调一致、不喧哗	××××× ××××× ▲	3分钟	中
基本部分	（一）直线跳 **游戏方法：** 将幼儿分成两队站立，体能环直线摆放，幼儿双脚模仿兔子跳，依次跳过体能环，跳到终点后迅速跑回队伍终点排队，游戏继续进行，以此类推	（一）直线跳 1. 教师用导入的方式讲解并示范游戏方法 2. 教师带领幼儿一起双脚跳完成游戏 3. 指导幼儿单独完成游戏，并及时纠错	（一）直线跳 1. 幼儿认真听教师所讲内容 2. 幼儿按照教师讲的基本动作进行小游戏 3. 在跳的过程中体会双脚落地 **注意**：在跳的过程中跟着音乐节奏，注意安全，有序进行，不拥挤	××××× ○○○○ ××××× ○○○○ （○：体能环）	5分钟	大
	（二）直线变化跳 游戏方法同第一关，需要注意的是跳的过程中单双脚的交替进行。体会单脚起跳，双脚落地	（二）直线变化跳 1. 教师讲解并示范游戏方法 2. 教师带领幼儿一起单双脚交替跳完成游戏 3. 指导幼儿单独完成游戏，语言提示安全并及时纠错	（二）直线变化跳 1. 幼儿认真听教师讲解并模仿动作 2. 幼儿跟教师一起完成单双脚交替跳的游戏 3. 自己完成游戏并根据教师的提示纠正动作	×××× ○○ ○ ○ ○ ×××× ○○ ○ ○	5分钟	大
	（三）"S"曲线向前冲 **游戏方法：** 把幼儿分成两组，双脚及身体变为向左右跳，依次通过摆成"S"形的体能环。在跳的过程中，保持身体的平衡，完成游戏后从外侧跑至队尾	（三）"S"曲线向前冲 1. 教师在第二关游戏的基础上变换体能环摆放形状，讲解并示范游戏方法 2. 教师带领幼儿一起双脚跳完成游戏 3. 指导幼儿单独完成游戏，语言提示安全并及时纠错	（三）"S"曲线向前冲 1. 幼儿认真听教师讲解并模仿动作 2. 幼儿跟教师一起完成"S"形曲线体能环双脚跳的游戏 3. 自己完成游戏并根据教师的提示纠正动作	××××× ××××× （"S"形体能环图）	4分钟	大

课程部分	教学内容	组织教法和学法			练习	
		教师活动	学生活动	组织示意图	时间	强度
基本部分	（四）"十字"交叉向前冲 **游戏方法：** 把幼儿分成两组,在前三关游戏的基础上,变化体能环的摆放形状,让两组幼儿同时进行双脚跳,在中间相遇的交叉点上,幼儿互相礼让,有序通过	（四）"十字"交叉向前冲 1. 教师讲解示范,使幼儿明确游戏方法和规则 2. 组织幼儿进行游戏练习,语言提示,鼓励幼儿 3. 提醒幼儿在交叉点相遇时互相礼让,有序通过	（四）"十字"交叉向前冲 1. 认真听教师讲解,明确游戏规则 2. 按教师要求进行游戏 3. 在交叉点与小朋友相遇时,主动礼让,有序进行游戏	××××× ○○○○○ ××××× ○○○○○	4分钟	大
结束部分	1. 集合整队 2. 放松舞蹈《宝贝宝贝》 3. 小结本课 4. 回收器材	1. 组织幼儿跟随音乐进行放松练习 2. 讲评本次的目标完成情况	1. 跟教师一起跳放松舞蹈 2. 对自己的学习情况进行评价 3. 积极回收器材	× × × × × × × × × × × × × × ▲	3分钟	中
场地器材	场地一块,音响一台,体能环若干,音乐《少年》	平均心率	120～130次/分钟	练习密度	60%～70%	
课后小结						

案例 10　骑 大 马

班级：中班　　课次：第_____次　　人数：_____人　　时间：25分钟　　任课教师：_____　　骑大马

教学内容	骑大马
教学目标	1. 知识目标：通过双脚跳、走等动作练习,锻炼弹跳能力 2. 能力目标：发展弹跳能力,增强腿部力量 3. 情感目标：通过同伴之间的互帮互助,相互配合,培养团结协作的优良品质
教学重点	掌握双脚跳的动作要领
教学难点	动作准确性的把握以及与同伴之间的配合
教学方法	直观教学法、讲解示范、纠错法、游戏法等

课程部分	教学内容	组织教法和学法			练习	
		教师活动	学生活动	组织示意图	时间	强度
开始准备部分	**课堂常规：** 1. 集合、整队 2. 师生问好 3. 宣布本节课任务 4. 安排见习生	1. 用口令指导幼儿集合,清点人数 2. 师生问好 3. 宣布本节课内容 4. 安排见习生	1. 听从教师安排,集合要求快速、安静、整齐 2. 报数流畅,振奋精神,声音洪亮 3. 认真听讲,明确本课学习内容	× × × × × × × × × × × × ▲	1分钟	小

（续表）

课程部分	教学内容	组织教法和学法			练习	
		教师活动	学生活动	组织示意图	时间	强度
开始准备部分	**热身活动：** 原地充分活动各个关节，各2×8拍	教师带领幼儿做热身活动，充分活动各个关节	跟随教师集体练习，充分活动各关节 **要求：**整齐、步调一致、不喧哗	××××× ××××× ▲	3分钟	中
基本部分	（一）单人骑大马 **游戏方法：** 把幼儿分成人数相等的三组，第一个幼儿跟随教师模仿骑大马进行分腿双脚跳练习，到达终点后返回到起点。第二名队员骑"马"出发，依次类推，游戏继续进行	（一）单人骑大马 1. 教师以设置情景的方式讲解并示范游戏方法 2. 教师带领幼儿一起完成游戏 3. 指导幼儿单独完成游戏，并及时纠错	（一）单人骑大马 1. 幼儿认真听教师所讲内容 2. 幼儿按照教师讲的基本动作进行模仿练习 3. 在跳的过程中体会动作的连续性 **注意：**在跳的过程中跟着音乐节奏，注意安全，有序进行，不拥挤	×××××　◇ ×××××　◇ ×××××　◇ （◇：终点标志物）	6分钟	大
	（二）双人骑大马 **游戏方法：** 在第一关游戏的基础上，让两名幼儿骑在大"马"上进行双脚跳，到达终点后返回，以此类推	（二）双人骑大马 1. 教师讲解并示范游戏方法 2. 教师带领幼儿一起完成游戏 3. 指导幼儿单独完成游戏，语言提示安全并及时纠错	（二）双人骑大马 1. 幼儿认真听教师讲解并模仿动作 2. 幼儿跟教师一起玩游戏 3. 自己完成游戏并根据教师的提示纠正动作 **注意：**两人之间要配合，团结协作	×××××　◇ ×××××　◇ ×××××　◇	6分钟	大
	（三）多人骑大马 **游戏方法：** 游戏方法同第一关，只是让每一组的幼儿全部参加，骑到一匹"马"身上，慢慢地走到终点，再慢慢走回来	（三）多人骑大马 1. 教师讲解并示范游戏方法 2. 教师带领幼儿一起完成游戏 3. 指导幼儿单独完成游戏，语言提示安全并及时纠错	（三）多人骑大马 1. 幼儿认真听教师讲解游戏的玩法 2. 幼儿跟教师一起完成游戏 3. 自己完成游戏并根据教师的提示纠正动作 **注意：**幼儿前后要有间隔，注意安全，有序进行	×××××　◇ ×××××　◇ ×××××　◇	6分钟	中
结束部分	1. 集合整队 2. 放松小组合 3. 小结本课 4. 回收器材	1. 组织幼儿跟随音乐进行放松练习 2. 讲评本次的目标完成情况	1. 跟教师一起做放松组合动作 2. 对自己的学习情况进行评价 3. 积极回收器材	××××××× ××××××× ▲	3分钟	中
场地器材	场地一块，音响一台，泡沫条若干	**平均心率**	130～135次/分钟	**练习密度**	60%～65%	
课后小结						

（五）钻爬类游戏

案例 11　穿 越 滑 溜 布

穿越滑溜布

班级：中班	课次：第＿＿＿次	人数：＿＿＿人	时间：25分钟	任课教师：＿＿＿

教学内容	穿越滑溜布				
教学目标	1. 知识目标：通过爬、滚、钻等动作练习,增强灵敏性 2. 能力目标：通过本节课的练习,掌握爬、钻、滚的动作技能 3. 情感目标：通过体验各种滑溜布器械,培养顽强的意志品质				
教学重点	爬、钻、滚的动作技能				
教学难点	手脚协调性				
教学方法	直观教学法、讲解示范、纠错法、游戏法等				

课程部分	教学内容	组织教法和学法			练习	
		教师活动	学生活动	组织示意图	时间	强度
开始准备部分	**课堂常规：** 1. 集合、整队 2. 师生问好 3. 宣布本节课任务 4. 安排见习生	1. 用口令指导幼儿集合,清点人数 2. 师生问好 3. 宣布本节课内容 4. 安排见习生	1. 听从教师安排集合,要求快速、安静、整齐 2. 报数流畅,振奋精神,声音洪亮 3. 认真听讲,明确本课学习内容 **要求**：注意力集中,精神饱满	×　×　×　× ×　×　×　× ×　×　×　× ▲	1分钟	小
	热身运动(幼儿操)： 根据音乐跳热身操	教师带领幼儿做热身运动,激励幼儿跟着一起做 音乐《快乐起床歌》	跟随教师集体练习,充分活动各关节 **目的**：活动各关节和肌肉,避免损伤 **要求**：整齐、步调一致、不喧哗	×　×　×　× ×　×　×　× ×　×　×　× ▲	3分钟	中
基本部分	**一、复习爬、钻、滚徒手动作**	**一、复习爬、钻、滚徒手动作** 教师带领学生复习钻、爬、滚徒手动作	**一、复习爬、钻、滚徒手动作** 按照教师要求,复习爬、钻、滚动作 **注意**：双手要协调	×　×　×　× ×　×　×　× ×　×　×　× ▲	3分钟	中
	二、灵敏游戏 (一)第一关：乌龟爬 **游戏方法**：幼儿一路纵队站立,滑溜布直线摆放,幼儿双手双脚着地,依次爬过滑溜布,爬到终点后迅速跑回队伍终点排队,游戏继续进行,以此类推	**二、灵敏游戏** (一)第一关：乌龟爬 1. 教师用导入的方式讲解并示范游戏方法 2. 教师带领幼儿进行匍匐向前爬练习 3. 指导幼儿单独完成游戏,并及时纠错	**二、灵敏游戏** (一)第一关：乌龟爬 1. 幼儿认真听教师所讲内容 2. 幼儿按照教师讲的基本动作进行小游戏 3. 在爬的过程中体会左右脚协调用力 **注意**：在爬的过程中跟着音乐节奏,注意安全,有序进行,不拥挤	▲ ×××××××× ▭ (▭：滑溜布)	5分钟	大

(续表)

课程部分	教学内容	组织教法和学法			练习	
		教师活动	学生活动	组织示意图	时间	强度
基本部分	（二）第二关：滚雪球 **游戏方法**：幼儿一路纵队站立,滑溜布直线摆放,幼儿双手抱于胸前,依次滚过滑溜布,滚到终点后迅速跑回队伍终点排队,游戏继续进行,以此类推	（二）第二关：滚雪球 1. 教师讲解并示范游戏方法 2. 教师指导幼儿完成翻滚动作,要求滚成直线 3. 指导幼儿单独完成游戏,语言提示安全并及时纠错	（二）第二关：滚雪球 1. 幼儿认真听教师讲解并模仿动作 2. 幼儿倾听直线翻滚难点 3. 自己完成游戏并根据教师的提示纠正动作 **注意**：在滚的过程中注意安全,别滚到滑溜布外侧,不乱跑	▲ ×××××××××× ▭	5分钟	大
	（三）第三关：穿越时空隧道 **游戏方法**： 通过创设去神秘海岛探险的情景,穿越由滑溜布创设的时空隧道。手脚着地,爬过隧道	（三）第三关：穿越时空隧道 1. 教师在第一关游戏的基础上加大难度,钻入滑溜布中,讲解并示范游戏方法 2. 教师指导幼儿完成游戏 3. 指导幼儿单独完成游戏,语言提示安全并及时纠错	（三）第三关：穿越时空隧道 1. 幼儿认真听教师讲解并模仿动作 2. 自己完成游戏并根据教师的提示纠正动作 **注意**：在游戏的过程中保持身体平衡	▲ ×××××××××× ▭	5分钟	大
结束部分	1. 集合整队 2. 放松操《小太阳》 3. 小结本课 4. 回收器材	1. 组织学生跟随音乐进行放松练习 2. 讲评本次的目标完成情况	1. 跟教师一起做放松操 2. 对自己的学习情况进行评价 3. 积极回收器材 **要求**：跟随音乐,全身心放松	× × × × × × × × × × × × ▲	3分钟	中
场地器材	场地一块,音响一台,滑溜布一块,音乐	**平均心率**	120～130次/分钟	**练习密度**	60%～70%	
课后小结						

案例 12　虫虫小队员

班级：小班　　课次：第＿＿＿次　　人数：＿＿＿人　　时间：20分钟　　任课教师：＿＿＿＿

虫虫小队员

教学内容	虫虫小队员
教学目标	1. 知识目标：了解掌握爬行的动作方法 2. 能力目标：能够掌握爬行的动作方法,提高身体素质 3. 情感目标：提升适应能力,面对新的环境能很快融入
教学重点	爬行的动作要领
教学难点	手脚倒爬行的动作
教学方法	直观教学法、讲解示范、纠错法、游戏法等

(续表)

课程部分	教学内容	组织教法和学法			练习	
		教师活动	学生活动	组织示意图	时间	强度
开始准备部分	**课堂常规:** 1. 集合、整队 2. 师生问好 3. 宣布本节课任务 4. 安排见习生	1. 用口令指导幼儿集合,清点人数 2. 师生问好 3. 宣布本节课内容 4. 安排见习生	1. 听从教师安排集合,要求快速、安静、整齐 2. 报数流畅,振奋精神,声音洪亮 3. 认真听讲,明确本课学习内容 **要求:**注意力集中,精神饱满	×××××× ×××××× ▲	1分钟	小
	热身运动: 活动身体各个关节(各2×8拍)	教师带领幼儿做热身运动,激励幼儿跟着一起做	跟随教师集体练习,充分活动各关节 **目的:**活动各关节和肌肉,避免损伤 **要求:**整齐、步调一致、不喧哗	××××× ××××× ▲	3分钟	中
基本部分	**(一)手膝着地爬** **游戏方法:** 幼儿站在弧形白线一端,两端各设置一个障碍,让幼儿手膝着地沿白线学毛毛虫向前爬行,到达终点后快速站起跑回到队尾,以此类推	**(一)手膝着地爬** 1. 教师讲解并示范游戏方法 2. 教师指导幼儿完成游戏 3. 语言提示幼儿在游戏过程中注意安全并及时纠错	**(一)手膝着地爬** 1. 幼儿认真听教师所讲内容 2. 幼儿按照教师讲的基本动作进行小游戏 3. 在爬行的过程中注意安全并根据教师的提示规范自己的动作	×××× ×××× □ □ (□:障碍)	4分钟	中
	(二)手脚着地向前爬行 **游戏方法:** 队形同第一关,要求幼儿手脚着地向前爬行,到达终点后快速站起跑回到队尾,以此类推	**(二)手脚着地向前爬行** 1. 教师讲解并示范游戏方法 2. 教师指导幼儿完成游戏 3. 指导幼儿单独完成游戏,语言提示安全并及时纠错	**(二)手脚着地向前爬行** 1. 幼儿认真听教师讲解并模仿动作 2. 幼儿按教师要求完成游戏 3. 自己完成游戏并根据教师的提示纠正动作	×××× ×××× □ □	4分钟	大
	(三)手脚着地倒着爬行 **游戏方法:** 队形同第一关,要求幼儿手脚着地倒着爬行,到达终点后快速站起跑回到队尾,以此类推	**(三)手脚着地倒着爬行** 1. 教师讲解并示范游戏方法 2. 教师指导幼儿手脚着地倒着爬行完成游戏 3. 指导幼儿单独完成游戏,语言提示安全并及时纠错	**(三)手脚着地倒着爬行** 1. 幼儿认真听教师讲解并模仿动作 2. 幼儿大胆尝试,敢于挑战 3. 自己完成游戏并根据教师的提示纠正动作	×××× ×××× □ □	5分钟	大

课程部分	教学内容	组织教法和学法			练习	
		教师活动	学生活动	组织示意图	时间	强度
结束部分	1. 集合整队 2. 整理放松 3. 小结本课 4. 回收器材	1. 组织幼儿跟随音乐进行拍打拉伸放松练习 2. 讲评本次的目标完成情况	1. 跟教师一起做放松 2. 对自己的学习情况进行评价 3. 积极回收器材 **要求：**跟随音乐，全身放松	××××××× ××××××× ▲	3分钟	中
场地器材	场地一块，障碍若干，音乐	**平均心率**	110～130次/分钟	**练习密度**	60%～65%	
课后小结						

（六）柔韧类游戏

案例13 大家一起摘果子

班级：小班　　课次：第＿＿＿次　　人数：＿＿＿人　　时间：20分钟　　任课教师：＿＿＿

教学内容	大家一起摘果子					
教学目标	1. 知识目标：体验钻拱形门、向前爬的乐趣 2. 能力目标：提高柔韧性和身体协调能力 3. 情感目标：体验与同伴一起齐心协力摘果子的乐趣					
教学重点	练习钻爬的运动技能					
教学难点	能够动作协调去做运动					
教学方法	讲解示范、预防与纠正错误法、游戏法					
课程部分	教学内容	组织教法和学法			练习	
		教师活动	学生活动	组织示意图	时间	强度
准备部分	**课堂常规：** 1. 集合、整队 2. 师生问好 3. 宣布本节课任务 4. 安排见习生	1. 用口令指导幼儿集合，清点人数 2. 师生问好 3. 讲解本课内容及注意事项	1. 听从教师安排集合，要求快速、安静、整齐 2. 报数流畅，振奋精神，声音洪亮 **要求：**注意力集中，精神饱满	××××××× ××××××× ▲	1分钟	小
基本部分	1. **热身部分**：教师带领幼儿跟随音乐《葫芦娃》做热身运动（重点活动幼儿的腰部及腿部） 2. **情景导入**：秋天到了，小河对面的水果都熟了，今天我们要钻"山洞"（用呼啦圈代替）去摘果子 3. **介绍规则**：两组幼儿，一组各10个人。运用自己的胳膊、手肘与膝盖和腿在垫子上一步一步	教师带领幼儿做活动操《葫芦娃》，教师做示范，边念儿歌边做动作 1. 师：小朋友，小河对面的果树林丰收了，老师请你们一起去山洞对面收成熟的果子吧！嘘，果林里有一只正在睡着懒觉的大灰狼，不要吵醒	1. 跟着教师一起做课前操《葫芦娃》 2. 幼儿思考如何钻爬才能使身体不碰倒呼啦圈，摘取果子，取得胜利 3. 按照教师要求做游戏。听教师号令钻到呼啦圈摘果子，到达终点，从场地左边绕回起点，继续游戏	××××××× ▲ ××××××× 	17分钟	大

(续表)

课程部分	教学内容	组织教法和学法			练习	
		教师活动	学生活动	组织示意图	时间	强度
基本部分	地向前爬,到山洞对面摘取果子(用水果卡片代替),再从外侧绕回来放子,教师根据时间喊停,检查果子多少。幼儿要注意听指令出发,钻过山洞,不能碰倒呼啦圈 4. 师:我们钻山洞的时候,一定要弯下身子,不要碰倒呼啦圈,一旦碰倒呼啦圈就会"滴滴"报警 5. 请个别幼儿示范钻的动作 6. 讲解动作要领:前两遍钻爬的时候运用胳膊、手肘、膝盖与腿,直线钻爬。后两遍的时候加强难度,在垫子上时依然爬,遇到呼啦圈时,侧身由头先钻,接着上半身、下半身,一只脚再迈另一只脚,钻过呼啦圈再继续向前爬,接着重复动作 7. 游戏开始	它。咱们在钻过山洞的时候可要注意不能碰倒边上的呼啦圈!每次山洞里只能允许有一个小朋友,后面的小朋友要等到前面的小朋友出山洞后才能出发 2. 请个别幼儿示范钻的动作 (1)请个别幼儿示范,其余幼儿仔细观察动作 (2)教师讲解钻的动作要领:弯腰屈膝、低头,身体全部钻过后再站起来。取完果子原路跑回 3. 游戏开始。幼儿分成两组,一组10人参与比赛,钻过拱形门运完全部果子后统计每组总数,总数最多的为获胜者!可组织3～4次比赛(第一遍教师强调规则后,小朋友们开始爬。结束后个别没有遵守规矩的幼儿,再开始第二遍)	4. 遵守游戏规则和秩序,并能参与其中	(图示) (▮ :果子) (→ :方向) (○ :呼啦圈) (☺ :大灰狼)	17分钟	大
结束部分	1. 对幼儿的表现进行表扬,并鼓励其余幼儿加油努力 2. 幼儿与教师一起做放松练习操《红色竹蜻蜓》,活动结束	1. 师:好啦,水果摘完了,让我们大家一起看看谁摘的果子最多,我们一起给他们加油:"棒棒棒,你真棒,继续加油会更棒!" 2. 深呼吸放松操	开心地结束游戏	×××××× ×××××× ▲	2分钟	中
场地器材	拱形门(呼啦圈)、水果卡片、垫子、音乐《葫芦娃》	平均心率	130次/分	预计练习密度		65%～75%
课后小结						

（七）综合类游戏

案例 14　智勇大闯关

班级：大班　　课次：第_____次　　人数：_____人　　时间：30分钟　　任课教师：_____　　

教学内容	智勇大闯关				
教学目标	1. 知识目标：通过走、跑、跳等动作练习，增强腿部力量以及心肺功能 2. 能力目标：掌握跑、双脚跳、立定跳的正确动作要领 3. 情感目标：体验各种跑和跳带来的快乐，培养顽强的意志品质				
教学重点	在跑、跳的过程中起跳的爆发力以及身体的配合				
教学难点	跑跳的过程中，双腿的耐力以及身体的协调性				
教学方法	直观教学法、讲解示范、纠错法、游戏法等				

课程部分	教学内容	组织教法和学法			练习	
		教师活动	学生活动	组织示意图	时间	强度
开始准备部分	**课堂常规：** 1. 集合、整队 2. 师生问好 3. 宣布本节课任务 4. 安排见习生	1. 用口令指导幼儿集合，清点人数 2. 师生问好 3. 宣布本节课内容 4. 安排见习生	1. 听从教师安排集合，要求快速、安静、整齐 2. 报数流畅，振奋精神，声音洪亮 3. 认真听讲，明确本课学习内容 **要求：**注意力集中，精神饱满	×　×　×　×　×　× ×　×　×　×　× ▲	1分钟	小
	热身运动（律动组合）： 根据音乐跳热身操	教师带领幼儿做热身运动，激励幼儿跟着一起做	跟随教师集体练习，充分活动各关节 **要求：**整齐、步调一致、不喧哗	×　×　×　×　× ×　×　×　× ▲	3分钟	中
基本部分	（一）第一关：直线加速跑 **游戏方法：** 把幼儿分成人数相等的3组，站在起点。当教师发出跑的口令后，幼儿快速直线跑向终点，手触障碍物返回，和下一个幼儿击掌，然后站到队伍末尾，依次类推	（一）第一关：直线加速跑 1. 教师用导入的方式讲解并示范游戏方法 2. 教师指导幼儿完成游戏 3. 语言提示幼儿在游戏过程中注意安全并及时纠错	（一）第一关：直线加速跑 1. 幼儿认真听教师所讲内容 2. 幼儿按照教师讲的基本动作进行小游戏 3. 在跳的过程中注意安全并根据教师的提示规范自己的动作	×××××　　◇ ×××××　　◇ ×××××　　◇ （◇：障碍物）	5分钟	大
	（二）第二关："S"形绕障碍跑 **游戏方法：** 同第一关，增加难度，在途中用小标志桶设置"S"形障碍，让幼儿绕过"S"形障碍跑到终点，直线跑回，游戏依次进行	（二）第二关："S"形绕障碍跑 1. 教师讲解并示范游戏方法 2. 教师带领幼儿一起绕"S"障碍完成游戏 3. 指导幼儿单独完成游戏，语言提示安全及时纠错	（二）第二关："S"形绕障碍跑 1. 幼儿认真听教师讲解并模仿动作 2. 幼儿跟教师一起完成绕"S"形障碍的游戏 3. 自己完成游戏并根据教师的提示纠正动作	×××××　□□□□　　◇ ×××××　□□□□　　◇ ×××××　□□□□　　◇ （□：标志桶）	6分钟	大

（续表）

课程部分	教学内容	组织教法和学法			练习	
		教师活动	学生活动	组织示意图	时间	强度
基本部分	（三）第三关：增加难度 **游戏方法：** 增加难度，在上一关游戏的基础上增加小跨栏，要求幼儿绕过"S"形障碍后双脚连续跳跃跨栏，到达终点后再直线加速跑回	（三）第三关：增加难度 1.教师在第二关游戏的基础上增加小跨栏，加大游戏难度，讲解并示范游戏方法 2.教师指导幼儿跨栏的动作要领，完成游戏 3.指导幼儿单独完成游戏，语言提示安全并及时纠错	（三）第三关：增加难度 1.幼儿认真听教师讲解并模仿动作 2.幼儿跟教师一起完成跨栏的动作 3.自己完成游戏并根据教师的提示纠正动作	×××××× □□□□ ‖ ◇ ×××××× □□□□ ‖ ◇ ×××××× □□□□ ‖ ◇ （｜：小跨栏）	6分钟	大
	（四）第四关：终极挑战 **游戏方法：** 在上一关的基础上增加难度，摆放4个标志碟和一个长标杆，要求幼儿双脚立定跳过标志碟，然后在标杆处手脚着地爬行到终点后快速直线跑回。依此类推，游戏继续进行	（四）第四关：终极挑战 1.教师讲解示范，使幼儿明确游戏方法和规则 2.组织幼儿进行游戏练习，语言提示，鼓励幼儿 3.提醒幼儿跳过标志碟时注意落地缓冲，注意安全	（四）第四关：终极挑战 1.认真听教师讲解，明确游戏规则 2.按教师要求进行游戏 3.按教师要求完成游戏，注意安全 **注意：**跳过标志碟时注意落地缓冲	×××××× □□□□‖○○○○◇ ×××××× □□□□‖○○○○◇ ×××××× □□□□‖○○○○◇ （○：标志碟） （═：长标杆）	6分钟	大
结束部分	1.集合整队 2.整理放松 3.小结本课 4.回收器材	1.组织幼儿跟随音乐进行放松练习 2.讲评本次的目标完成情况	1.跟教师一起放松 2.对自己的学习情况进行评价 3.积极回收器材 **要求：**跟随音乐，全身放松	× × × × × × × × × × × × ▲	3分钟	中
场地器材	场地一块，音响一台，障碍3个，标志桶若干，标志碟若干，标志杆3个，小跨栏6个，音乐《小鸡小鸡》	平均心率	120～130次/分钟	练习密度	70%～75%	
课后小结						

案例15　抓蝴蝶

班级：小班　　课次：第＿＿＿次　　人数：＿＿＿人　　时间：20分钟　　任课教师：＿＿＿

教学内容	抓蝴蝶
教学目标	1.知识目标：通过各种爬行等动作练习，了解爬行的正确方法 2.能力目标：发展身体技巧，增强大肌肉群的训练，尤其是下肢 3.情感目标：体验各种爬带来的快乐，培养克服困难的能力
教学重点	明确游戏规则
教学难点	来回抓蝴蝶时防止幼儿发生碰撞
教学方法	直观教学法、讲解示范、纠错法、游戏法等

(续表)

课程部分	教学内容	组织教法和学法			练习	
		教师活动	学生活动	组织示意图	时间	强度
开始准备部分	**课堂常规:** 1. 集合、整队 2. 师生问好 3. 宣布本节课任务 4. 安排见习生	1. 用口令指导幼儿集合,清点人数 2. 师生问好 3. 宣布本节课内容 4. 安排见习生	1. 听从教师安排集合,要求快速、安静、整齐 2. 报数流畅,振奋精神,声音洪亮 3. 认真听讲,明确本节课学习内容 **要求:**注意力集中,精神饱满	×××××× ×××××× ▲	1分钟	小
	热身运动(律动组合): 根据音乐跳热身操	教师带领幼儿做热身运动,激励幼儿跟着一起做	跟随教师集体练习,充分活动各关节 **要求:**整齐、步调一致、不喧哗	××××× ××××× ▲	3分钟	中
基本部分	**(一)跑步抓蝴蝶** **游戏方法:** 教师把幼儿按性别分成两组,成纵队站在标志桶后边,把标志碟分散撒在距离幼儿8米远的地方。幼儿要变成抓蝶人,跑步抓"蝴蝶"往返到起点,把抓到的"蝴蝶"放到起点的篮子里,每次每名幼儿只能抓一个,直到把"蝴蝶"抓完为止。看哪个小组抓的"蝴蝶"多	**(一)跑步抓蝴蝶** 1. 教师用导入的方式讲解并示范游戏方法 2. 教师引导幼儿跑步去抓"蝴蝶"完成游戏 3. 指导幼儿单独完成游戏,并及时纠错 4. 教师用语言提示幼儿在抓"蝴蝶"的时候不碰撞,注意安全	**(一)跑步抓蝴蝶** 1. 幼儿认真听教师所讲内容 2. 幼儿按照教师讲的基本动作进行小游戏 3. 在跑的过程中体会跑步的正确姿势 4. 注意安全,不碰撞	×××××× ▢ ○ ○ ○ ×××××× ▢ ○ ○ ○ ○ (▢:标志桶) (○:标志碟)	4分钟	中
	(二)手脚着地向前爬抓蝴蝶 **游戏方法:** 增加难度,教师把"蝴蝶"再次分散出去,让幼儿学大老虎手脚着地向前爬着去抓"蝴蝶"。同样每人每次只能抓一个"蝴蝶",放到起点的篮子里,抓到"蝴蝶"多的队伍为胜	**(二)手脚着地向前爬抓蝴蝶** 1. 教师讲解并示范游戏方法及游戏规则 2. 教师指导幼儿学大老虎手脚着地向前爬完成游戏 3. 语言提示安全并及时纠错	**(二)手脚着地向前爬抓蝴蝶** 1. 幼儿认真听教师讲解并模仿动作 2. 幼儿在教师的指导下一起完成游戏 3. 幼儿在做游戏的过程中注意安全,并根据教师的提示纠正自己的动作	×××××× ▢ ○ ○ ○ ×××××× ▢ ○ ○ ○ ○	4分钟	大
	(三)双脚跳抓蝴蝶 **游戏方法:** 幼儿把双手(成剪刀样)放头顶模仿小兔子,采用双脚跳去抓,抓到一只"蝴蝶"夹在腿上,跳回到起点,放到篮子里。如果途中掉下来,捡起夹好继续游戏,看哪个小组抓得多	**(三)双脚跳抓蝴蝶** 1. 教师讲解并示范游戏方法及游戏规则 2. 教师指导幼儿学小白兔双脚跳向前行进完成游戏 3. 语言提示安全并及时纠错	**(三)双脚跳抓蝴蝶** 1. 幼儿认真听教师讲解 2. 幼儿在教师的指导下完成游戏 3. 自己完成游戏并根据教师的提示纠正动作	×××××× ▢ ○ ○ ○ ×××××× ▢ ○ ○ ○ ○	5分钟	大

（续表）

课程部分	教学内容	组织教法和学法			练习	
		教师活动	学生活动	组织示意图	时间	强度
结束部分	1. 集合整队 2. 整理放松 3. 小结本课 4. 回收器材	1. 组织幼儿跟随音乐进行放松练习 2. 讲评本次的目标完成情况	1. 跟教师一起做放松活动 2. 对自己的学习情况进行评价 3. 积极回收器材 **要求：**跟随音乐，全身放松	×××××× ×××××× ▲	3分钟	中
场地器材	场地一块，音响一台，标志桶若干，标志碟若干，音乐《小鸡小鸡》	**平均心率**	120～130次/分钟	**练习密度**	60%～70%	
课后小结						

案例 16　快乐玩杆

班级：大班　　课次：第_____次　　人数：_____人　　时间：30分钟　　任课教师：_____

教学内容	快乐玩杆（综合合作性游戏）					
教学目标	1. 知识目标：通过杆子游戏发展跑跳躲闪的能力，提高动作的协调性，促进运动方位的感知 2. 能力目标：能够合作创想完成任务，提高团队协作能力 3. 情感目标：体验玩杆带来的快乐，锻炼意志品质，培养创新思维、应变能力和进取精神					
教学重点	提高跑跳躲闪动作的协调性					
教学难点	不同体态下"前后左右上下"的方位感知					
教学方法	辅助教学法、启发式、直观教学法、讲解示范、预防与纠正错误法、游戏法等					

课程部分	教学内容	组织教法和学法			练习	
		教师活动	学生活动	组织示意图	时间	强度
开始部分	**课堂常规：** 1. 集合、整队 2. 师生问好 3. 宣布本节课任务 4. 安排见习生	1. 用口令指导幼儿集合，清点人数 2. 师生问好 3. 讲解本课内容及注意事项。吸引幼儿的兴趣，让幼儿参与其中	1. 听从教师安排集合，要求快速、安静、整齐 2. 报数流畅，振奋精神，声音洪亮 **要求：**注意力集中，精神饱满	×××××× ×××××× ▲	2分钟	小
准备部分	**开始部分：** 1. 绕杆子变速跑：今天我们要来玩一些非常有趣的游戏，先让我们大家运动一下身体，绕着地上的杆子跑一跑，注意，跑动的时候不能碰到杆子 2. 自由玩杆：除了绕着杆子跑，不碰到地面的杆子，我们还可以怎样玩？请你试一试，注意安全	教师带领幼儿做热身运动，激励幼儿跟着一起做	幼儿观察教师动作，跟教师一起运动		3分钟	中

143

课程部分	教学内容	组织教法和学法			练习	
		教师活动	学生活动	组织示意图	时间	强度
基本部分	活动部分： （一）四人一组举杆 徒手听信号做动作 持杆听信号做动作 持杆仰卧听信号做动作 （二）四人一组逆向举杆并移动 1. 四人一组持杆听令向前、后、左、右正确移动（教师参与） 2. 四人一组持杆听令向前、后、左、右逆向移动（方位、步幅难度逐步变化） （三）四人一组持杆快速调整队形 教师顺着一个方向变化站立位置——不同方向快速转换站立的方位 （四）四人合作，巧过杆子 1. 四人合作用相同的动作过杆子。小组展示：教师在活动中及时用语言肯定动作变化、提示幼儿注意安全、及时阻止危险的动作 2. 场地上增加四根杆子，让四组幼儿把各组的过杆方法都体验一遍	1. 教师讲解游戏规则并示范，使幼儿明确游戏方法与规则（慢速示范—快速示范—快速无示范） 2. 开始游戏 3. 比赛中引导幼儿，并鼓励幼儿 游戏流程： 绕杆变速跑—自由玩杆—持杆听口令做动作—小组过杆—变汽车离场	1. 幼儿按照教师讲的基本动作进行小游戏 2. 幼儿听口令，模仿并做出相应动作，并明确游戏方法与规则 3. 听教师的提示来纠正自己的动作 4. 注意四人之间相互配合	终点 ↑ ▬▬▬▬ ×××× ×××× ×××× 起点 （▬：杆子）	17分钟	大
结束部分	组合车辆： 幼儿4人一组持杆组成4辆汽车—变成2辆汽车—将4辆汽车变成一辆汽车	组织幼儿，跟随音乐回班	跟教师一起伴随音乐回教室 注：四路变两路再变一路纵队		3分钟	中
场地器材	10根约1.5米长的PVC塑料管，音乐及播放器	平均心率	140～160次/分钟	练习密度	65%～75%	
课后小结						

二、竞赛类游戏

案例17　欢乐来运动

班级：中班　　课次：第＿＿＿＿次　　人数：＿＿＿＿人　　时间：25分钟　　任课教师：＿＿＿＿

教学内容	传球快跑
教学目标	1. 知识目标：巩固传球动作，培养腕关节灵活性和上下肢的协调性 2. 能力目标：提高直线快速跑的运动能力，发展上下肢力量 3. 情感目标：体验传球带来的快乐，锻炼意志品质，培养创新思维、应变能力和进取精神

(续表)

教学重点	使用不同方法进行传球练习					
教学难点	手腕托球跑的控制力					
教学方法	直观教学法、讲解示范、纠错法、游戏法等					

课程部分	教学内容	组织教法和学法			练习	
		教师活动	学生活动	组织示意图	时间	强度
开始准备部分	**课堂常规:** 1. 集合、整队 2. 师生问好 3. 宣布本节课任务 4. 安排见习生	1. 用口令指导幼儿集合,清点人数 2. 师生问好 3. 宣布本节课内容 4. 安排见习生	1. 听从教师安排集合,要求快速、安静、整齐 2. 报数流畅,振奋精神,声音洪亮 3. 认真听讲,明确本课学习内容 **要求:** 注意力集中,精神饱满	××××××× ××××××× ▲	1分钟	小
	热身运动(幼儿操): 根据音乐跳热身操	教师带领幼儿做热身运动,激励幼儿跟着一起做 音乐《就是这么牛》	跟随教师集体练习,充分活动各关节 **目的:** 活动各关节和肌肉,避免损伤 **要求:** 整齐、步调一致、不喧哗	××××××× ×××××× ▲	3分钟	中
基本部分	**一、游戏导入环节**	教师讲解规则,使幼儿明确游戏规则与方法	按照教师要求,进行小游戏 **注意:** 双手要协调	××××××× ×××××× ▲	2分钟	中
	二、速度游戏 (一)第一关:传球直线跑 **游戏方法:** 将全体幼儿分成人数相等的两组,成纵队站在起跑线处,听到口令后,各队排尾的持球幼儿依次向前传球直至排头幼儿。排头接球后,立即托球向前面的标志块快跑,绕标志块一周后再回本队队尾,继续向前传球,以此连续进行直至游戏结束,最后以跑完的顺序排列名次	**二、速度游戏** (一)第一关:传球直线跑 1. 教师用导入的方式讲解并示范游戏方法 2. 教师带领幼儿进行传球快跑运动 3. 指导幼儿单独完成游戏,并及时纠错 **注意:** 在爬的过程中跟着音乐节奏,注意安全,有序进行,不拥挤	**二、速度游戏** (一)第一关:传球直线跑 1. 幼儿认真听教师所讲内容 2. 幼儿按照教师讲的基本动作进行小游戏 3. 在传球的过程中体会手腕协调用力	×××××　■ ×××××　■ ▲ (■:标志块)	8分钟	大
	(二)第二关:障碍接力赛 **游戏方法:** 将全体幼儿分成人数相等的两组,成纵队站在起跑线处,听到口令,排头接球后,立即托球绕前面小标志桶成S弯快跑,绕障碍一周后回本队队尾,以此连续进行直至游戏结束,最后以跑完的顺序排列名次	(二)第二关:障碍接力赛 1. 教师讲解并示范游戏方法 2. 教师指导幼儿完成S弯跑步动作 3. 指导幼儿单独完成游戏,语言提示安全并及时纠错	(二)第二关:障碍接力赛 1. 幼儿认真听教师讲解并模仿动作 2. 幼儿倾听S弯跑步难点 3. 自己完成游戏并根据教师的提示纠正动作 **注意:** 在跑的过程中注意安全,不乱跑	×××××〇〇〇〇〇〇〇 ×××××〇〇〇〇〇〇〇 (〇:小标志桶)	8分钟	大

(续表)

课程部分	教学内容	组织教法和学法			练习	
		教师活动	学生活动	组织示意图	时间	强度
结束部分	1. 集合整队 2. 放松操《小世界》 3. 小结本课 4. 回收器材	1. 组织幼儿跟随音乐进行放松练习 2. 讲评本次的目标完成情况	1. 跟教师一起做放松操 2. 对自己的学习情况进行评价 3. 积极回收器材 要求：跟随音乐，全身心放松	××××××× ××××××× ▲	3分钟	中
场地器材	场地一块，音响一台，标志桶，标志块两块，小球两个	平均心率	120~130次/分钟	练习密度	60%~70%	
课后小结						

三、角色扮演类游戏

案例 18 森林运动会

班级：中班   课次：第_____次   人数：_____人   时间：25分钟   任课教师：_____   森林运动会

教学内容	森林运动会
教学目标	1. 知识目标：通过双脚跳、手脚爬、走平衡等动作练习，锻炼跳跃以及平衡能力，发展耐力 2. 能力目标：掌握双脚跳、连续跳以及平衡能力，增强手脚协调性与手臂力量 3. 情感目标：培养吃苦耐劳、顽强的意志品质
教学重点	各个动作的要领
教学难点	动作准确性的把握以及身体的平衡
教学方法	直观教学法、讲解示范、纠错法、游戏法等

课程部分	教学内容	组织教法和学法			练习	
		教师活动	学生活动	组织示意图	时间	强度
开始准备部分	课堂常规： 1. 集合、整队 2. 师生问好 3. 宣布本节课任务 4. 安排见习生	1. 用口令指导幼儿集合，清点人数 2. 师生问好 3. 宣布本节课内容 4. 安排见习生	1. 听从教师安排集合，要求快速、安静、整齐 2. 报数流畅，振奋精神，声音洪亮 3. 认真听讲，明确本课学习内容 要求：注意力集中，精神饱满	××××××× ××××××× ▲	1分钟	小
	热身运动： 在音乐的伴奏下跟教师一起跳热身操	教师带领幼儿做热身运动，激励幼儿跟着音乐一起做	跟随教师集体练习，充分活动各关节	××××××× ××××××× ▲	3分钟	中

（续表）

课程部分	教学内容	组织教法和学法			练习	
		教师活动	学生活动	组织示意图	时间	强度
基本部分	一、模仿小动物动作练习 （一）小兔子 **游戏方法：** 把幼儿分成人数相等的四组，跟随教师模仿小兔子进行分腿双脚跳和并腿双脚跳练习，到达终点后手触标志物跑步返回到起点，与第二名幼儿击掌后回到队尾。依次类推，游戏继续进行	一、模仿小动物动作练习 （一）小兔子 1. 教师用导入的方式讲解并示范游戏方法 2. 教师带领幼儿一起完成游戏 3. 指导幼儿单独完成游戏，并及时纠错	一、模仿小动物动作练习 （一）小兔子 1. 幼儿认真听教师所讲内容 2. 幼儿按照教师讲的基本动作进行模仿练习 3. 在跳的过程中体会动作的连续性	×××××　◇ ×××××　◇ ×××××　◇ ×××××　◇ （◇：终点标志物）	3分钟	中
	（二）大老虎 **游戏方法：** 在第一关游戏的基础上，让幼儿模仿大老虎奔跑的动作，手脚着地，身体向下向前奔跑到终点后手触标志物跑步返回，方法与规则同第一关	（二）大老虎 1. 教师讲解并示范游戏方法 2. 教师带领幼儿一起完成游戏 3. 指导幼儿单独完成游戏，语言提示安全并及时纠错	（二）大老虎 1. 幼儿认真听教师讲解并模仿动作 2. 幼儿跟教师一起完成游戏 3. 自己完成游戏并根据教师的提示纠正动作 **注意：**幼儿前后要有间隔，注意安全，有序进行，不拥挤	×××××　◇ ×××××　◇ ×××××　◇ ×××××　◇	3分钟	大
	（三）小螃蟹 **游戏方法：** 游戏方法同第一关，只是让幼儿模仿小螃蟹横着走进行	（三）小螃蟹 1. 教师讲解并示范游戏方法 2. 教师带领幼儿一起完成游戏 3. 指导幼儿单独完成游戏，语言提示安全并及时纠错	（三）小螃蟹 1. 幼儿认真听教师讲解并模仿动作 2. 幼儿跟教师一起完成游戏 3. 自己完成游戏并根据教师的提示纠正动作	×××××　◇ ×××××　◇ ×××××　◇ ×××××　◇	3分钟	中
	（四）小蜘蛛 **游戏方法：** 游戏方法同第一关，只是让幼儿模仿小蜘蛛手脚着地、身体朝上向前走进行	（四）小蜘蛛 1. 教师讲解示范，使幼儿明确游戏方法和规则 2. 组织幼儿进行游戏练习，语言提示，鼓励幼儿 3. 指导幼儿单独完成游戏，语言提示安全并及时纠错	（四）小蜘蛛 1. 认真听教师讲解，明确游戏规则 2. 按教师要求进行游戏 3. 自己完成游戏并根据教师的提示来纠正自己的动作	×××××　◇ ×××××　◇ ×××××　◇ ×××××　◇	4分钟	大
	二、游戏：森林运动会（四种小动物比赛） **游戏方法：** 把幼儿按人数分成相等的四组，分别站在起点，教师发出开始的口令后，每组幼儿采用小动物行走的姿势快速达到终点后，手触标志物跑步返回，与第二个幼儿击掌后回到队尾，依次类推。先完成比赛者为胜	**二、游戏：森林运动会（四种小动物比赛）** 1. 教师讲解并示范游戏方法 2. 指导幼儿单独完成游戏，语言提示安全并及时纠错	**二、游戏：森林运动会（四种小动物比赛）** 1. 幼儿认真按要求完成游戏 2. 在做游戏的过程中遵守游戏规则，注意安全 3. 相互鼓励加油	×××××　　◇ ×××××　◇ ×××××◇ ×××××◇ **注：**根据每个动物的特点增减距离，摆放标志桶	5分钟	大

(续表)

课程部分	教学内容	组织教法和学法			练习	
		教师活动	学生活动	组织示意图	时间	强度
结束部分	1. 集合整队 2. 放松小组合 3. 小结本课 4. 回收器材	1. 组织幼儿跟随音乐进行放松练习 2. 讲评本次的目标完成情况	1. 跟教师一起做放松组合动作 2. 对自己的学习情况进行评价 3. 积极回收器材 **要求：**跟随音乐，全身心放松	×××××× ×××××× ▲	3分钟	中
场地器材	场地一块，音响一台，障碍物若干	**平均心率**	130～135次/分钟	**练习密度**	70%～75%	
课后小结						

四、民间体育游戏

案例19 好玩的沙包

班级：中班　　　课次：第_____次　　　人数：_____人　　　时间：25分钟　　　任课教师：_____　　好玩的沙包

	教学内容	好玩的沙包				
	教学目标	1. 知识目标：激发学习民间传统体育游戏的兴趣，能够积极地参加到各项活动中来 2. 能力目标：100%的幼儿能学会沙包的传统玩法，80%的幼儿能做到动作连接顺畅，发展身体协调能力和速度、力量素质 3. 情感目标：培养团结合作精神和集体主义精神				
	教学重点	沙包的多种玩法				
	教学难点	动作的连贯、协调用力				
	教学方法	启发式、讲解示范、纠错法等				
课程部分	教学内容	组织教法和学法			练习	
		教师活动	学生活动	组织示意图	时间	强度
开始准备部分	**课堂常规：** 1. 集合、整队 2. 师生问好 3. 宣布本节课任务 4. 安排见习生	1. 用口令指导幼儿集合，清点人数 2. 师生问好 3. 宣布本节课内容 4. 安排见习生	1. 听从教师安排集合，要求快速、安静、整齐 2. 报数流畅，振奋精神，声音洪亮 3. 认真听讲，明确本课学习内容 **要求：**注意力集中，精神饱满	×××××× ×××××× ▲	1分钟	小
	热身运动：沙包操	教师带领幼儿做热身运动，激励幼儿跟着一起做	跟随教师集体练习，充分活动各关节 **目的：**活动各关节和肌肉，避免损伤	×××××× ×××××× ▲	3分钟	中

148

(续表)

课程部分	教学内容	组织教法和学法			练习	
		教师活动	学生活动	组织示意图	时间	强度
基本部分	**一、原地双脚夹沙包向上跳** **动作要领**：每个小朋友手持沙包，用双脚夹紧沙包，原地向上跳	1. 教师用导入的方式讲解并示范原地夹沙包向上跳动作要领 2. 指导幼儿独立完成，教师巡视并纠错	1. 幼儿按照教师讲的基本动作模仿练习 2. 在教师的指导下单独完成动作 **注意**：在向上跳的过程中，注意动作的连贯性，落地要屈膝缓冲	×××××××× ×××××××× ▲	3分钟	中
	二、单脚踢沙包 **动作要领**：每个幼儿人手一个带绳的沙包，右手持沙包带绳的一端，用右脚脚背踢沙包	1. 教师讲解并示范单脚踢沙包的动作要领 2. 教师带领幼儿一起学习单脚踢沙包 3. 指导幼儿单独完成动作，巡视并及时纠错	1. 认真听教师讲解，明确动作要领并体会动作 2. 幼儿跟教师学习单脚踢沙包 3. 在教师的指导下进行动作练习 **注意**：动作要领，身体的协调性	×××××××× ×××××××× ▲	3分钟	中
	三、原地自抛自接沙包 **动作方法**：让幼儿成圆形队伍站立，每人持沙包向上抛出，在抛的过程中注意力度、高度和方向，待沙包下落后用双手接住，反复进行数次，达到熟练	1. 教师讲解并示范自抛自接沙包的动作要领 2. 教师带领幼儿一起学习自抛自接沙包 3. 教师指导幼儿单独完成动作，巡视并及时纠错 4. 教师用语言进行安全教育	1. 认真听教师讲解，明确动作要领并体会动作 2. 幼儿跟教师学习自抛自接沙包 3. 在教师的指导下进行动作练习 4. 小朋友之间保持好间距，注意安全 **注意**：自抛沙包时要向上抛出，不能向其他方向抛出，小朋友之间不要打闹，注意安全	××× ×× ×× × × × × × ▲ × × × ×××	6分钟	大
	四、一抛一接沙包 **动作方法**：幼儿平均分成二列横队，两两相对站立，间隔3米，一人持沙包抛向对方，要有一定的弧线，对面幼儿接到沙包后再把沙包抛回，依次类推	1. 教师讲解并示范一抛一接沙包的动作要领 2. 教师带领幼儿一起学习一抛一接沙包的动作要领 3. 指导幼儿单独完成动作，巡视并及时纠错 4. 教师用语言进行安全教育	1. 认真听教师讲解，明确动作要领并体会动作 2. 幼儿跟教师学习一抛一接沙包 3. 在教师的指导下进行动作练习 4. 幼儿之间保持好间距，注意安全 **注意**：在抛的过程中要向前上方抛出，有一定的抛物线，注意力度和方向，注意安全	×|× ×|× ×—3米—× ×|× ×|× ▲	6分钟	大

（续表）

课程部分	教学内容	组织教法和学法			练 习	
		教师活动	学生活动	组织示意图	时间	强度
结束部分	1. 集合整队 2. 放松操 3. 小结本课 4. 回收器材	1. 组织幼儿跟随音乐进行放松练习 2. 讲评本次的目标完成情况	1. 跟教师一起做放松操 2. 对自己的学习情况进行评价 3. 积极回收器材 要求：跟随音乐，全身心放松	×××××× ×××××× ▲	3分钟	中
场地器材	场地一块，沙包若干，音响一台	平均心率	120～130次/分钟	练习密度	60%～65%	
课后小结						

案例 20 城门城门几丈高

班级：中班   课次：第_____次   人数：_____人   时间：25分钟   任课教师：_____

	教学内容	城门城门几丈高				
	教学目标	1. 知识目标：练习钻的动作，发展动作的灵敏性与力量 2. 能力目标：能一个一个连贯、有序地钻过城门，初步学会说唱型民间游戏 3. 情感目标：培养健康活泼的性格和对体育活动的兴趣，培养幼儿喜欢民间游戏的情趣				
	教学重点	让幼儿练习弯腰钻				
	教学难点	幼儿可以平稳地控制自己的身体				
	教学方法	启发式、直观教学法、讲解示范				

课程部分	教学内容	组织教法和学法			练 习	
		教师活动	学生活动	组织示意图	时间	强度
开始部分	课堂常规： 1. 集合、整队 2. 师生问好 3. 宣布本节课任务 4. 安排见习生	1. 用口令指导幼儿集合，清点人数 2. 师生问好 3. 讲解本课内容及注意事项。吸引幼儿的兴趣，让幼儿参与其中	1. 听从教师安排集合，要求快速、安静、整齐 2. 报数流畅，振奋精神，声音洪亮 要求：注意力集中，精神饱满	×××××× ×××××× ▲	1分钟	小
	热身准备： 1. 选择民乐作活动背景 2. 热身： (1) 队列练习。队形变化：走圈、开花、六个小圆、切断分队 (2) 准备操，听信号做相反动作。如：口令向前走，幼儿向后走；口令向左走，幼儿向右走；高人走、矮人走等	组织幼儿集合，带领幼儿做热身运动。维持课堂秩序	跟随教师做热身运动 要求：注意力集中，精神饱满	×××××× ×××××× ▲	2分钟	中

(续表)

课程部分	教学内容	组织教法和学法			练习	
		教师活动	学生活动	组织示意图	时间	强度
基本部分	一、导入部分 1. 幼儿一起说儿歌《城门城门几丈高》 2. 导入语:"小朋友们,这首好听的儿歌还能玩一个特别好玩的游戏呢!你们想不想玩?" 二、游戏过程 介绍游戏规则 (1) 教师请一位幼儿面对墙,搭成拱形城门,其余幼儿依次钻过城门 提问:"小朋友们怎么当城门?""进城的人在哪站?怎么站?" 教师提出游戏规则:当念到"瞧一瞧"时,做城门者下蹲放下手关城门,并问被关住的人选择要"苹果"还是"香蕉",幼儿选择好以后,把头饰挂在脖子上,站到城门的队伍做城门 (2) 教师继续提出游戏方法及规则:幼儿扮演"苹果"和"香蕉"站在场地的一个圆圈内,相互用肩膀、臀部把对方挤出圆圈外,看圆圈内"苹果"多还是"香蕉"多,哪个多就哪队胜。幼儿在音乐的伴奏下做游戏一次 (3) 增加城门的高度再次游戏				20分钟	大
放松部分	1. 放松运动 2. 组织幼儿集合,总结游戏,教师小结游戏并告诉幼儿此游戏是我国的一个民间游戏,以后可以和家人、邻居玩	1. 教师带领幼儿做放松运动 2. 表扬做得好的幼儿,并给予红花奖励 3. 教师随机点名幼儿帮忙收拾器材	随着音乐,跟着教师做放松运动	××××××× ××××××× ▲	2分钟	中
场地器材	空场地,音响,苹果、香蕉的头饰若干 布置游戏场地:(城门、城墙)中间画一个直径约5米的圆圈	平均心率	145 次/分	预计练习密度	60%~70%	

课后小结	

第一节　人体基本活动技能和能力

人体基本活动能力是指那些与日常生活有密切关系的身体活动的技能，如走、跑、跳跃、投掷、攀爬、钻爬等基本动作。按照人体基本活动技能和能力进行的体育游戏，详细分类可见表8-1。本节列举了各年龄班基本活动能力体育游戏的详细设计。

表 8-1　体 育 游 戏 表

各班年龄	人体基本活动技能和能力					
	走	跑	跳跃	投掷	平衡	攀钻爬
小班（适合3—4岁的幼儿）	气球与蜗牛（走圆形）	小树叶来追我（直线跑）	小白兔采蘑菇（双脚跳）	赶小猪（滚接球）	勇走"梅花桩"（发展下肢平衡力）	小蚂蚁运粮食（手膝着地爬）
	老狼睡觉了（轻轻走）	泡泡圆圈舞（信号跑）	放鞭炮（双脚向上跳）	收粮食（抛接物体）	托球跑（上肢平衡力）	花样钻绳（钻爬）
	步调一致（听口令走停）	绕人追击（曲线跑）	黑猫警长（高处跳）	星球大战（抛球）	双足交替下楼梯（身体平衡协调力）	穿越淘气堡（走、跑、钻、爬）
	摘苹果（绕障碍走）	小孩小孩真爱玩（指定方向跑）	好玩的绳子（跳跃过物）	扔飞盘（民间游戏）	小猫过河（跨跳平衡力）	小鸡找朋友（钻）
中班（适合4—5岁的幼儿）	高个子矮个子（蹲走）	踩影子（追逐跑）	跳房子（单脚跳）	小兔投篮（投准）	勇闯独木桥（平衡木直线走）	钻山洞（后踢爬和正面侧面钻的动作）
	魔镜（后退走）	小雨点（队形跑）	跳池塘（单双脚跳）	套圈圈（投准）	树式站立（单腿平衡能力）	龟兔赛跑（爬、跳）
	电风扇（边转边走）	农夫果园（绕障碍跑）	兔子与狐狸（跳跃躲闪）	投炮弹（单手肩上投掷）	小鸡过河（身体平衡能力）	火车钻山洞（合作钻）
	踩高跷（民间游戏）	和尚挑水（提物跑）	小松鼠采松果（背轻物跳障碍）	看谁推得远（推环）	踩绳走（上下肢平衡力）	蚂蚁搬豆（仰卧后爬）
大班（适合5—6岁的幼儿）	熊和石头人（按信号走）	运动健将（跨栏跑）	斗鸡（民间游戏）	瞄准大灰狼（投准）	鳄鱼式趴地（单手单脚平衡力）	穿越火线（匍匐爬）
	小鸡过河（顶物走）	舞动的树叶（高抬腿跑）	蹦步（助跑跨跳）	龙尾避球（投移动体）	好玩的平衡木（上下肢平衡）	超级战车大比拼（坐爬）
	赛龙舟（多人合作走）	数字PK（转身跑）	跳竹竿（民间游戏）	四人三球真好玩（滚球）	顶沙包过桥（负重物平衡力）	螃蟹过障碍（横爬）
	螃蟹搬粮食（双人行走）	扎红领巾（往返跑）	企鹅运蛋（夹物跳）	东南西北中（投准）	两人三足（团队平衡力）	勇敢的消防队员（攀爬）

152

一、各年龄班"走"游戏设计

（一）小班

气球与蜗牛（走圆形）

游戏目标

理解圆形队形的走法，形成跟随走的意识。

游戏方法

在场地上用标志点围成一个圆，幼儿跟随教师围绕圆圈按顺时针方向走，并逐渐缩小成螺旋状，当圆圈缩小到一定程度时，教师再按逆时针方向走，从圆圈中走出来。

游戏规则

幼儿两手自然摆动，一个跟着一个走，不要走乱。

游戏指导

(1) 练习内容为"站成圆"—"走圆"—"走螺旋形"。

(2) 在引导幼儿练习时，围成圈时说这是"大气球"，螺旋状时说这是"蜗牛"。走的同时配合儿歌，如："好朋友，手牵手，走呀走，走呀走，走成一个大气球。"

老狼睡觉了（轻轻走）

游戏目标

练习轻轻走直线，提高灵敏性。

游戏方法

一位教师扮演老狼在树下睡觉，另一位教师引导幼儿在地上轻轻走直线（小路）到对面的终点，然后轻轻走回。熟练后，走一定高度的平衡木（小桥）返回。

游戏规则

听教师的口令再出发，看谁的动作最快最轻。

游戏指导

(1) 走过一定高度的桥时，教师要注意保护幼儿。

(2) 游戏中幼儿的角色可以设置为小猫（踮脚走）、小羊（全脚掌慢慢走）、企鹅（侧身走）等。

步调一致（听口令走停）

游戏目标

能准确分辨红、绿色，并理解红色停、绿色行；练习听口令停、快走的能力，提高身体控制能力；学会遵守游戏规则。

游戏方法

让幼儿每人手里拿一个球，分成人数相等四纵队站在起点，教师站在幼儿对面的终点线上，手持红、绿色小旗，指挥幼儿行动。举绿旗，各队抱着小球向前走，放下绿旗，举起红旗，各队停止前进。如举起红旗有人继续前进，则为犯规。先到达终点的为胜。

游戏规则

各队必须按规定的信号行动，各队幼儿要相互监督。

游戏指导

(1) 建议"不能动"的时间控制约 10 秒，以免幼儿长时间保持同姿势。

(2) 升级游戏时，可以加入幼儿摆造型的环节。

游戏改编

做游戏时，可改变队形和换动作，如跑、跳，也可加大难度，提高幼儿兴趣。

摘苹果(绕障碍走)

游戏目标

练习绕障碍走和跳、摘的动作,锻炼身体平衡能力和手眼协调能力。

游戏方法及规则

小班幼儿动作稳定性差,要强调幼儿小心地穿过树林,注意同伴间不要撞到。

游戏指导

此外可以把剪好的苹果纸片洒落在地上,或贴在一定的高度让幼儿去捡、摘。

(二)中班

高个子与矮个子(蹲走)

游戏目标

随口令做站立走和蹲走的动作,理解高和矮的概念。

游戏方法

教师说"我们是高个子",幼儿两臂上举,身体尽量立高。教师说"我们是矮个子",幼儿蹲下。当说到"高个子慢慢变矮了""矮个子慢慢变高了"时,幼儿听教师口令变动作。"高个子"进行立高行走的练习,"矮个子"进行蹲走的练习,走3~5米的距离。

游戏规则

听口令做动作,站立走和蹲走要稳。

游戏指导

(1)可预先练习"蹲"的动作,配合儿歌"下蹲时,上身直,小屁股,不撅起";练习"立"的动作,配合儿歌"站立时,腿立直,头扬起,真神气"。

(2)可结合音乐《高人走矮人走》练习。

魔镜(后退走)

游戏目标

学习后退走,在宽35厘米、长5米的窄道内练习自然走和后退走。

游戏方法

教师指导幼儿学习后退走后,带领幼儿在窄道内进行练习。分成2~3组,教师导入情境:今天的任务是走过"小桥"去帮小动物们找"食物",可是"皇后"在桥头放了块魔镜(图片),当魔镜是"娃娃脸"时,幼儿自然走,当魔镜是"娃娃头发"时,幼儿倒退走。过了窄道,幼儿去寻找一个"食物"后回到队伍前跟第二位幼儿击掌,第二位幼儿再出发,看哪一队小朋友找到的"食物"多。

游戏规则

走时不能超出窄道,一次只能拿一个"食物"。

游戏指导

熟练后,可以改为小鸭子、小螃蟹等图片,自然走时幼儿可以做相对应的动物走等。

电风扇(边转边走)

游戏目标

感受转动的乐趣,提高平衡能力。

游戏方法

(1)小风扇:当教师说"电风扇准备"时,幼儿两臂侧平举做好准备。当听到教师说"开风扇了",幼儿边念儿歌边自转2~3圈,自转时嘴里可发出"呼"的风声。当听到教师说"停电了",幼儿停下来站在原地不动。游戏反复进行。

(2)大风扇:两人一组,手牵手站立。当听到教师说"开风扇了",幼儿边念儿歌,边一起转2~3圈,教师说"换",两名幼儿改变方向转走,嘴里可一起发出"呼呼"的风声。当听到教师说"停电了",停下来站在原地不动。游戏反复进行3~4次。

游戏规则

做"大风扇"时,不能推挤,不能转得太快。

游戏指导

可以配合儿歌"风儿吹,风儿凉,我是小小电风扇,转呀转呀转得欢"。

踩高跷(民间游戏)

游戏目标

锻炼平衡能力。

游戏方法

将障碍物布置成一条路,幼儿踩高跷在路上走;将障碍物摆成树林状,幼儿踩高跷绕障碍走。

游戏规则

不能中途停下来,先完成的队获胜。

游戏指导

重点在于让幼儿掌握踩高跷的动作要领,熟练后,可以加入矮栅栏等障碍。

(三)大班

熊 和 石 头 人(按信号走)

游戏目标

锻炼培养按信号快走的能力,发展幼儿自制力。

游戏方法

场地两端各画两条相距约15米的平行线,一条为起点线,一条为终点线;请一名幼儿站在终点线处扮"熊",背向起点线;其余幼儿扮"石头人",四散地站在起点线后。

教师发出信号后幼儿往前走,"熊"站在原地不动,但可以随时回头看,幼儿看见"熊"回头时,必须立即停住不动,保持原来的姿势,装作"石头人";如"熊"发现了,就喊出他的名字,该幼儿就要站到场外。有时"熊"也可走到幼儿面前,看一看,嗅一嗅,如发现还在动的或发出声音的幼儿,则说出他的名字,被点名者站到场外,以最先到达终点的"石头人"为胜。

游戏规则

(1)"熊"回头时,"石头人"不许动,保持原来的姿势。

(2)"熊"只能走到幼儿面前看一看、嗅一嗅,不能接触其身体,更不能推、拉。

游戏指导

(1)教师应教会"熊"不要只观察一个幼儿,而要观察所有的幼儿。

(2)"熊"每次活动的时间不要太长。

(3)幼儿熟悉游戏后,可要求做"石头人"的幼儿在"熊"回头时,做出各种姿势;还可让幼儿趁"熊"看不见时,去拍被捉跑到场外幼儿的手,表示救出。但在救人时如被"熊"发现,也要作为失败者站到场外。

(4)此游戏也可采用另一种较简单的形式进行:幼儿四散在场地上走或做各种动作,当教师说"熊来了",幼儿原地不动,并保持原姿势,谁被"熊"捉到了就站到场外。

小·鸡过河(顶物走)

游戏目标

练习顶物行走,培养平衡力。

游戏方法

空的场地,划定两条间距为3~5米的平行线代表小河。所有幼儿分为若干队伍,每个队伍中两人一组参加游戏,一名幼儿头顶鸡毛毽子扮演小鸡,站在起点线,另一人充当小鸭有节奏地移动木砖,让"小鸡"踩在上面交替前进。"小鸭"把木砖送回来,第二个"小鸡"和"小鸭"再开始过河。看哪组的"小鸡"能够快速到对岸。交换角色,继续游戏。

游戏规则

(1)"小鸭"把木砖送回来后,换另外两人比赛。

(2)注意脚不能踩地,毽子也不能掉,失误了必须捡起来继续做。

游戏指导

(1)幼儿要有顶物的经验。

(2)幼儿可先在平坦的地上自由地顶物行走。

(3)游戏内容熟练后,为了增加游戏的挑战性,小鸭的角色可以去掉,幼儿自己蹲着移动木砖,再行走过去。

赛龙舟(多人合作走)

游戏目标

集体协调地蹲着行进,锻炼腿部力量,体验团队合作的乐趣。

游戏方法

在场地上间隔插上若干小红旗,距小红旗8～10米处画一条起点线。幼儿分为若干组,每组排成一路纵队,后面幼儿两手分别搭在前面幼儿的肩上,蹲下后随着鼓声有节奏地模仿划龙舟的动作向前蹲走,走到对面终点拿起红旗全组就可站起。最先拿到红旗者为胜利组。

游戏规则

两手搭在前面幼儿的肩上,手不能松掉,一列幼儿动作要整齐有节奏。

游戏指导

(1)鼓声从慢节奏开始,幼儿熟练后再逐渐加快。

(2)可以由排头喊口令"一二一……"

(3)起点到终点的距离由短到长。

螃蟹搬粮食(双人行走)

游戏目标

尝试双人行走,发展动作协调性,体验两人合作。

游戏方法

设置起点和终点,起点处放球(粮食)若干,幼儿分成两组,每组队员两两面对面站立,扮成螃蟹。先练习本领"单人侧身走",然后进行比赛。两个人一组合作运粮食,看哪一队运得又快又稳。

游戏规则

小螃蟹注意互相的配合,不摔跤,不踩到别人。

游戏指导

两人一组运粮食时,可采用双人牵手抱球、手臂重叠并夹球、两人互贴胸脯夹球等方法,可以引导幼儿思考其他合作运球的方法。

二、各年龄班"跑"游戏设计

★ (一)小班

小树叶来追我(直线跑)

游戏目标

练习直线跑,尝试让树叶飘起来。

游戏方法

教师出示系有树叶的绳子,拽着绳子在场地上跑动。幼儿跟着树叶跑(让树叶扬在空中,不能让叶片拖在地上)。幼儿每人拿一片系有叶片的绳子,拽着绳子在场地上跑动。教师提醒幼儿注意安全,一定要跑在自己的跑道上。

游戏规则

注意安全,避免和他人相撞,跑直线。

游戏指导

(1) 游戏前可以让幼儿自己收集树叶。

(2) 每人拿一片树叶,"风大了"的时候跑动,"风小了"的时候走动,"风停了"的时候蹲下。

(3) 幼儿跟着教师跑1～2次后,可以让幼儿尝试当领跑人。

泡泡圆圈舞(信号跑)

游戏目标

在一定范围内四散跑,提高协调能力及奔跑能力。

游戏方法

教师与幼儿一起手拉手沿着圆圈站好。游戏开始,大家边念儿歌边按逆时针的方向走跑。教师说"吹成一个大泡泡",幼儿向圈外退,圆圈变大;教师说"变成一个小泡泡",幼儿向圈内靠拢;念到"泡泡破了"时,放手四散跑开;当教师说"吹泡泡了",大家再回到圈上进行游戏。熟练后可以增加"泡泡飞高了",让幼儿两臂上举跑,"泡泡飞低了",幼儿蹲着跑,"泡泡转圈圈了",幼儿松开手做转圈圈的动作。

游戏规则

手拉手时尽量不要散开。

游戏指导

(1) 在"大泡泡"变成单个不拉手的"小泡泡"的过程中,要加入"风停了"的环节。

(2) 在圆圈队形熟练的基础上增加在圈内泡泡跳舞(跟音乐跳动)的情节。

绕人追击(曲线跑)

游戏目标

培养控制曲线跑的能力和下肢快摆动作。

游戏方法

全队站立成一个圆,选出两名幼儿扮演逃和追的角色,听到口令后,逃的幼儿按顺时针方向迅速从站立幼儿手臂下逐个绕过,追的幼儿在两圈内追上逃的幼儿为胜。再换人做下一轮游戏,上一轮游戏幼儿归位。

游戏规则

幼儿必须按教师信号做动作,注意不要相互碰撞。

游戏指导

(1) 追和逃的幼儿必须从站立队员的臂下逐个绕过,违者判失败。

(2) 站立者不得任意放下手臂缩小圆圈。

小孩小孩真爱玩(指定方向跑)

游戏目标

增强归属感,练习听信号按指定方向跑。

儿歌内容

小孩小孩真爱玩,摸摸这,摸摸那,摸摸××跑回来(××为教师指定任意地方)。

游戏方法

幼儿排成一列横队面向教师站好(或面向教师,四散站立)。游戏开始,教师带领幼儿一起念:"小孩小孩真爱玩。"紧接着,教师发出指令"摸摸滑梯跑回来"。听到教师提出的指令后,摸到指定物品后跑回来。

游戏规则

（1）听清楚老师在游戏中的指令，要等老师说完"来"以后才能开始跑。

（2）必须摸到所指的东西，摸完东西，要马上回到老师身边。

（3）可以把"摸摸"替换为"抱抱""亲亲"等词。可以把指令中的"跑回来"替换为"飞回来"等。

游戏指导

教师可更换不同图片，让幼儿根据图片变化，摸完物体回来时做相应的动作。例如："小兔小兔真爱玩，摸摸这，摸摸那，摸摸石头跳回来。"

（二）中班

踩影子（追逐跑）

游戏目标

根据同伴的位置随时调控自己的身体动作，提高灵活性。

游戏方法

幼儿两人一组在空地上互相追捉对方的影子，一个人踩，一个人躲，捉到影子后互相交换再玩。幼儿熟练后，集体进行游戏，一人或同时两三人踩，其余的幼儿躲，被踩到影子后互相交换再玩。

游戏规则

不能盲目乱跑，要注意观察同伴的行动，进行追捉和躲闪。

游戏指导

（1）指导过程中，幼儿的人数由少数几个开始，其余幼儿当小裁判，提高规则意识。全部幼儿游戏时，要求不打闹，自己当小裁判。

（2）可在户外锻炼活动中重复进行。

（3）教师可以拿块镜子，利用阳光折射出光点，并不断晃动，让幼儿在阴凉处追逐光点、踩光点。

小雨点（队形跑）

游戏目标

锻炼听指令迅速反应的能力。

游戏方法

教师说"下雨了"，全体幼儿在地上散跑。教师说"小雨水流到麦田啦"，全体幼儿在教师后按一个纵队跑步。最后教师说"请幼儿站成一路纵队"。

游戏规则

提醒幼儿之间注意不要互相碰撞。

游戏指导

（1）要求幼儿在指定的范围内跑，反复变换玩。

（2）纵队跑步时要求保持好队形，以免踩到前面的幼儿。

（3）可以用骑自行车、轮滑等代替跑步。

农夫果园（绕障碍跑）

游戏目标

练习绕障碍跑，提高动作的敏捷性。

游戏方法与规则

（1）故事引导：天要下雨了，我们的农民伯伯正在山林里背着树木回家，我们来一起帮助他，让农民伯伯快点回家好不好？

（2）告诉幼儿：我们将分成四组，每一组要绕过障碍物，每组起点到终点有三个小山包（椅子），把树木（积木）运回家（筐），然后直线跑到起点继续运，直到运完积木为止。每人一次只能带一块积木，看哪一组运得最快，老师就派哪一组能干的小朋友去帮助我们的农民伯伯。

游戏指导

（1）起点到终点距离由近到远,障碍物数量由少到多。

（2）可结合跳等动作,促进幼儿综合性发展。

和尚挑水(提物跑)

游戏目标

锻炼手臂力量,提高身体跑动时的协调性。

游戏方法

将幼儿分成人数相等的几组。幼儿从起点出发,双手提水桶跑向终点,在水桶中放入一个沙包后,提水桶跑回队伍把沙包拿出,把桶交给后面的幼儿。当一组的幼儿全部完成动作互换时,游戏结束。看哪一组的速度最快,手臂最平。

游戏规则

（1）听教师口令后再出发。

（2）不要碰撞,注意安全。

游戏指导

（1）游戏前,用标志杆标出跑道、起点和终点。

（2）练习时,若幼儿存在手臂没抬平的现象,教师示范讲解正确提水桶的动作和跑步的动作。

（3）可以把幼儿分成相对面站的两组,进行鱼贯式比赛。

（三）大班

运动健将(跨栏跑)

游戏目标

训练身体动作的协调性,激发挑战自我的斗志。

游戏方法

导入情境,学习跨栏跑。分为四组,起点与终点相隔5～8米,中间设置2～4个牛奶盒,让幼儿跨跳过去。看哪位幼儿动作最规范,速度最快。

游戏规则

（1）听到教师哨声时再出发。

（2）注意安全,不要踩在牛奶盒上。

游戏指导

（1）在幼儿再次练习快跑、跨栏时,教师可适当增加高度,形成不同的难度。

（2）鼓励幼儿每一种跨栏都去试一试,鼓励能力强的幼儿可以进行难度高的挑战。一次不成功可以多试几次。

舞动的树叶(高抬腿跑)

游戏目标

练习高抬腿的基本动作技能,发展腿部肌肉的收缩能力和灵活性。

游戏方法及规则

幼儿人手两个旗子,将红、黄两个旗子(代表树叶)插(贴)在裤腿上,幼儿听教师口令,将插有红、黄旗子的腿抬起来。教师说:"我是风爷爷,小树叶们要听清楚风爷爷的口令。风儿吹呀吹,请把红树叶飘起来。风儿吹呀吹,请把黄树叶飘起来。红树叶飘……黄树叶飘……"幼儿进行游戏活动,教师的口令速度依据幼儿情况调整,引导幼儿练习高抬腿跑。

游戏规则

提醒幼儿仔细倾听信号,能够遵守规则。

游戏指导

（1）把旗子插（贴）在裤腿上，教师喊口令"红（黄）树叶"时，幼儿把贴有红（黄）旗子的腿抬起来。

（2）高抬腿时，节奏逐渐加快，2～3组后，可以说口令"把树叶吹在地垫上"，让幼儿在地上休息，以免强度过大。

（3）可以加入"小树叶向前飘"，让幼儿高抬腿往前跑。

数字 PK（转身跑）

游戏目标

尝试快速转身折返跑，发展灵敏素质，提高奔跑能力。

游戏方法

准备"2、4、6、8"的数字图片若干。幼儿人手一张数字，大于5的站绿线后面，小于5的站在红线后面，面对面站好。两队背后都各有一条终点白线。当教师发令"大数追小数"或"小数追大数"时，前追的幼儿去追拍对方，被追的幼儿要立即转身跑向白线后的安全区，如果抓到了对方，追人的幼儿就到教师手里领取一个球，表示得一分。最后得分多者胜利。

游戏规则

（1）转身返回时不要太快，注意安全，追拍时不能抓头发。

（2）教师喊口令以后才能行动。

游戏指导

（1）幼儿要有折返跑的经验。

（2）先"2、6"进行游戏，再"4、8"进行游戏。规则意识强化后，再全部一起参加比赛。

扎红领巾（往返跑）

游戏目标

练习快速启动、高重心的急停，以及扎（解）红领巾的技术。

游戏方法及规则

两名幼儿当"木头"面对面站立，间隔5～8米的距离，另两名幼儿充当游戏者分别站在一个"木头"的右边，听到信号迅速跑向对面"木头"旁，并将手中的红领巾迅速绑在"木头"的手臂上，一般都扎在左边手臂，然后迅速绕过"木头"向对面"木头"跑去，赶紧去解开对方手臂上的红领巾，再迅速跑回到原来"木头"旁迅速将红领巾扎上，比看谁先追到对方。

游戏指导

（1）必须听到信号以后才能跑动。

（2）如果红领巾散落在地上，也算输。

三、各年龄班"跳"游戏设计

（一）小班

小白兔采蘑菇（双脚跳）

游戏目标

练习双脚并拢向前行进跳，提高腿部力量。

游戏方法及规则

幼儿扮演小白兔，在兔妈妈（教师）的带领下双脚跳过一段直路，跳过弯曲的小路（由标志桶摆成）到山上采蘑菇。采完蘑菇在兔妈妈的带领下返回。看哪个幼儿跳得又稳又快。

游戏指导

（1）幼儿跳完一次后，当教师发现跳跃动作不规范（如膝盖没有缓冲、预备时手臂没有后摆等）时，需讲解示范或请动作标准的幼儿示范。

（2）能力不够的幼儿可以鼓励其走几步跳下来完成任务。

（3）可以加入儿歌："小白兔，白又白，两只耳朵竖起来，爱吃蘑菇和青菜，蹦蹦跳跳真可爱。"

（4）组织活动时，小白兔跳可变成其他动物跳，如"袋鼠跳捡果子"等。

放鞭炮（双脚向上跳）

游戏目标

练习双脚原地向上跳，提高灵敏性及协调能力。

游戏方法

准备小竹竿一根，顶端系短绳，绳子下端挂一个用红纸卷成的大鞭炮。全体幼儿站在大圆圈上，教师站在圈中央，手持系有鞭炮的小竹竿，在幼儿上方晃动。当鞭炮停在谁的头上时，谁才能用手去触鞭炮，用手做点鞭炮状，口中发出"嗞啦"声，并蹲下（表示等待炮响）。然后教师发出"砰砰"声表示炮响，全体幼儿双脚向上跳起，并发出"啪啪"声，可加上拍手的动作。

游戏规则

鞭炮停在谁的头上方时，谁才能用手去触鞭炮。教师发出"砰砰"声时才能跳起。

游戏指导

（1）夏天，小竹竿上可以挂苍蝇、蚊子的图片，做打苍蝇、打蚊子的游戏。

（2）秋天，可将挂高的长绳上挂满水果，做"摘果子"游戏。

黑猫警长（高处跳）

游戏目标

能从距地面15～30厘米的高处往下跳，并用前脚掌轻轻落地。

游戏方法

在场地的五六个角落放上玩具老鼠，教师戴上黑猫警长的头饰，引导幼儿扮演"黑猫士兵"快速跑登上"高台"（15～30厘米高的大积木或平衡凳）侦察敌情，双脚并拢跳下来，用前脚掌轻轻落地，悄悄靠近老鼠，开枪将老鼠消灭。

游戏规则

听从"黑猫警长"的指令，轻轻走，双脚并拢跳，不与他人碰撞。

游戏指导

（1）教师示范从平衡凳上跳到地面（重点示范落地时屈膝缓冲动作）。

（2）各幼儿分成小分队自由练习跳下来抓"老鼠"，教师做保护动作。

（3）可以放置个别更高的凳子，下面放置软垫。

（4）教师重点关注幼儿是否屈膝跳到软垫上，提高向下跳时身体的控制能力。

好玩的绳子（跳跃过物）

游戏目标

练习信号跳，提高腿部力量和反应能力。

游戏方法

幼儿在地上将绳子伸直摆成一条直线，探索各种方法跳过自己摆的"路"。方法可以多种多样：一是面向绳子的方向并拢向前跳；二是面向绳子的方向左右交替前进；三是面向绳子，往前跳过去、往后跳回来等。教师要求幼儿两人组摆成不一样的形状进行跳跃。

游戏规则

（1）注意跳跃时膝盖的缓冲。

（2）看哪个幼儿做得又快又好。

游戏指导

（1）幼儿之间有配合游戏的经验。

（2）适合人数较少时进行。

★ （二）中班

跳房子（单脚跳）

游戏目标

练习单脚跳，提高腿部力量和灵敏能力。

游戏方法

一人先进行游戏，将沙包扔到第一格内，然后单脚跳至第一格，用另一只脚将沙包踢到第二格，再单腿跳到第二格，依此类推，踢到第五格。跳房子的过程中，脚和沙包压到线或没有将沙包踢到相应的房子中，算失败，换另一个人跳，以先跳完五间房子为胜。

游戏规则

幼儿在跳的过程中不碰线，一层一层往上跳。

游戏指导

（1）幼儿有单脚跳跃的经验。

（2）先直接跳格子，再做跳格子加踢沙包的动作。

跳池塘（单双脚跳）

游戏目标

体验青蛙跳的乐趣，练习单、双脚跳，提高腿部力量。

游戏方法：

幼儿带上小青蛙头饰扮作小青蛙，站在起点线上。游戏开始，两人一组做猜拳游戏，嘴里同时喊"嘿！嘿！嘿！"胜者双脚向前跳一步，负者不动。重新猜拳，胜一次跳一步，最先跳进"池塘"（运动垫）内为胜，负者需单脚跳进"池塘"（运动垫），游戏反复进行。

游戏规则

（1）猜拳喊"嘿"时必须同时出手。

（2）失败者必须单脚跳进池塘（运动垫）；

游戏指导

幼儿有单、双脚跳跃的经验。

兔子与狐狸（跳跃躲闪）

游戏目标

练习跳跃躲闪，提高灵敏协调能力。

游戏方法

一名幼儿当狐狸，其余幼儿当兔子，兔子们分别蹲在直径为 1 米的圆圈"兔窝"内，一个"窝"不能超过 3 只兔子。当教师说"小兔快出窝"时，小兔离开窝做"兔跳"和"吃青草"的动作。当教师说"狐狸来了"时，场外的狐狸冲到场内捉小兔，小兔要迅速跳进"窝"里，被狐狸拍着的，需要另一只兔子拍一下才能获救，或者转变成狐狸。游戏反复 3 次以后，没有被狐狸抓住的，是"最机灵小兔"。

游戏规则

（1）兔子逃走时，不能跑，只能双脚跳。

（2）狐狸追赶兔子时，要绕过"兔窝"，不能用脚踩"窝"、进"窝"或从"窝"上跃过去，否则算狐狸犯规。

游戏指导

（1）教师示范狐狸投小兔。

（2）限定游戏范围。

（3）注意不要碰撞,注意安全。

小松鼠采松果（背轻物跳障碍）

游戏目标

练习跳过不同高度的障碍。

游戏方法及规则

幼儿扮演小松鼠2人一组,分为若干组。小松鼠的家在山上,距离起点10米左右,路中间设置不同高度,一人负责保护松果,另一个背着背篓到山上摘果子。幼儿要跳起来才可以摘果子,第一组返回与后排幼儿击掌后,第二组幼儿再接着出发。看哪一组的幼儿摘得多,速度快,遵守规则。

游戏指导

（1）跳起要充分。

（2）落地要轻,屈膝缓冲,平衡身体。

★ (三) 大班

斗鸡（民间游戏）

游戏目标

练习单脚跳的动作,发展动作的协调性。

游戏方法

两人一组扮演“小公鸡”,面对面单脚站立,把一条腿弯曲起来用双手抓住脚,用弯曲的那条腿的膝盖去攻击对面“小公鸡”,让对方的脚落地,但自己不能掉下来。

游戏规则

一边跳、一边顶,脚先落地的幼儿为输。

游戏指导

（1）幼儿学公鸡,看谁站得稳,不被老师推倒。

（2）限定一定的活动范围。

（3）预先练习单脚跳,看谁跳得高。

（4）选定部分幼儿当裁判。

蹦步（助跑跨跳）

游戏目标

练习助跑跨跳,提高灵敏素质。

游戏方法及规则

幼儿两两组合成组进行游戏,通过“石头、剪刀布”决定谁先玩。从起始线开始,双方同时向前蹦步,先蹦的一方比后蹦的一方多蹦一步。停止以后,要双腿站立,但不能移动。后蹦的一方蹦完后用手去抓先蹦的一方,抓到了就可以多蹦一步,抓不到则对方蹦一步。游戏熟练后,四人两两自由组合为两组,每组各出一人负责猜拳,另外两人负责蹦步。若“石头砸剪刀”,则蹦10步;若“布包石头”,则蹦5步;若“剪刀剪布”,则蹦2步。赢的一组幼儿根据猜拳确定蹦步步数,谁先蹦到终点为胜。

游戏指导

（1）蹦步过程中蹦完步数后要立马停住。

（2）可以在终点放上幼儿喜爱的小动物玩偶,获胜的一组可以玩小玩偶。

跳竹竿（民间游戏）

游戏目标

提高弹跳能力,体验与同伴合作游戏带来的快乐。

游戏方法和规则

（1）将竹竿在地面上摆成各种形状,幼儿单脚跳、双脚跳,在竹竿之间跳来跳去,配上押韵的民谣或儿歌边说边跳。

（2）教师与一名幼儿手拿竹竿对面蹲下,用竹竿同时开合有节奏地敲打。幼儿有节奏练习单脚跳或者双脚跳的动作。跳竹竿的两人需要合作,跳竹竿和敲竹竿的节奏需要一致。

游戏指导

（1）拍打竹竿的节奏由慢到快。

（2）竹竿数量从少到多。

（3）竹竿可以摆成的造型有三角形、四边形等。

企鹅运蛋（夹物跳）

游戏目标

练习双脚并拢夹物跳,培养身体的协调性和平衡能力。

游戏方法

幼儿分为四组,排成纵队站在起点线后,距起点线8～10米处插上四面小旗作标志物。游戏开始,各组第一名幼儿夹着沙包向前双脚跳,将沙包放到小旗处,绕过小旗跑回起点击掌后第二人出发,以先做完的队为优胜。

游戏规则

跳跃中若沙包落地,必须重新夹好才能继续跳。

游戏指导

（1）夹物的位置从易到难依次是大腿内侧、小腿内侧和踝关节。

（2）可先用大点的水瓶、球作夹物,再用沙包。

四、各年龄班"投掷"游戏设计

⭐ （一）小班

赶小猪（滚接球）

游戏目标

练习两人近距离双手滚接球,锻炼手眼协调能力。

游戏方法

幼儿分成两组面对面站在距离3～4米的场地两端,中间放置一个拱门。一名幼儿站在滚球线后,把球滚过拱门,对面的幼儿接住球,再滚回来,每人滚一次后退至队尾,如此依次进行。

游戏规则

球只能滚,不能扔。球没进门也无妨,游戏可以继续进行。

游戏指导

（1）可先在两组中放置一根线,作为中线,能过即可。

（2）再放置拱门,距离较短时进行练习。

（3）规则熟练后,分两组进行时可适当加长距离。

收粮食（抛接物体）

游戏目标

练习两人近距离用双手互相抛接沙袋,提高同伴间配合能力。

游戏方法

准备沙袋若干,两个箩筐、两个推车分别放在场地两端,排头处的两个箩筐各装若干球,把幼儿分为人数相等的两队,分别站成两列横队,间隔约1～1.5米站在箩筐和推车之间。教师发令后,各排头从箩筐中拿出一个沙袋,转身抛给第二名幼儿,如此依次进行,排尾接到沙袋放进推车中,直至把沙袋全部抛接完为止。

游戏规则

(1) 必须抛接球,不能递球。

(2) 球落地时,要迅速拾起并跑回原位继续进行。

游戏指导

(1) 设置模仿秋天"农民伯伯的收割机坏了,需要小朋友们来传递粮食"的情境,要求幼儿在原地站得稳,甚至教师可以试着推幼儿,试试他们的力量。

(2) 可以分两组让幼儿传递不同的农产品(如玉米、西红柿等)。

星球大战(抛球)

游戏目标

练习抛球,锻炼手臂力量。

游戏方法

幼儿分成两组,中间用网隔开,一边放入相对应的球(小软球、气球),幼儿尽力将球抛到对方的场地上。

游戏规则

必须从网上方抛过去,不能从下方丢过去。

游戏指导

(1) 单手、双手都可以用。

(2) 场地最好先选择无水的泳池,或者三边有墙的场地,以便好控制球。

(3) 听教师哨声开始,听哨声结束。熟练后可以用音乐控制。

(4) 收集球时让幼儿用箱子收集各自场地的,然后看哪一组场地的球少。

扔飞盘(民间游戏)

游戏目标

锻炼身体的灵活性和臂力,培养合作能力。

游戏方法

用多层同样大小的圆形布代替飞盘,重叠在一起,直径4～6寸,厚约3厘米。两人玩时,在适当距离对面站立,互扔互接。如两人以上游戏,可围成圆圈,互相之间相距一段适当的距离,转圈扔接,表扬没有掉飞盘的幼儿。

游戏规则

幼儿扔飞盘时注意不要朝向同伴的头部。

游戏指导

(1) 游戏前可以和幼儿一起制作飞盘,以锻炼幼儿的手指精细动作。

(2) 没有飞盘时可以用纸盘、标志盘替代。

(3) 人数较多时,四队成对角站立,按四个方向扔飞盘,扔完飞盘后的幼儿站到队尾。

(二) 中班

小兔投篮(投准)

游戏目标

通过抛球动作,增强幼儿上肢动作的爆发力与身体的协调性。

游戏方法

将全体幼儿分成若干组,每组5人成纵队站在起点线外。听到口令后,排头队员开始向终点框内掷球,每名小朋友只能投两只乒乓球,投完两只后换下一名幼儿继续游戏,直到10只乒乓球全部投完结束,终点框里的乒乓球数量多的组优胜。

游戏规则

(1) 投球的距离长短可随意调节,但不宜过长。

(2) 球投出圆框算失误,每名队员每轮只投两只球。

(3) 终点筐的位置不可以随意改动。

游戏指导

(1) 可引导幼儿在家和家长一起游戏,距离可缩短。

(2) 平时可通过其他方式锻炼幼儿的投球准确性。

套圈圈(投准)

游戏目标

正确判断命中角度和距离,学习正确的甩手投掷方法来命中参照物。

游戏方法

准备若干个直径约为 30 厘米的圈(以大于参照物尺寸约 20 厘米左右为标准),在场地中间标立一个参照物(木棍、沙包等均可)。游戏者站于距参照物 2～3 米的起始线外,每人每次拿两个圈,套中圈数最多者为胜。

游戏规则

掉在地上的圈不能再捡起来投。

游戏指导

(1) 若幼儿手腕发力,动作错误,教师应示范。

(2) 在 2～3 米处画一根线,让幼儿先把圈投掷出去。

(3) 放置远近不一的两排物体让幼儿自主选择投掷。

投炮弹(单手肩上投掷)

游戏目标

练习单手肩上投掷动作,锻炼手臂力量。

游戏方法及规则

幼儿分为两组,相对而站,间隔 2～3 米,甲组幼儿手挽手(城墙),乙组幼儿手持两个软球(炮弹)。乙组幼儿模仿投炮弹,把软球单手从肩上投掷到城墙后面去。投完后,交换位置。可以加大难度,重复练习。看谁投得又远又好。

游戏指导

(1) 注重学习品质的教育,如城墙是否牢固,投炮手是否听口令。

(2) 幼儿挽手做成的"城墙"间隔距离可以从 2～3 米调整到 4～5 米,墙的高度也可以增加:如举手增加高度、跳起来挡球。

(3) 注意单手肩上投掷动作的规范性,发挥教师示范和个别幼儿示范的作用。

看谁推得远(推环)

游戏目标

发展手腕的灵活性,锻炼手指的控制能力。

游戏方法

用标志杆设置球门,起点距球门 2～3 米,幼儿在起点处把接力环滚入球门得一分。分组进行比赛,看哪组得分最高。

游戏规则

(1) 身体蹲下推圈,五指协助用力将球推出。

(2) 注意安全,组织有序。

游戏指导

(1) 可以用藤圈等代替接力环。

(2) 球门由大调整到小。

★ (三) 大班

瞄准大灰狼(投准)

游戏目标

发展投掷能力以及手眼协调能力。

游戏方法

幼儿分成4队,站在距纸箱1.5米处的投掷线后。游戏开始,各队排头幼儿将乒乓球投向纸箱的洞中(直径为20厘米的圆洞)。以进球多的队为胜。

游戏规则

投掷时不能越线、踩线。

游戏指导

(1) 可以将纸箱由大调到小。

(2) 可以将纸箱由近推到远。

(3) 可以采用其他方式进行游戏,如把球投入箩筐、将飞盘投过圈、用沙包打中"老鼠"等。

龙尾避球(投移动体)

游戏目标

练习投中移动物体,提高躲闪能力,锻炼灵敏协调性。

游戏方法

在场地上画一个大圆圈。幼儿分成两队,甲队站立在圈外,乙队在圈内排成路纵队,结成一条"龙","龙头"后面的人依次将两手搭在前面人的肩上。甲队在圈外依次传球设法把球投中"龙尾"。如果甲队投中"龙尾"了,甲队得1分,满5分以后两组交换。看哪一组得满分所用的时间短。

游戏规则

(1) "龙"不能卷成螺旋形,把"龙尾"藏起来。

(2) "龙"在游动中不能脱节。

(3) 投球人不能踩线或进圈。

(4) 凡违反规则的队每次罚1分。

游戏指导

(1) 教师当裁判,熟悉规则后,幼儿中出一人当裁判。

(2) 圈外的幼儿应相互传球,传递后击"龙尾"。

(3) 尽量通过传球到适当位置后完成击打动作。

四人三球真好玩(滚球)

游戏目标

练习双手滚大球动作,提高动作灵敏性。

游戏方法及规则

在场地上画一个大等边三角形,将全体幼儿分为若干组,每组四人,其中三人各持一个球分别站在三角端内,一人为裁判兼候补队员,站于中间圆形区域内。裁判员说:"开始!"三人同时沿逆时针或顺时针方向用双手将球滚向三角端内的人,然后立即转身接住另一个人滚来的球。如此连续快速地滚球,直至其中一人来不及接球,此人就为失败者。裁判这时喊:"停!"失败者与裁判交换位置后,游戏继续进行。

游戏指导

幼儿游戏,教师示范,帮助幼儿理解有关规则,待幼儿熟悉游戏后,可把场地改为方形,进行五人四球的游戏。

东南西北中（投准）

游戏目标

锻炼投准能力和反应能力。

游戏方法

参加游戏的人分成攻、守两队，每队 4 人。攻队 4 人分别站于场地东、南、西、北线外，手执一只绒布球。守队一人先进入中间圆圈，手执一面盾牌（直径 60 厘米左右，可用马粪纸或三合板等自制，也可用锅盖代替），其余三人站于场外观看。设立裁判员一人。游戏开始，裁判员发令，如喊："东!"则居东面的一名攻队队员即可用绒布球投击中间的守队队员。与此同时，守队队员也可敏捷地转向东面，用盾牌阻挡。若被攻队击中，则攻队得一分，否则守队得分。如此连续进行 5 次之后，轮换下一人游戏。一轮之后，两队互换角色，最后以积分多的一队为优胜。

游戏规则

(1) 击中膝部以上、头部以下的身体部位才有效。

(2) 攻队听错口令乱投，有几人扣几分。

(3) 投击时不得越线，否则击中也无效。

五、各年龄班"攀钻爬"游戏设计

（一）小班

小蚂蚁运粮食（手膝着地爬）

游戏目标

练习手膝着地爬，增强手脚动作的协调性。

游戏方法

幼儿扮演蚂蚁角色，成一路纵队，当教师发出口令"小蚂蚁找粮食去了"，幼儿一个接一个爬过教师躺在垫上形成的障碍，钻过山洞（塑料拱门），然后爬过田埂（垫子），背起 1 袋粮食（小沙包）爬过另一侧田埂和山洞回家。

游戏规则

要求幼儿手膝着地爬行，听口令依次出发，不推不挤。

游戏指导

(1) 教师躺在垫上形成障碍物时，可以控制幼儿出发的速度。

(2) 可以把垫子下面用平衡木或其他凳子垫高，形成一定的坡度，增加难度。

花样钻绳（钻爬）

游戏目标

练习各种形式的钻爬，锻炼幼儿全身协调能力。

游戏方法

两名教师抓紧绳子两端。高度达到幼儿的胸部，让幼儿依次从绳底钻过，一个接一个循环进行。教师根据情况决定何时停止钻绳。教师可以要求幼儿钻爬时头先过绳、脚先过绳、侧身过绳、脸转向天上等，提醒幼儿采用不同的方法过绳。

游戏规则

不能碰到绳。

游戏指导

(1) 开始进行游戏时，给幼儿自由探索玩法的空间。

（2）有要求时，每次只提一个要求，练习1次后，选定进一名幼儿示范，幼儿再练习一次。

（3）可以由幼儿牵绳子，注意人员的交换。

（4）当绳子够长时，可以让幼儿两人一组，可以做同样的动作，也可以帮助不能完成的幼儿完成动作。

穿越淘气堡（走、跑、钻、爬）

游戏目标

练习钻爬，练习反应能力。

游戏方法

用长宽各10米的布制作成若干个"地洞"，教师将布拉平，幼儿在地洞下钻，听不同口令钻出手、脚、头等。

游戏规则

按要求迅速钻出者为胜。

游戏指导

（1）游戏的材料可以由横幅布替代。

（2）幼儿在地上爬时，可以扮演小鼹鼠，教师发出口令"把手伸出来""把脚伸出来""把一个手一个脚伸出来""把头伸出来"等，不断地加难度，提高喊口令的速度，并要求幼儿做的动作固定3秒。

小鸡找朋友（钻）

游戏目标

能钻过一定高度的障碍物，发展钻的能力，感受与同伴游戏的快乐。

游戏方法

教师为幼儿创设"找朋友"的游戏情境，让幼儿分别扮演可爱的小鸡和小鸭，用松紧带或彩绳2根，搭成小鸡、小鸭的家。设置情境："小鸡小鸭是好朋友，早晨都住在自己家里，听到妈妈的喊声，马上钻出自己的家，来到草地上，找好朋友做游戏，从家里钻出来的时候，一定要低头，不要碰到家门，看谁是个乖宝宝。"请幼儿分别回到自己的"家"中蹲下准备，听到指令后从"家"里钻出来，到草地中间找到一个好朋友做游戏。

游戏指导

（1）先让幼儿模仿小鸡、小鸭走路的动作，配合《小鸡小鸭》的歌曲。

（2）在活动过程中观察幼儿在钻的时候，低头、弯腰、移动重心的动作发展情况，判断幼儿钻的动作协调性，并做出整体指导和个别指导。

（3）鼓励幼儿在游戏中，大胆与同伴共同愉快地游戏。

（二）中班

钻山洞（后踢爬和正面侧面钻的动作）

游戏目标

掌握正面钻、侧钻、倒钻、钻圈的方法。能够灵活地运用多种方法爬过障碍物。

游戏准备

拱形门、垫子、圈、包若干。

游戏方法

教师介绍场景。幼儿分为三队，每位幼儿手拿一带粮食（沙包），做好准备，听口令后，每队第一位幼儿分别正面钻、侧面钻、钻圈，再手膝爬过垫子，把粮食放入粮仓，从场地两边返回，接着第二名幼儿依次进行游戏。

注意事项

教师在幼儿钻爬时注意指导幼儿掌握钻爬的基本动作要领，鼓励幼儿探索钻爬的多种方法，在钻爬时提醒幼儿要与同伴保持距离不要踢到同伴。

龟兔赛跑(爬、跳)

游戏目标

练习双脚向前跳(爬跳)及手脚着地爬的动作。

游戏方法

幼儿分成四组,两组当小兔,两组当乌龟,游戏开始,教师发出信号,四组排头竞赛。"乌龟"组要爬行,"兔子"需要双脚向前跳或者爬跳,到终点后跑回与后一位幼儿击掌,依次进行。

游戏规则

必须听到教师发出信号,各组排头才可开始比赛,最快的一组为胜。

游戏指导

(1) 幼儿要有"龟兔赛跑"的故事经验。

(2) 在比赛过程中,引导幼儿产生只要自己努力了就可以,胜利了不能骄傲,失败了也不能气馁的意识。

火车钻山洞(合作钻)

游戏目标

练习钻的动作,提高灵敏性。

游戏方法

幼儿排成两路纵队,每队的第一个幼儿做"火车头",其他幼儿都做"车厢"。距幼儿15米处放拱门为山洞。游戏开始,两列"火车"同时出发,"火车头"发出"呜"的声响,全体幼儿两手搭在前面幼儿肩上向前走碎步,边走边发出"咔嚓咔嚓"的声响。到了"山洞"口时,"火车头""呜—"地发出信号,然后一个个依次钻过。直到最后一节"车厢"钻出山洞时,这列"火车"才能"咔嚓咔嚓"地走回原来的起点线上,先到者为胜。

游戏规则

钻时如碰倒拱形门,要扶起再钻过。

游戏指导

(1) 要幼儿自己想办法,让"火车头"知道全部"火车"车厢都通过了山洞。

(2)"火车"车厢不能脱节。

(3) 可以在场地上加一个拱门,让幼儿在回来时也要钻过山洞,增加难度。

蚂蚁撒豆(仰卧后爬)

游戏目标

提高支撑和仰卧向后爬行的能力。

游戏方法

幼儿分成人数相等的几组,幼儿仰卧在地垫上,小腿支撑膝盖,双手在两侧撑垫,沙包放在腹部,教师发令后倒行,先到终点者为胜。

游戏规则

行进时沙包不能掉下来。

游戏指导

(1) 可以把沙包换成书本等容易固定的物体。

(2) 要求幼儿注意安全,场地地面平滑。

(三) 大班

穿越火线(匍匐爬)

游戏目标

尝试匍匐爬行,锻炼手部力量,培养勇于挑战的精神。

游戏方法及规则

教师讲解穿越火线时爬行的要求,提出要身体与腿平贴地面,不能曲起,两手用力向前支撑身体蠕动前进。幼儿分两队,连贯地匍匐爬过障碍物,中间不能停顿,到达终点后从旁边跑回来。

游戏指导

(1) 设置情境,让幼儿身体紧贴地面爬行。

(2) 第二轮游戏时,幼儿可以相互设计摆放障碍物,增加游戏的难度与趣味性。

超级战车大比拼(坐爬)

游戏目标

练习坐爬动作,学握其动作要领。

游戏方法

教师扮演战车指挥员讲述游戏路线和规则,坐爬时要求:先坐在垫子上成坐姿,爬行时双臂撑地,同时把臀部提起移至脚跟,然后双脚和双手移动,连续向前(后)爬行。全班分成若干组,几路纵队站在起跑线后,发令后,排头的"超级战车"坐爬"倒车"至货场,然后"开车"返回起点,第二辆"超级战车"再起步。依此类推,比一比哪队"超级战车"运输得最快。

游戏规则

坐爬姿势在比赛过程中要保持。

游戏指导

次数不宜过多,可以结合其他情节,进行综合性练习。

螃蟹过障碍(横爬)

游戏目标

增强手部力量,提高身体平衡协调能力。

游戏方法及规则

(1) 螃蟹走路:幼儿站在平衡木上,身体保持平衡,弯曲双肘,小臂向上抬起,双手做出剪刀的形状,横着身体走过平衡木。在走路的时候,可以有节奏地活动两把"小勇刀"。

(2) 螃蟹过桥:幼儿双手牢牢地撑在地板上,双腿搭在平衡木上。移动手脚,横向走路。要求双腿伸直,手臂也要伸直,而且手掌要牢牢地支撑在地板上。

(3) 螃蟹过坡:幼儿移动手脚,横向爬过器械搭成的山坡。

游戏指导

教师注意安全辅助。

勇敢的消防队员(攀爬)

游戏目标

提高奔跑和攀爬技能,培养勇敢顽强的品质。

游戏方法及规则

利用攀登架,攀登架每格放上与各队幼儿人数相等的红布条,顶端放1个布娃娃。离攀登架15～20米处画条起跑线。2～4队幼儿参加游戏,每队人数相等。游戏开始时,各队排头的幼儿跑到攀登架上取下红布1条(表示扑灭了1次火焰),然后返回本队拍及第二个孩子,后面的孩子依次进行,最后1人攀到顶端,救出"小孩"(布娃娃),跑回起跑线。先完成的队为优胜。

游戏指导

(1) 幼儿在玩一次后,存在问题可以请幼儿讨论,教师进行指导,指导善于攀爬的幼儿排在后面。

(2) 教师在攀登架旁进行保护。

第二节　四季体育锻炼

　　一年四季气候变化的正常规律为春温、夏热、秋燥、冬寒。自然界一切生物在四季气候变化的影响下,必然产生响应的变化,即春生、夏长、秋收、冬藏的自然规律。我们力求使教师在了解四季规律和幼儿生长发育规律的基础上,根据季节变换的规律,增强体质,提高幼儿适应季节变换的能力,更科学合理地安排组织幼儿园的游戏玩法及规则。本节结合四季特征组织教师们按各年龄班,在原有游戏的基础上,创编了适合幼儿四季开展的体育游戏,更增加了游戏的情景性和趣味性。按照四季体育锻炼进行学前儿童体育游戏分类可以见表8-2。

表 8-2　四季体育游戏分类表

各班年龄	四 季 体 育 游 戏			
	春	夏	秋	冬
小班 (适合3～4 岁的幼儿)	小燕子飞来了(小班走)	小蜜蜂采花蜜(小班走)	老猫与小猫(小班走)	小雪人(小班走)
	敲钟人(小班跑)	蝴蝶找花(小班跑)	小树叶找家(小班跑)	北风吹(小班跑)
	快乐的小青蛙(小班跳)	小小飞行员(小班跳)	青蛙捉害虫(小班跳)	小白兔拔萝卜(小班跳)
中班 (适合4～5 岁的幼儿)	走轮胎(中班走)	好玩的轮胎(中班走)	运粮食(中班走)	蚂蚁搬家(中班走)
	种小树(中班跑)	弯弯的小河(中班跑)	切西瓜(中班跑)	踩气球(中班跑)
大班 (适合5～6 岁的幼儿)	送毛球(大班走)	拯救小动物(大班走)	运包(大班走)	两人三足(大班走)
	松鼠与松树(大班跑)	过桥(大班跑)	躲避大鳄鱼(大班跑)	与轮胎赛跑(大班跑)

一、春季

（一）小班"走"：小燕子飞来了

游戏目标

锻炼双腿夹包走。

器械材料准备

布包每人一个。

游戏方法及规则

幼儿双腿夹布包,走到指定的位置,将布包放入筐里。

延伸

在日常活动中选择不同的物品让幼儿进行双腿夹物练习。

（二）中班"走"：走轮胎

游戏目标

尝试走不同难度的障碍物,能较好地控制身体。

器械材料准备

轮胎若干。

游戏方法及规则

（1）轮胎交替放一排,幼儿排好一队。

（2）第一遍：一个跟着一个在轮胎上面依次走过。

（3）第二遍：一个跟着一个跨过轮胎。

（4）听教师口令交替进行走及跨轮胎。

延伸

（1）可以利用呼啦圈让幼儿进行这方面的练习。

（2）在地上画出不规则的"跳房子"图案让幼儿练习各种走,从而达到锻炼平衡能力的目的。

亲子活动

场地放好呼啦圈或画好"跳房子"图案,家长和孩子用"两人三足"的形式走。

（三）大班"走"：送毛球

游戏目标

（1）尝试手持物绕障碍走。

（2）体验游戏活动中合作带来的快乐。

器械材料准备

9个障碍墩,与幼儿人数对应的毛球,三只小猪玩偶,三把椅子。

游戏方法及规则

将幼儿分为3组,每位幼儿为小猪运毛球。但每位幼儿要手拿毛球绕障碍走,将毛球放到小猪家里。走回来拍下一位小朋友的手。比赛中哪一组能最快将毛球送到小猪家,哪一组就获胜。

延伸

在下一次活动中,幼儿扮作可移动的障碍物,分组进行游戏。

亲子活动

家长扮作可移动障碍物,与幼儿进行游戏。

（四）小班"跑"：敲钟人

游戏目标

掌握触物后往返跑。

器械材料准备

手摇响钟若干。

游戏方法及规则

在幼儿对面10米悬挂小钟,幼儿唱完儿歌后,跑去敲钟,提醒幼儿往返途中不要停,注意安全。

延伸

通过玩"打大灰狼"的游戏,进行角色扮演,提升幼儿参与游戏的兴趣。

亲子活动

家长可以在家里给孩子悬挂一些物体,让孩子触物后往返跑,发展腿部肌肉力量。

（五）中班"跑"：种小树

游戏目标

敢于参与游戏,能四肢协调地绕障碍跑。

器械材料准备

"小树"障碍物。

游戏方法及规则

（1）听音乐热身。

（2）种小树：幼儿分成四组绕过障碍物,将小树"种"在终点的沙坑里。

（3）哪组先种完哪组获胜。

延伸

在家庭中陪伴孩子一起练习。

亲子活动

用饮料瓶做"小树"与孩子一起绕障碍"小树"跑。

（六）大班"跑"：松鼠与松树

游戏目标

（1）尝试听信号变速跑。

（2）能积极勇敢地参与活动。

器械材料准备

松鼠和松树的袖标。

游戏方法及规则

幼儿两人一组，一人扮演松鼠，一人扮演松树。当教师说："猎人来啦！"扮演松鼠的幼儿离开扮演松树的幼儿快跑到另一棵松树下。当教师说："着火了！"扮演松鼠的幼儿立刻跑开，找到另一个扮演松鼠的幼儿。

延伸

幼儿可分为四组进行竞赛游戏。

亲子活动

孩子与家长共同竞赛游戏。

（七）小班"跳"：快乐的小青蛙

游戏目标

（1）学习双腿屈膝跳。

（2）体验克服困难获得成功的快乐。

器械材料准备

自制荷叶、青蛙头饰或胸标。

游戏方法及规则

（1）教师以游戏的口吻导入游戏。

（2）教师扮演青蛙妈妈带领"青蛙宝宝"学本领，引导幼儿说出小青蛙是如何跳跃的。

（3）创设情境：小青蛙长大了，要出去寻找食物，青蛙妈妈带领小青蛙们来到池塘。教师鼓励幼儿勇敢地跳过荷叶。

（4）教师根据幼儿的游戏情况，调整荷叶距离，鼓励幼儿选择不同宽度的荷叶，勇敢跳过荷叶。

（5）教师小结，听音乐做放松活动。

延伸

分散活动中，教师可将自制荷叶摆放，幼儿自主选择游戏。

亲子活动

家长与孩子共同扮演青蛙，可用地垫或报纸自制荷叶，请"青蛙爸爸、妈妈"带着小青蛙跳荷叶。

二、夏季

（一）小班"走"：小蜜蜂采花蜜

游戏目标

（1）练习钻过高70厘米的障碍物。

(2) 游戏中能根据障碍物的高度调整身体的动作并克服困难。

活动准备

(1) 用雪花片制成假花若干(当作"花丛"),长牛皮筋 3 根(摆放时可将牛皮筋两头高度不一样,有高度差异),小篮子 3 只。

(2) 音乐《蜜蜂做工》,录音机。

活动过程

(1) 队列练习。

教师引导幼儿走大圆。师:走走走,走走走,走成一个大皮球。

玩游戏"飞高了,飞矮了"。

师:我是蜜蜂妈妈,妈妈说"飞高了",小蜜蜂两手上举,脚尖点地,用力向上扇动翅膀;妈妈说"飞矮了",小蜜蜂都要蹲下扇动翅膀。看看谁的小耳朵最灵,动作做得又快又好。(幼儿听口令做动作)

(2) 游戏"小蜜蜂采花蜜"。

幼儿扮演"小蜜蜂"四散站在场地一端的"蜜蜂家"中。

师:夏天来了,花儿开了,小蜜蜂最勤劳了,和妈妈一起去采蜜吧!

幼儿一边念儿歌,一边做飞的动作:小小蜜蜂嗡嗡嗡,去采花蜜勤做工,嗡嗡嗡,嗡嗡嗡。

念完儿歌,"小蜜蜂"在教师的语言提示下陆续钻过"山洞",飞到"花丛"中采蜜。

师:小蜜蜂,这里有许多花呢! 快飞过来吧!

师:每只小蜜蜂采一朵花并钻过山洞跑回家,把花放进篮子里。

幼儿游戏 3～4 次。提醒幼儿每次只能采一朵花,钻时不碰到牛皮筋。

教师小结,表扬遵守规则进行游戏的幼儿。

(3) 放松活动:律动"蜜蜂做工"。

活动建议

教学变式:在活动过程中可以将钻的动作改变为跑、跳、平衡等。

家园共育:建议家长利用双休日带幼儿外出观察春天的景色,捕捉昆虫等,以培养幼儿的观察能力,同时增进亲子感情。

领域渗透:本活动可以结合艺术领域的音乐活动,让幼儿学唱歌曲《蜜蜂做工》,并学习听音乐模仿蜜蜂的动作。

（二）中班"走"：好玩的轮胎

游戏目标

尝试持物走。

器械材料准备

轮胎、拱形门、绳子。

游戏方法及规则

(1) 热身游戏。

(2) 轮胎游戏:幼儿分成四队鱼贯式地推轮胎走过拱形门。

(3) 鼓励幼儿创编多种轮胎的玩法或两人合作的玩法。

延伸

(1) 可以两个人面对面站好,玩滚轮胎,看谁能直线滚轮胎。

(2) 可以搭成像拱形门一样的造型钻轮胎(下面平放一个或两个轮胎,然后在上面竖一个轮胎)。

亲子活动

(1) 家长抱着孩子走轮胎。

(2) 孩子在下面,家长在上面一起爬轮胎。

（三）大班"走"：拯救小动物

游戏目标

（1）尝试用走的方式，手持物过障碍。

（2）在活动中能够勇敢面对困难。

器械材料准备

自制网子、各种小动物、平衡木、铃铛。

游戏方法及规则

以营救小动物为主题，幼儿要跨过网子、走过平衡木，救起小动物并将其放到指定位置（跨网时不能碰线，碰到铃铛者重新游戏）。

亲子活动

家长可在家中与孩子进行游戏。

（四）小班"跑"：蝴蝶找花

游戏目标

掌握定向跑。

器械材料准备

黄、红、白蝴蝶头饰若干，花朵若干（黄花、红花、白花）。

游戏方法及规则

（1）每名幼儿带一个蝴蝶标识。

（2）听到教师口令时，红蝴蝶找红花，黄蝴蝶找黄花，白蝴蝶找白花。

（3）可交替说口令，增加游戏的难度及趣味性。

延伸

日常游戏中选择"小孩小孩真爱玩"游戏，锻炼掌握定向跑。

亲子活动

家长可以按照幼儿园的"小孩小孩真爱玩"游戏。也可以自编游戏，锻炼孩子掌握定向跑。

（五）中班"跑"：弯弯的小河

游戏目标

乐于参与游戏，能四肢协调地绕障碍跑。

器械材料准备

一条绳作"小河"、手工折纸小船。

游戏方法及规则

（1）将幼儿分成两队在小河的起点站好。

（2）听到口令后手持小船出发慢跑到对岸，然后返回把船交给下一名幼儿。

延伸

在家庭中陪伴孩子一起练习。

亲子活动

把"小船"放在对岸，家长和孩子从起点"游泳"过去，然后开"小船"返回，先返回者胜利。

（六）大班"跑"：过桥

游戏目标

（1）尝试快跑，并能较好地控制速度。

（2）能够积极大胆地参与活动。

器械材料准备

平衡木。

游戏方法及规则

将幼儿分成四组,每组幼儿快速跑到桥的位置,走过小桥,快速跑回,与下一位幼儿击掌,先到终点的那组胜出。

延伸

幼儿可手持物品进行快速跑。

亲子活动

孩子与家长共同竞赛游戏。

（七）小班"跳"：小小飞行员

游戏目标

(1) 尝试从不同高处向下跳,初步学习自我保护。

(2) 在游戏中勇敢不怕困难。

器械材料准备

椅子、桌子、地垫。

游戏方法及规则

(1) 教师带领幼儿听音乐做准备活动。

(2) 从椅子上往下跳,提醒幼儿注意安全。

(3) 教师小结：掌握从高处往下跳的技能。

(4) 不同的高度(椅子、桌子),鼓励幼儿选择不同的高度,从高处往下跳。

(5) 教师小结,并带领幼儿做放松运动。

延伸

天气不好时,可以带领幼儿在室内做游戏。

亲子活动

户外活动时,家长可以引导孩子从椅子、台子等地方往下跳,注意屈膝落地。

三、秋季

（一）小班"走"：老猫与小猫

游戏目标

能听信号指令轻轻地走。

器械材料准备

猫的头饰(老猫与小猫)。

游戏方法及规则

(1) 故事导入,猫妈妈叮嘱小猫不要走到远处玩,走远了会找不到妈妈。

(2) 小猫们散开走后,听到猫妈妈呼唤,要走回来。

延伸

利用"大风和小风"游戏,来巩固幼儿听信号指令轻轻地走的能力。

亲子活动

家长带孩子玩"老猫睡觉醒不了"游戏,锻炼幼儿听信号指令轻轻地走。

（二）中班"走"：运粮食

游戏目标

双脚夹球走，加强小腿肌肉的锻炼。

器械材料准备

沙包。

游戏方法和规则

(1) 幼儿自由玩沙包，教师引导幼儿尝试用腿夹沙包。

(2) 运粮食：幼儿分两队站好鱼贯式夹沙包运到终点。

延伸

可以让幼儿把沙包夹在腿的不同位置，从而练习、发展不同部位腿部肌肉的力量。

亲子活动

两人三足夹球走：家长和孩子把相邻的两条腿绑好并夹好沙包，然后喊口号"一二一二"向前走，绕过旗杆后回到起点，下一组进行游戏。

（三）大班"走"：运包

游戏目标

(1) 尝试用头顶物控制身体向前走。

(2) 能够在游戏中不怕困难。

器械材料准备

布包若干、蚂蚁玩偶四只。

游戏方法及规则

四组幼儿为小蚂蚁运布包，幼儿要将布包顶在头顶向前走，将布包运到蚂蚁家后回来。拍下一位幼儿的手，接力进行。最快运完的那组获胜。

延伸

能在下次活动中夹物走。

亲子活动

孩子与家长共同竞赛游戏。

（四）小班"跑"：小树叶找家

游戏目标

掌握沿指定路线跑。

器械材料准备

银杏叶、杨树叶、梧桐树叶，贴有三片树叶的小房子。

游戏方法及规则

捡树叶，观察树叶，了解树叶形状的小房子位置；听到口令后，沿指定路线送"树叶"回家。

延伸

在情景教学游戏中设置不同的图形房子，按照教师指定路线跑。

亲子活动

家长利用"小动物真可爱"游戏，孩子按照家长指定路线跑。

（五）中班"跑"：切西瓜

游戏目标

能较灵活地曲线跑，控制身体重心。

器械材料准备

平整的场地、音乐。

游戏方法及规则

（1）准备活动。

（2）幼儿拉手站成圈，一起唱儿歌，西瓜从哪里切开，哪里的幼儿就相对而跑。先到开始位置的小朋友切西瓜。

延伸

在家中陪伴幼儿一起练习。

亲子活动

用气球当西瓜放在终点，家长和孩子直线比赛，跑到气球前切一下"西瓜"，第一个返回原点者为胜利者。

（六）大班"跑"：躲避大鳄鱼

游戏目标

（1）尝试按指令跑的游戏。

（2）在活动中能够与同伴相互合作。

器械材料准备

操场、鳄鱼手偶。

游戏方法及规则

利用操场上有颜色的地砖作为幼儿的躲避营地，一个小朋友当鳄鱼去捉跑出地砖的小朋友。

延伸

由幼儿发号指令，并进行游戏。

亲子活动

孩子与家长共同竞赛游戏。

（七）小班"跳"：青蛙捉害虫

游戏目标

（1）能看准目标，屈膝、用力，双脚同时离地向上跳。

（2）通过模仿、练习等方法提高跳的协调性。

（3）感受共同劳动带来的快乐。

活动准备

（1）长绳3~4根，上面挂着高矮不一的不同害虫图片若干。（数量是幼儿人数的5~6倍）

（2）场地布置如图8-1所示。

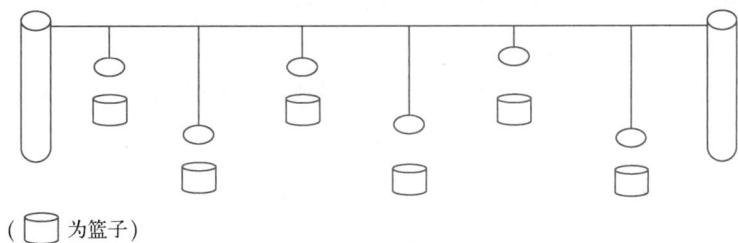

（▯为篮子）

图8-1 青蛙捉害虫

活动过程

（1）创设情境，师幼进行队列练习。

师：秋天到了，田里的稻子都熟了，小青蛙跟着妈妈去巡视，看看稻田里的稻子需要我们保护吗？

请你们排好队一个跟着一个走圆圈。(圈上走、跑,高人跑、矮人跑交替)

(2) 练习纵跳触物。

幼儿分散站在悬挂"害虫"的长绳下。

师:稻田里有许多害虫,它们要吃稻子。我们要来捉害虫。谁来试一试?

幼儿集体尝试纵跳触物,用手打"害虫"。

师:谁打到害虫了? 你是怎样打到害虫的? 谁来说一说?

教师示范,讲解跳得高的方法:看准目标,屈膝、用力,双脚同时离地向上跳,用手打"害虫"。

幼儿模仿练习。教师观察指导幼儿,并根据幼儿的弹跳能力调整悬挂物的高度,让幼儿跳起来伸手能碰到"害虫"。

(3) 幼儿集体游戏"捉害虫"。

师:田里的害虫太多了,我们看准了,用力跳起,将它们捉住,取下来放在远处的篮子里消灭掉。

幼儿游戏直到把"害虫"都"捉住"取下来。鼓励能力强的幼儿"捉"高处的"害虫"。

(4) 小结活动,放松整理。

肯定幼儿的努力,引导幼儿感受学会新本领的快乐。

放松活动"洗澡、捶背、敲腿"。

活动建议

教学变式:可把害虫换成水果,创设"摘水果"的游戏情境激发幼儿跳的兴趣。图片可更换为小铃铛或其他绒布玩具,增加活动的趣味性。在"捉害虫"的过程中可增加爬等动作练习。

家园共育:在日常活动中,父母可将手放在不同高度让幼儿纵跳碰触。

领域渗透:本活动可结合科学活动,让幼儿了解秋天是丰收季节以及青蛙的生活习性等。

四、冬季

★ (一)小班"走":小雪人

游戏目标

锻炼蹲着走,发展腿部肌肉力量。

器械材料准备

(1) 设置一条小雪人走的路线(不要太长)。

(2) 准备小雪人的鼻子、帽子、嘴巴等物品。

游戏方法及规则

幼儿按指定路线蹲着走过去给小雪人戴上帽子、贴鼻子、安眼睛、装耳朵等。

延伸

在平日游戏活动中,加强锻炼蹲着走发展腿部肌肉力量。

亲子活动

家长利用"龟兔赛跑"游戏,让孩子扮演小乌龟锻炼蹲着走,发展腿部肌肉力量。

★ (二)中班"走":蚂蚁搬家

游戏目标

通过蹲走游戏,锻炼腿部力量,尝试与同伴合作蹲走。

器械材料准备

哨子、平整的场地、蚂蚁头饰、"砖"等。

游戏方法及规则

(1) 将幼儿分为 6 人一队,每个人都拉住前边幼儿的衣服,戴好头饰在起点站好。

(2) 听信号(哨声)响起后,先蹲下,然后快速向终点进行蹲走,先到终点队伍获胜。

延伸

快速走(竞走):幼儿分成若干队,起点站好,带好头饰拿好"砖",然后鱼贯式走向终点,摆好后再走回来。

亲子活动

家长与孩子分成若干组,每位家长背起孩子,孩子带好头饰拿好"砖",听到口令后家长竞走至终点,孩子将"砖"码好,然后两人再快速走回起点,进行下一组游戏。

(三)大班"走":两人三足

游戏目标

(1) 尝试合作向前走。

(2) 体验合作带来的快乐,并能在游戏中不怕困难。

器械材料准备

两人三组板若干。

游戏方法及规则

将幼儿分为四大组,每一大组中再分若干小组进行比赛,最后哪一大组孩子先到终点哪组获胜。

亲子活动

孩子与家长共同竞赛游戏。

(四)小班"跑":北风吹

游戏目标

在追逐游戏中能较好地躲闪,锻炼动作协调灵敏性。

器械材料准备

丝巾。

游戏方法及规则

幼儿将丝巾放到身后,教师边唱儿歌边走,当说到北风吹时,幼儿互相捉住其他幼儿的丝巾。

延伸

在日常游戏中,可以利用"提尾巴"游戏,锻炼动作灵敏性、协调性。

亲子活动

家长在家里也可以利用以上两个游戏提高孩子灵活闪追逐跑能力。

(五)中班"跑":踩气球

游戏目标

练习在一定范围内跑。

器械材料准备

小气球一个、指定范围。

游戏方法及规则

(1) 一个幼儿在腰上系绳,绳上系一个气球,让气球垂于地面。

(2) 系球的幼儿在指定范围内跑,其他幼儿追踩气球。

(3) 踩中气球者与系气球的幼儿互换,游戏继续。

(4) 要求在指定范围内,用脚踩气球。

延伸

在家中陪伴孩子一起练习。

亲子活动

家长在腰上系绳,绳上系一个气球,让气球垂于地面,孩子追踩气球。

（六）大班"跑"：与轮胎赛跑

游戏目标

（1）尝试快速赛跑。

（2）在活动中能够与同伴较好地合作。

器械材料准备

轮胎。

游戏方法及规则

两个幼儿为一组，一个拿轮胎，当喊"开始"时，拿轮胎的幼儿用力推动轮胎，另一个幼儿与轮胎一起跑，看谁跑得快，可互换。

延伸

幼儿可按小组进行竞赛活动。

亲子活动

孩子与家长共同竞赛游戏。

（七）小班"跳"：小白兔拔萝卜

游戏目标

（1）在双脚跳的基础上，尝试双脚向前跳。

（2）在跳的游戏中体验与同伴共同游戏的快乐。

器械材料准备

小白兔头饰或胸标、蔬菜玩具。

游戏方法及规则

（1）师：小白兔长大了，要出门找食物。鼓励幼儿双脚向前跳去摘蔬菜。

（2）教师小结：菜地附近经常有大灰狼出现，请小朋友们注意安全。让"小白兔"再次进入菜地找食物。

（3）"大灰狼"出现，"小白兔"们越过障碍物回到家中。

（4）教师小结：回到家后用我们所摘的蔬菜制作美味的饭菜。

延伸

利用真的蔬菜使幼儿品尝自己采摘的"蔬菜"。

亲子活动

回家后家长可绘制各种蔬菜绘画，也可打印蔬菜图片，用吸管固定，放在盒子上，跟随孩子双脚向前跳去摘蔬菜，游戏后可用真的蔬菜为孩子做香喷喷的饭菜。

附录
《3—6 岁儿童学习与发展指南》（健康领域）

附录为选学内容,受篇幅限制,详细的内容放在下面的二维码当中,需要的读者可扫描阅读。

3—6 岁儿童学习与
发展指南(健康领域)

参考书目

［1］ 马威,范志勇,杨延秋.大学生体育教程[M].北京：中央民族大学出版社,2018.

［2］ 朱家雄.幼儿园课程[M].上海：华东师范大学出版社,2003.

［3］ 吴佩霞.利用民间体育游戏促进幼儿健康发展[J].学周刊,2016(22).

［4］ 李玉峰.民间体育游戏对幼儿身心健康影响的实验研究[J].南阳师范学院学报：社会科学版,2005(12).

［5］ 焦旭妮.浅析幼儿教师体育教学素养的养成研究[J].青少年体育,2017(11).

［6］ 张立燕,吕昌民,田志升.学前教育专业体育与幼儿体育活动指导[M].济南：山东人民出版社,2014.

［7］ 邢龙娟.幼儿园开展体育活动的原则[J].青少年体育,2018(07).

［8］ 刘馨.学前儿童体育[M].北京：北京师范大学出版社,1998.

［9］ Greg Payne,耿培新,梁国立.人类动作发展概论[M].北京：人民教育出版社,2008.

［10］ 王占春,黄世勋.幼儿体育教学法[M].北京：人民教育出版社,1986.

［11］ 龚坚.体育游戏与健康[M].重庆：西南师范大学出版社,2004.

［12］ 仝仕胜,周美芳.新编体育游戏[M].南昌：江西高校出版社,2012.

［13］ 刘波.幼儿园游戏教程[M].北京：中国传媒大学出版社,2014.

［14］ 邹师.幼儿体育游戏教学设计[M].北京：高等教育出版社,2013.

［15］ 宋彩珍,张利芳.幼儿体育游戏[M].长沙：湖南师范大学出版社,2017.

［16］ 谭长青.大学体育游戏创编与教学[M].北京：光明日报出版社,2017.

［17］ 单文顶,焦冬玲,袁爱玲.幼儿园游戏指导策略[M].福州：福建教育出版社,2017.

图书在版编目(CIP)数据

学前儿童体育教程/杨延秋,马威主编. —上海:复旦大学出版社,2020.11(2024.1重印)
ISBN 978-7-309-15211-1

Ⅰ.①学… Ⅱ.①杨… ②马… Ⅲ.①学前儿童-体育教育-幼儿师范学校-教材
Ⅳ.①G613.7

中国版本图书馆 CIP 数据核字(2020)第 205469 号

学前儿童体育教程
杨延秋　马　威　主编
责任编辑/夏梦雪

复旦大学出版社有限公司出版发行
上海市国权路 579 号　邮编:200433
网址:fupnet@ fudanpress. com　http://www.fudanpress.com
门市零售:86-21-65102580　团体订购:86-21-65104505
出版部电话:86-21-65642845
上海新艺印刷有限公司

开本 890 毫米×1240 毫米　1/16　印张 12.25　字数 379 千字
2024 年 1 月第 1 版第 3 次印刷

ISBN 978-7-309-15211-1/G・2140
定价:39.00 元